El Libro Siempre

Introducción a la Biblia

José Silva Delgado

La misión de Editorial Vida es ser la compañía líder en comunicación cristiana que satisfaga las necesidades de las personas, con recursos cuyo contenido glorifique a Jesucristo y promueva principios bíblicos.

EL LIBRO SIEMPRE NUEVO
Edición en español publicada por
Editorial Vida – 1983
Miami, Florida

Diseño de cubierta: *Sarah Wenger*

ISBN: 978-0-8297-0430-3

CATEGORÍA: Estudios bíblicos / Guías de estudios bíblicos

IMPRESO EN ESTADOS UNIDOS DE AMÉRICA
PRINTED IN THE UNITED STATES OF AMERICA

HB 01.18.2024

INDICE

Capítulo *Página*

Prólogo 5

PRIMERA PARTE: La importancia de la Biblia
1. Un libro extraordinario 9
2. Cualidades sobrenaturales de las Escrituras 21
3. El testigo veraz, primera parte 35
4. El testigo veraz, segunda parte 53

SEGUNDA PARTE: La estructura de la Biblia
5. La formación de la Biblia 69
6. Lo que es la Biblia 81
7. La Biblia y sus divisiones 93

TERCERA PARTE: La inspiración de la Biblia
8. Diversas teorías sobre la inspiración 107
9. Un estudio de la inspiración 117
10. Testimonios sobre la inspiración de la Biblia 135

CUARTA PARTE: La compilación de las Escrituras
11. El canon 145
12. La formación del canon 159
13. Los libros apócrifos 171

QUINTA PARTE: La transmisión de la Biblia
14. Los medios de transmisión 185
15. Los manuscritos bíblicos 199
16. Las versiones 213
17. La Biblia en castellano 227

Bibliografía 245

PRÓLOGO

Muchos hemos amado la Biblia sin tener una idea completa de su estructura, sus orígenes, su formación o de su transmisión. Hacía falta una obra que explicara detallada y sistemáticamente estos temas. José Silva Delgado con el presente volumen ha suplido esta necesidad con erudición y esmero. Este libro no es el primero que nuestro hermano presenta al mundo y ojalá no sea el último. El pastor Silva con sus muchos años no solamente como escritor sino como traductor ha bendecido al pueblo hispano.

Esta obra fue comisionada por el Servicio de Educación Cristiana de las Asambleas de Dios en América Latina (SEC). La Editorial Vida ha colaborado, también, para que el fruto de la labor tan ardua de José Silva viera la luz.

Las ayudas pedagógicas al final de cada capítulo fueron suplidas por el SEC con la mira de sugerir algunas maneras de enriquecer el estudio de la materia. Los ejercicios pueden servir de repaso y fijar en la mente algunos de los datos importantes del capítulo. Deben de ayudar además, al alumno sincero a aplicar el estudio a su vida y ministerio.

Difícilmente alcanzará el tiempo para llevar a cabo cada actividad mencionada en la última parte de los ejercicios, pero el profesor tiene la opción de seleccionar lo que mejor proporcionará a los estudiantes lo necesario para alcanzar las metas que se han propuesto.

Estoy seguro que el lector al terminar el estudio de este libro, elevará una plegaria de acción de gracias al Espíritu Santo por haber obrado a través de instrumentos humanos para producir la Revelación de Dios al hombre.

Floyd Woodworth W.,
Redactor de Materiales
Educativos, Servicio
de Educación Cristiana

PRIMERA PARTE

La importancia de la Biblia

Capítulo I

UN LIBRO EXTRAORDINARIO

"La Biblia es para mí el Libro. No veo cómo alguien puede vivir sin ella." Tales fueron las palabras de Gabriela Mistral, insigne poetisa chilena laureada con el Premio Nobel de Literatura, al referirse al libro inmortal.

¿Por qué "el Libro"? Porque ciertamente posee características que lo hacen el Libro por antonomasia y la obra cumbre de la literatura universal. La Biblia es una obra única en su género. A continuación expongo algunas razones que justifican lo que acabo de declarar.

1. Su singular origen

a. *Escrita por muchas y diversas personas.* Generalmente los libros son escritos por una sola persona la cual debe poseer aptitudes literarias. Una enciclopedia moderna, sin embargo, puede requerir el concurso de muchos escritores; pero todos ellos deben ser personas de vastos conocimientos en las materias de su competencia. Además son todos contemporáneos cuyos trabajos coordina y arregla una casa editora.

Al contrario, los aproximadamente cuarenta y cinco escritores de la Biblia vinieron de los más variados estratos sociales y culturales. Se cuenta entre ellos con estadistas, sacerdotes, reyes, profetas, campesinos, funcionarios, eruditos, pescadores, poetas, filósofos. Algunos de ellos fueron hombres de gran talento, como Moisés, Salomón, Daniel y Pablo; otros fueron hombres sencillos, "sin letras y del vulgo", como Amós, Pedro y Juan. Vivieron en diferentes períodos históricos. Su aporte literario no fue coordinado ni arreglado por ningún jefe de redacción.

b. *Escrita en diferentes estilos y géneros literarios.* Una obra literaria muestra en su estilo el sello de su autor. Pero en la Biblia son tan diversos como los escritores mismos los estilos que caracterizan a estos hombres. Además son múltiples los géneros literarios en que se expresaron. Entre estos últimos hallamos leyes, crónicas, poesías, máximas, profecías, biografías y cartas.

c. *Escrita en varias lenguas.* Esta misma variedad de estilos, géneros literarios y formas de expresión se ve acrecentada por el hecho de que la Biblia, a diferencia de otros libros, no fue escrita en una sola lengua, sino en tres, a saber: hebreo, arameo y griego. Los idiomas predominantes son el hebreo y el griego, caracterizándose el primero por su enorme riqueza expresiva y el último por su elegancia y precisión.

d. *Escrita durante más de mil años.* La producción de un libro puede tardar desde unos cuantos meses hasta a lo más algunos años. Pero en las Sagradas Escrituras tenemos una obra extraordinaria cuya formación tardó dieciséis siglos. Se comenzó en el año 1500 a.C., aproximadamente, cuando Moisés escribió el Pentateuco. Pero no se terminó hasta las postrimerías del siglo I de nuestra era, en que el apóstol Juan escribió el Apocalipsis. Este largo período cubrió varias edades de la historia, con todos los grandes cambios de que ella fue testigo. Y estos cambios dejaron su impronta en las variadas formas de expresión del pensamiento que hallamos en las páginas del Libro.

e. *Escrita en distintos lugares.* Otro factor que hace de la Biblia un libro singular en su origen es el haber sido escrita en sitios tan diferentes entre sí como son los desiertos de Sinaí, Arabia y Judea, las escuelas de los profetas de Betel y Jericó, el palacio de Babilonia, las riberas del río Quebar, la cárcel de Jerusalén en el Medio Oriente, una escuela de Efeso en Asia Menor, las ciudades de Corinto y Filipos, la cárcel de Roma y la isla de Patmos en Europa.

2. Su asombrosa difusión

a. *La obra que más se ha vendido.* En determinados períodos generalmente breves, ciertas obras han sido calificadas como éxitos de venta (250.000 a 500.000 ejemplares vendidos en unos cuantos meses). La Biblia, sin embargo, es el único libro que desde hace muchos años se mantiene en el primer lugar en lo que a circulación se refiere. Se estima que hasta el año 1932 las diferentes sociedades bíblicas del mundo habían publicado un total de 1.330.231.815 ejemplares de la Biblia o porciones de ella. Durante los últimos años este volumen de publicaciones ha sobrepasado los 150.000.000 de ejemplares anuales hasta llegar a 303.487.307 en 1975. Ningún otro libro puede seguir de cerca estas cifras. Y entre los que lo hacen de lejos están *El peregrino* de Juan Bunyan y *La imitación de Cristo* de Tomás de Kempis, ¡ambos basados en la Biblia!

La invención de la imprenta con tipos móviles por Juan Gutenberg en el siglo XV contribuyó a aumentar considerablemente la circulación de los libros, los cuales hasta entonces se copiaban a mano. ¡Y el primer libro que se imprimió de esta manera fue la *Vulgata*, una de las versiones latinas de las Sagradas Escrituras!

b. *La obra que más se ha traducido.* Con la versión de los Setenta (traducción del Antiguo Testamento del hebreo al griego hecha en el año 250 a.C. aproximadamente), la Biblia fue también el primer libro que se tradujo en la antigüedad. Desde entonces se ha traducido completa o parcialmente a diferentes lenguas hasta llegar a 1.577 idiomas y dialectos en 1976. Hasta 1971 la Biblia entera se había traducido a 255 lenguas y el Nuevo Testamento a 579. Según las estadísticas de las Naciones Unidas, la Biblia es el libro que más se ha traducido, superando a los escritos de Marx, Engels y Lenin. Las Sociedades Bíblicas Unidas informan que en el año 1972 había 4.000 traductores que en diversos países preparaban nuevas versiones de las Sagradas Escrituras.

c. *La obra que más se ha leído.* Un libro que ha alcanzado una difusión tan asombrosa es, sin lugar a dudas, una obra de gran popularidad y un artículo esencial de multitudes. La Biblia demuestra serlo. En efecto, es el único libro del mundo que lee gente de toda edad, cultura y posición social. No es frecuente, por ejemplo, que un erudito se interese por la literatura infantil, como tampoco lo es que un niño se apasione por un tratado filosófico. Con todo eso, los niños se deleitan con los sencillos y pintorescos relatos de José y sus hermanos, del niño Moisés en las aguas del Nilo, de Rut la espigadora, de David y Goliat, de Daniel en el foso de los leones, de los magos del oriente. Millones de hombres sencillos e ignorados hallan en la Escritura un tesoro inagotable de la gracia divina y un guía para su diario caminar. Los pobres, los ignorantes, los débiles, los oprimidos, los desesperados encuentran en ella un caudal de riquezas, conocimientos, fortaleza, consuelo y esperanza. Una hueste de figuras ilustres, como Lope de Vega, Andrés Bello, Juan Pablo Duarte, Enrique Gómez Carrillo, Juan Donoso Cortés, Domingo Faustino Sarmiento, Miguel de Unamuno, Ricardo Rojas, Gabriela Mistral, León Felipe, Ricardo Miró, Galo Plaza, Juana de Ibarbourou (para mencionar sólo unas pocas del ámbito español e hispanoamericano), han encontrado en sus páginas una fuente de inspiración y sabiduría.

La Biblia, que ha llegado a todos los países de la tierra con su mensaje, no podía estar ausente de los últimos logros científicos de nuestro siglo. ¡Ella fue el primer libro cuyo texto fue llevado al espacio y leído desde allá!

3. Su permanente actualidad

a. *Mantiene el interés del lector.* Como obras de "palpitante" o "candente" actualidad son calificados algunos de los libros que se editan en nuestros tiempos. Pero poco a poco el público lector va perdiendo interés en ellos hasta que al cabo de algunos años mueren sepultados en el olvido. La Biblia, en cambio, cuya última parte terminó de escribirse hace 1.900 años, es el libro de permanente actualidad. No puede decirse lo mismo de otras obras de la antigüedad. Porque ¿quiénes leen hoy a Homero, Horacio, Jenofonte o Virgilio? Sólo eruditos interesados en el estudio de estas obras y estudiantes compelidos por sus profesores de literatura. La actualidad de muchas obras literarias es efímera como un chispazo; la de las Sagradas Escrituras, perenne como el resplandor del sol.

Muchos libros de la antigüedad están tan muertos como las lenguas en que se escribieron. Pero la Biblia, que fue escrita en tres lenguas muertas[1] pervive como libro inmortal. Ella misma da testimonio de su inmortalidad, pues afirma ser la palabra del eterno Dios que permanece para siempre (1 Pedro 1:23-25. Véanse también Salmo 9:7 y Daniel 6:26).

b. *Satisface las necesidades espirituales del hombre.* ¿A qué se debe la inmortalidad de la Biblia? A su maravillosa virtud de satisfacer las necesidades espirituales del ser humano, las cuales han sido las mismas a través de toda la historia. "Las cosas que se escribieron antes, para *nuestra* enseñanza se escribieron" (Romanos 15:4). Se cuenta que durante la Primera Guerra Mundial un soldado se asombró al enterarse de la antigüedad de los Salmos. Cuando por primera vez los leyó, le pareció que habían salido de la pluma de un contemporáneo.

4. Su supervivencia sin par

a. *Resistencia al transcurso del tiempo.* A pesar de ser un libro tan antiguo, la Biblia ha resistido con gran éxito el paso destructor de los siglos. No obstante haber sido escrita en materiales perecederos, hay más copias de ella que de ningún otro libro de la antigüedad. Tan sólo del Nuevo Testamento hay unos 14.000 manuscritos. En contraste, los manuscritos de las obras literarias de Grecia y Roma pueden contarse con los dedos de la mano, amén de que algunas de éstas están incompletas.

El hecho de copiar a mano las Escrituras durante un período de 3.000 años (desde que Moisés escribió el Pentateuco hasta la invención de la imprenta) hubiera hecho posible una asombrosa multiplicación de los errores por parte de los copistas. Pero en lo que concierne al Antiguo Testamento, los escribas judíos realizaron su labor con tanto esmero y minuciosidad que llegaron a contar las letras, sílabas, palabras y párrafos de los manuscritos para cerciorarse de que no faltara nada en una nueva copia. De este modo el texto de la Biblia se ha conservado casi totalmente incorrupto. Eso no se puede decir de otros escritos de la antigüedad en los que abundan las variantes entre los diferentes manuscritos.

Comparada con otras obras contemporáneas cuyas copias más antiguas datan generalmente del siglo X, la Biblia es el único libro cuyo texto está respaldado por los manuscritos más antiguos. El hallazgo de los rollos del mar Muerto en 1947 contribuyó en forma especial a distinguir en este aspecto a las Sagradas Escrituras. Algunos de estos rollos son de una antigüedad anterior a la era cristiana, estimándose que el más antiguo de los que hasta ahora se han examinado dataría del siglo IV a.C.

b. *Resistencia a la más despiadada persecución.* Asimismo la Biblia ha sobrevivido a los ataques más enconados por parte de perseguidores que pretendieron acallar su mensaje. Estos pasaron, pero ella permanece.

El primer perseguidor de las Escrituras de que se tenga noticia fue Joacim, rey de Judá que quemó un escrito del profeta Jeremías. Pero éste volvió a escribir todas las palabras del primer manuscrito y le añadió otras más (Jeremías 36). Antíoco Epífanes, acaso el más feroz opresor de los judíos en los tiempos antes de Cristo, dictó un decreto ordenando que los libros sagrados de éstos fueran quemados y sus poseedores condenados a muerte. Diocleciano, emperador romano del siglo III, dirigió en el año 303 lo que al parecer fue el ataque más despiadado y generalizado que el mundo haya presenciado contra los cristianos y sus libros sagrados. Muchas Biblias fueron destruidas por el fuego en aquel entonces. Pero dos décadas después el emperador Constantino mandaba hacer 50 copias de las Sagradas Escrituras con fondos del erario imperial. Innumerables fueron también los ejemplares de la Biblia condenados, al igual que sus lectores, a las llamas de la hoguera por orden de la Inquisición. Y hasta en nuestros tiempos, ella es libro prohibido en varios países del mundo.

Pero por extraño que parezca, las Escrituras no solamente han resistido con éxito los ataques de sus encarnizados enemigos, sino que también han sido preservadas en toda su integridad por dos religiones que podrían tener razones de sobra para destruirlas o mutilarlas. Los judíos conservaron los manuscritos del Antiguo Testamento con un cuidado jamás prodigado a ningún otro libro. Sin embargo, éstos los describen como "obstinados, ingratos y perversos" y señalan a Cristo, su rechazado Mesías, con meridiana claridad.

¿Y qué diremos de la iglesia católica romana? Ella ha sido el custodio de los libros del Nuevo Testamento, que condenan sus doctrinas y prácticas antibíblicas.

c. *Resistencia a la crítica destructiva*. Desde hace unos dos siglos hasta nuestros días, sin embargo, la Biblia ha tenido que soportar un ataque más insidioso, si bien no menos terrible en sus efectos. Esta vez sus enemigos han cambiado de estrategia: ya no procuran destruirla físicamente, sino pretenden invalidar su contenido. En nombre de la libertad de pensamiento, la ciencia y la erudición moderna, los incrédulos han atacado la veracidad de este libro con el fin de minar la confianza que le tienen sus muchos lectores. No han trepidado en acusarla de estar plagada de errores, mitos y contradicciones. Con todo eso, los mismos descubrimientos científicos (especialmente los arqueológicos) se han encargado de vindicarla. Voltaire, el satírico filósofo francés, afirmó que en cien años más se extinguiría el cristianismo y que si se hallara una Biblia sería sólo como pieza de museo. ¡Pero a sólo 50 años de su muerte su misma casa era el depósito de una sociedad bíblica y en su propia imprenta se imprimían centenares de Biblias!

Bien podríamos aplicar a todos los enemigos de la Biblia esta paráfrasis del consejo de Gamaliel: "Apartaos de este libro y dejadlo; porque si esta obra es de los hombres, se desvanecerá; mas si es de Dios, no la podréis destruir; no seáis tal vez hallados luchando contra Dios."

5. Su objetiva franqueza

Es muy propio de la naturaleza humana el justificar, minimizar, disimular u ocultar del todo los vicios o faltas de los personajes. Es por eso que los historiadores y biógrafos presentan como dechados de virtud a los héroes, genios y otras personas destacadas. Pero la Biblia describe a sus personajes franca y objetivamente, tales como fueron: con sus virtudes y pecados.

Consideremos algunos de los patriarcas. Dios muestra su predilección por Abraham, Isaac y Jacob hasta el punto de llamarse Dios de ellos, no obstante lo cual no se ocultan sus pecados (Génesis 12:11-13; 26:7; 27:18-24). Israel es el pueblo elegido de Dios; pero se describen descarnadamente sus bajezas (Deuteronomio 9:24; Isaías 65:2). No hubo en Israel profeta más grande que Moisés (Deuteronomio 34:10-12); con todo, *él mismo* relata el incidente por el cual Dios no les permitió a él y a su hermano entrar en la tierra prometida (Números 20:7-12). ¿Y qué diremos de David, el hombre conforme al corazón de

Dios? Cualquier otro biógrafo hubiera ocultado cuidadosamente su aventura amorosa con Betsabé (2 Samuel 11). Hasta los apóstoles refieren sus propias faltas y las de sus compañeros (Mateo 26:31-35; 26:56; 26:69-74; Juan 20:24-29; Gálatas 2:11).

6. Su benéfica influencia

Por último, no es posible dejar de mencionar que la Biblia es el libro que más influencia benéfica ha ejercido en la humanidad.

a. *Impulsora de movimientos e instituciones filantrópicos.* Movimientos como la abolición de la esclavitud, la emancipación de la mujer, la protección de la infancia, la educación popular, el cuidado de los enfermos, inválidos y ancianos, la lucha contra la prostitución y los vicios, la acción contra la pobreza, tuvieron su origen en hombres y mujeres motivados por las enseñanzas de la Biblia.

Otro tanto se puede decir de instituciones como los hospitales, asilos y orfanatos, la Cruz Roja, los niños exploradores y otras. El hecho de que algunas de estas instituciones estén ahora bajo el control de los gobiernos o de que algunos de estos movimientos sean la bandera de lucha de ciertas agrupaciones políticas no puede opacar la notoria influencia del Libro en sus iniciadores.

b. *Contribuyente de la civilización.* La Biblia ha contribuido poderosamente a hacer de este mundo de llanto, clamor y dolor un sitio más llevadero al enseñar a los hombres la compasión por los débiles y los que sufren, al desterrar las tinieblas de la ignorancia y la superstición, al depurar las costumbres de la sociedad en los pueblos que la leen. Cualquier persona medianamente versada en historia universal podrá comprobar esto al comparar el deplorable estado en que vivían los pueblos paganos de la antigüedad con el de las naciones influidas por este libro. Aun en nuestra edad contemporánea es posible apreciar la extraordinaria influencia de la Sagrada Escritura en pueblos que en pocos años pasaron de la barbarie a la civilización.

Por todas las razones anteriormente expuestas, el lector o estudiante de las Sagradas Escrituras puede sentirse tranquilo ante las furiosas arremetidas de los que desprecian este libro, a veces sin haberlo leído jamás. Puede también estar seguro de que posee el libro más importante de todos, el que sobresale de los demás, el que contesta los más grandes interrogantes de la vida, el libro indispensable en la hora de la crisis.

Sir Walter Scott, célebre escritor escocés de principios del siglo pasado, estando en su lecho de muerte pidió que le trajeran "el Libro".

— ¿Cuál libro? — preguntó solícito uno de los miembros de su familia, creyendo que el moribundo se refería a alguna de las muchas obras que había escrito y que guardaba en su biblioteca.

— No hay más que un libro para un momento como éste — contestó Sir Walter Scott —. Ese libro es la Biblia.

---

[1]Sólo el hebreo ha revivido al ser declarado lengua oficial del Estado de Israel.

BOSQUEJO DEL CAPITULO

Evidencias de la singularidad de la Biblia

1. Su insólita formación
   a. Número crecido de autores de características variadas
   b. Formas diferentes de escribir
   c. Originada en tres lenguas
   d. Formación a través de un milenio y medio
   e. Escrita en diferentes puntos geográficos
2. Su asombrosa propagación
   a. Ventas anuales
   b. La obra que más se traduce
   c. Buscada por personas de toda edad y nivel
3. El interés que ha provocado en los lectores a través de su historia
   a. Un interés pasajero provocado por la mayoría de los demás libros
   b. Suplido el anhelo espiritual en toda época
4. Su permanencia
   a. A pesar del paso de tanto tiempo
   b. A pesar de la más cruel persecución
   c. A pesar de la crítica más acerba
5. Su imparcialidad
6. El efecto ejercido en la sociedad
   a. Impulso hacia obras caritativas
   b. Influencia en el mejoramiento de la sociedad

UN ENCUENTRO CON LAS VERDADES

¿Cierto o falso? Lea cada declaración con cuidado. Si lo que se afirma es cierto, ponga una C detrás del número que le corresponde; si es falso, ponga una F. Después enmiende la redacción de las declaraciones incorrectas para que queden correctas.

1. Gabriela Mistral tuvo la Biblia en alta estima. 1. ________
2. Todos los autores de la Biblia tuvieron una escasa preparación literaria. 2. ________
3. La Biblia fue escrita en tres idiomas. 3. ________
4. La formación de la Biblia demoró quinientos cincuenta años. 4. ________
5. La Biblia se vendía más a principios del siglo XX que ahora. 5. ________
6. Juan Gutenberg fue el primero que empleó caracteres móviles en una imprenta. 6. ________

7. *El ingenioso hidalgo Don Quijote de la Mancha* fue el primer libro reproducido en una imprenta con tipos móviles. 7. ________
8. La Biblia completa se ha traducido a más de mil idiomas. 8. ________
9. Las necesidades fundamentales del hombre son las mismas hoy que hace dos mil años. 9. ________
10. Hoy tenemos más manuscritos de la Biblia que de ningún otro libro antiguo. 10. ________
11. El primer perseguidor de las Escrituras fue Antíoco Epífanes. 11. ________
12. Los hebreos preservaron unos escritos que dan evidencia de que el hombre a quien despreciaron tanto es su verdadero rey. 12. ________
13. Hoy todo el mundo acepta el hecho de que la Biblia contiene mitos. 13. ________

DE LA TEORIA A LA PRACTICA

1. Haga una lista de los beneficios de que usted disfruta como resultado de la obra de las Sociedades Bíblicas.
2. ¿Qué labor de las Sociedades Bíblicas le llama más la atención a usted?
3. ¿Qué programa especial presentó su iglesia en el Día de la Biblia próximo pasado?
4. ¿Cuánto se recogió en la ofrenda del Día de la Biblia en su iglesia a favor de las Sociedades Bíblicas?
5. ¿Cuántas personas ha aportado la iglesia en su país para el ministerio de distribuir la Biblia?

PROYECTOS PARA LA CLASE

1. Evaluar lo que hicieron los estudiantes en las secciones UN ENCUENTRO CON LAS VERDADES y DE LA TEORIA A LA PRACTICA.
2. Leer una comisión varias páginas de una obra literaria escrita por lo menos hace 500 años. Hacer una comparación de lo leído con la Biblia y traer a la clase un informe de sus conclusiones.
3. Pedir que un voluntario busque toda la información posible acerca del *Popol-Vuh* (libro sagrado de los mayas) o de otro libro sagrado de alguna cultura antigua. Que traiga a la clase un informe de la influencia que tuvo el libro en la sociedad en que se estimaba sagrado. Hablar de la importancia actual del libro en cuestión.

4. Celebrar un voluntario una entrevista con una persona no creyente acerca del concepto que tiene de la Biblia y traer un informe a la clase.
5. Preparar y presentar a la clase un programa que sería adecuado para una iglesia local en el Día de la Biblia. Que tenga cualidades originales y llamativas.
6. Celebrar un panel con el tema de la manera en que se debe presentar la Biblia a un universitario ateo.

Capítulo 2

Cualidades sobrenaturales de las Escrituras

En el capítulo anterior consideramos aquellas características más bien externas que hacen de la Biblia un libro extraordinario. En el presente capítulo recalcamos aquellas cualidades principalmente intrínsecas que no tienen explicación natural. Tales cualidades hacen de la Escritura no sólo un libro excepcional, sino también un libro de carácter sobrenatural.

I. La asombrosa unidad de la Biblia

a. *Su unidad en los libros que la componen*. La Biblia es una colección de escritos que en cierto sentido constituyen una biblioteca, si bien algunos de sus "libros" no son más extensos que un folleto. Sin embargo, también es — como la conocemos hoy — *un* libro. Su mismo contenido da testimonio de esta pluralidad y unidad, pues en algunas de sus partes se hace mención de las *Escrituras* (Mateo 22:29; Lucas 24:27; Hechos 17:11; 2 Timoteo 3:15), mientras que en otras, de la *Escritura* (Juan 10:35; Gálatas 3:22; 2 Timoteo 3:16). En los primeros pasajes se recalcan las partes; en los últimos, el todo.

En la Sagrada Escritura la diversidad y la unidad, conceptos diametralmente opuestos entre sí, se complementan en forma maravillosa. Sus 66 libros son, por decirlo así, los 66 tomos de una sola obra maestra cuyas partes están armoniosamente concertadas.

Esta unidad de las Escrituras se hace notoria también en las muchas veces que los escritores sagrados citan a los que los precedieron o se refieren a hechos escritos por éstos de tal modo que los últimos libros complementan o explican a los primeros, formando entre todos un conjunto orgánico y homogéneo.

Por otra parte, muchas materias sumamente diversas que se tratan en los libros de la Biblia están subordinadas a los grandes asuntos que han preocupado a los hombres de todas las épocas: Dios, el hombre, el pecado y la salvación. La perfecta armonía que al respecto guardan los libros entre sí no deja de llamar la atención del investigador sincero. Ella se pone de manifiesto al dar un vistazo al primero y al último libro de la Escritura. De hecho, el Génesis comienza con estos grandes asuntos, los que se desarrollan a través de los demás libros hasta hallar su consumación en el Apocalipsis, como lo vemos en el siguiente cuadro comparativo:

GENESIS	APOCALIPSIS
Creación del cielo y la tierra (1:1).	Creación del cielo nuevo y la tierra nueva (21:1).
Creación del hombre para ser señor de la tierra o reinar sobre ella (1:27, 28).	Establecimiento de los redimidos — la nueva creación — para reinar por la eternidad (21:3; 22:5).
Plantación de un huerto — el paraíso terrenal — en Edén (2:8).	Presentación de la nueva Jerusalén, el paraíso de Dios (2:7; 21:10-23).
El río que salía de Edén y que regaba el huerto (2:10).	El río de agua de vida que sale del trono de Dios y riega el paraíso (22:1).
El árbol de la vida en medio del huerto (2:9).	Reaparición del árbol de la vida en medio del paraíso (2:7; 22:2).
La intromisión de Satanás (3:1).	La condenación de Satanás (21:10).
El reinado de la muerte y la maldición sobre la tierra como resultado de la caída del hombre (2:17; 3:6, 17).	La abolición de la muerte y de la maldición como consecuencia de la restauración del hombre (21:4; 22:3).
Expulsión del hombre del huerto para que no coma del árbol de la vida (3:22-24).	Acceso de los redimidos al paraíso de Dios para comer del árbol de la vida (2:7; 21:27).

Refiriéndose a la unidad de la Biblia, Geisler y Nix afirman en su libro *A General Introduction to the Bible* (Introducción general a la Biblia) que el tema del "Paraíso perdido" del primer libro de la Biblia se torna en el "Paraíso recobrado" del último. Asimismo dicen que en el Génesis se pierde el acceso al árbol de la vida pero se recobra en el Apocalipsis.[1]

b. *Su unidad en los asuntos de que trata.* Los grandes asuntos desarrollados en los libros de la Biblia convergen todos hacia *uno solo* que viene a ser el asunto principal de las Escrituras: JESUCRISTO. Mientras que los libros del Nuevo Testamento se refieren claramente a Cristo, El mismo, aludiendo a las Escrituras del Antiguo Testamento, dijo que ellas dan testimonio de El (Juan 5:39).[2]

Es preciso destacar que la unidad de la Biblia prevalece en forma asombrosa aun en asuntos que parecen contradecirse y que por lo mismo han sido motivo de grandes controversias. Tenemos los ejemplos de la soberanía de Dios al predestinar y la libertad del hombre al escoger, la justificación por la fe solamente según Pablo y también por las obras según Santiago, la perfecta deidad y humanidad de Jesús, el infinito amor de Dios y la eterna condenación de los impíos. Estos asuntos han dividido a veces a los hombres en posiciones antagónicas irreconciliables como resultado de recalcar sólo un aspecto de estas verdades. Pero en las Escrituras ambos aspectos se reconcilian maravillosamente bien.

Imaginemos por un momento que un grupo de 45 preclaros escritores hispanoamericanos se proponen escribir una obra que trate tan sólo de un tema controvertido: *Economía*. Evidentemente no podrían ponerse de acuerdo; cada uno expresaría sus propios puntos de vista. A lo más, la obra podría parecerse a un simposio si acaso no resultara una burda mezcolanza.

Pero ¿qué encontramos en la Biblia? ¡Que 45 escritores de diferente cultura y posición social, en diferentes lugares y épocas y en diversas lenguas escribieron sobre materias de controversia sin contradicción alguna! Sin haberse puesto de acuerdo sobre lo que iban a escribir y sin seguir ningún plan preparado de antemano por alguno de ellos, cada uno hizo un aporte al plan global de la obra.

Echemos a volar una vez más nuestra imaginación. Supongamos que los diseñadores del pasado y del presente, desde los arquitectos de las pirámides hasta los ingenieros de la era espacial, se propusieran crear un ingenioso vehículo que surcara el espacio interplanetario. ¿Resultaría el proyecto? ¡No; sería un caos!

Las Sagradas Escrituras son, sin embargo, esa maravilla que ha navegado por el mar de la historia, ese ingenio cuya producción tardó tantos siglos y cuyas piezas encajan entre sí con tanta precisión que hasta hoy sigue funcionando perfectamente bien.

¿Cómo poder explicar racionalmente la unidad de la Biblia sin tener que recurrir a un agente sobrenatural? No se puede. La explicación más lógica es que tras las mentes de los escritores bíblicos hubo *una* Mente que, transcendiendo el tiempo, el espacio y las limitaciones humanas, las dirigió en el propósito que había concebido para con este libro.

2. Las sublimes enseñanzas de la Biblia

Algunas de las enseñanzas de la Biblia son de tal naturaleza que no tienen parangón con nada de lo que el hombre haya concebido en sus 5.000 años de producción literaria. Este solo hecho debiera bastar para excluir toda posibilidad de un origen puramente humano de la Biblia. Estas enseñanzas se pueden agrupar bajo cuatro tópicos principales, a saber: Dios, el hombre, Jesucristo y la salvación.

a. *Dios*. Aunque en las mitologías paganas ciertos indicios insinúan una primitiva revelación divina, es notoria la profunda diferencia existente entre éstas y la Biblia en cuanto a la forma en que representan a la Deidad. Los paganos no pudieron hacer otra cosa que deificar todo lo incomprensible y poderoso que hallaron en la naturaleza, forjando en su imaginación dioses depravados, crueles y de poderes limitados. Por el contrario, la Biblia nos describe a Dios como un ser único, eterno, todopoderoso, sabio, santo y misericordioso, creador de todo lo que existe y redentor del hombre.

Mientras todos los pueblos de la antigüedad fueron politeístas, Israel fue el único pueblo monoteísta. Esto constituye un hecho demasiado evidente de una revelación sobrenatural a Israel de Jehová como el Dios único y verdadero.

b. *El hombre*. ¿Qué soy? ¿De dónde vine? ¿Para qué vivo? ¿Cuál es mi destino final? Son éstos interrogantes que desde tiempos inmemoriales han inquietado las mentes de los hombres. Ni la historia ni la filosofía ni la ciencia han podido contestarlos satisfactoriamente. Para Alexis Carrel, eminente médico laureado con el premio Nobel, el hombre era tan sólo una incógnita.

Pero la Biblia sí da respuesta satisfactoria y consecuente a todos estos interrogantes. Tan sólo ella revela el sublime origen del hombre, creado a la imagen y semejanza de Dios. Asimismo revela la razón de sus sufrimientos y miseria actuales: su caída. Sin embargo, le muestra también al hombre su restauración y glorioso destino futuro.

c. *Jesús*. Figura cumbre de la historia universal, Jesús se destaca como el personaje más extraordinario de todos los tiempos. "¡Jamás hombre alguno ha hablado como este hombre!" fue el comentario de quienes lo escucharon (Juan 7:46). "¿Qué hombre es éste que aun los vientos y el mar le obedecen?" se preguntaron sus mismos discípulos cuando comenzaban a conocerlo (Mateo 8:27). Jesús es una persona que jamás habrían podido concebir los hombres en su imaginación, un personaje que ningún autor hubiera podido inventar.

Tan sólo la Biblia describe a esta excelsa y singular figura en la cual se amalgaman los atributos de la Deidad con las cualidades de una humanidad real y perfecta. Nadie más nació, vivió y murió como El lo hizo. Entre los fundadores de las diversas religiones del mundo, sólo El resucitó de los muertos. De El y de nadie más depende la salvación del hombre (Hechos 4:12). Jesús es la máxima autoridad del universo y la suprema expresión de la Deidad, la Palabra de Dios hecha carne (Filipenses 2:9; Juan 1:14).

d. *La salvación.* Con excepción de la Biblia, no hay verdadera salvación en ninguno de los sistemas religiosos del mundo. Todos ellos pecan de superficiales con respecto a las normas de santidad y justicia de Dios y a la absoluta depravación del hombre. Por consiguiente, todas estas religiones enseñan que el hombre puede salvarse por sus propios esfuerzos realizando las llamadas buenas obras.

Al contrario, es solamente la Biblia la que presenta un plan de salvación tan maravilloso y eficaz que jamás habría podido concebir la mente humana. En efecto, ella muestra que la salvación se alcanza solamente por la gracia de Dios y la fe en Jesucristo (Efesios 2:8, 9). ¿Quién hubiera podido imaginar que Dios mismo, en un supremo gesto de amor por un mundo irremisiblemente perdido, iba a pagar nuestras culpas en la persona de su Hijo unigénito? ¿Qué escritor concebiría para el Rey del Cielo una muerte tan humillante como la crucifixión? ¿Qué autor humano hubiera inventado un mensaje que es "locura a los que se pierden" (1 Corintios 1:18)? Ciertamente nadie habría podido concebir que Dios iba a sujetar "a todos en desobediencia, para tener misericordia de todos" (Romanos 11:32). Con razón, Pablo exclama asombrado: "¡Oh profundidad de las riquezas de la sabiduría y de la ciencia de Dios! ¡Cuán insondables son sus juicios, e inescrutables sus caminos! Porque ¿quién entendió la mente del Señor? ¿O quién fue su consejero?" (Romanos 11:33, 34).

3. El milagroso poder de la Biblia

Siendo la palabra del Dios Omnipotente, la Biblia posee un poder sobrenatural que la distingue de cualquier otro libro. Pero el poder de la Biblia emana de su mensaje y, por lo tanto, no debemos considerarla un amuleto, como lamentablemente hacen algunos que creen que ella los protegerá por el simple hecho de poseer un ejemplar o llevarlo consigo. Así pues, cuando el mensaje del Libro, esto es, la palabra de Dios, se pone en contacto con los que han de recibirlo, su efecto es asombroso (Isaías 55:10, 11).

a. *Convence y compunge.* La Sagrada Escritura es la expresión de la voluntad de Dios y por ella sabemos cuándo le obedecemos o desobedecemos. Así como un espejo nos revela cómo es verdaderamente nuestro rostro, así también la Biblia nos revela cómo somos realmente y hace que nos acerquemos a Dios para implorar su perdón y obedecerle (Santiago 1:23).

La palabra de Dios predicada fue la que compungió a los oyentes de Pedro el día de Pentecostés (Hechos 2:37). Fue esa palabra la que cautivó la atención de los samaritanos y los convenció de desechar a Simón y aceptar a Jesús (Hechos 8:6, 12). Fue también la palabra la que persuadió a los judíos y prosélitos de Berea y los hizo creer en Cristo (Hechos 17:11, 12).

b. *Imparte nueva vida.* Ningún libro producido por el hombre tiene vida en sí mismo; mucho menos puede impartirla. Lejos de ello, algunos son como veneno mortal. Y si los libros escritos por los más consagrados siervos de Dios parecen tener vida, es por la palabra de Dios que los impregna.

La Sagrada Escritura, como palabra del Dios viviente, sí tiene vida en sí misma. "Porque la palabra de Dios es viva" (Hebreos 4:12). Y no sólo esto, sino que como simiente incorruptible, que vive y permanece para siempre, imparte nueva vida a los que la reciben (1 Pedro 1:23; Santiago 1:18). El apóstol Pablo afirma que el evangelio es "poder de Dios para salvación a todo aquel que cree" y que la palabra de Dios tiene la virtud inherente de despertar en los que la oyen la fe necesaria para ser salvos, y por consiguiente, recibir la nueva vida (Romanos 1:16; 1 Corintios 4:15). Jesús dice: "El que oye mi palabra, y cree al que me envió, tiene vida eterna; y no vendrá a condenación, mas ha pasado de muerte a vida" (Juan 5:24).

Los grandes despertamientos espirituales que hubo en el pueblo israelita fueron, sin excepción, el resultado de un nuevo encuentro con las Sagradas Escrituras. Así ocurrió en los días de Josías con el libro de la ley hallado en el templo y al regreso de la cautividad con la lectura pública de las Escrituras (2 Crónicas 34:8-33; Nehemías 8:1 — 9:3).

Tampoco estuvo ausente la Biblia de los grandes movimientos reformadores que sacudieron la iglesia a través de los siglos. Puede decirse que en realidad fue la causa de ellos. Consideremos, por ejemplo, a los albigenses en Francia, a los valdenses en Francia e Italia, a Juan Wyclif y sus "lolardos" en Inglaterra, a Juan Huss en Bohemia, a Martín Lutero en Alemania, a Juan Calvino y Ulrico Zwingli en Suiza y a Juan Knox en Escocia. En todos ellos, así como en sus respectivos países, la Escritura ejerció una profunda y poderosa influencia.

Un ejemplo conspicuo de este poder vivificador de la Biblia lo encontramos en la conversión de Martín Lutero. Por años luchó inútilmente por librarse de la abrumadora carga de sus pecados. Pero un día, como un rayo de luz que se abre paso en las tinieblas, una sola frase de la Escritura cambió el curso de su vida y trajo paz a su atormentado corazón: "El justo por la fe vivirá" (Romanos 1:17).

Pero muchos más pueden dar testimonio de haber sido librados de una vida corrupta, viciosa y criminal tan sólo por el poder vivificante que hallaron en el mensaje de las Escrituras, poder que los transformó en hombres dignos y ejemplares (2 Corintios 5:17).

c. *Alimenta el alma.* La Biblia no solamente imparte vida espiritual, sino que también la sustenta. Fue Jesús quien dijo: "No sólo de pan vivirá el hombre, sino de toda palabra que sale de la boca de Dios" (Mateo 4:4). Por eso es que el creyente acude a ella, con la misma frecuencia con que alimenta su cuerpo, para recibir instrucción, fortaleza y consuelo, esto es, para crecer espiritualmente.

¿Qué otro libro en el mundo posee tal virtud? ¿Cuántas veces podríamos leerlo sin hastiarnos? Podemos leer la Biblia una y otra vez y siempre nos revelará una nueva faceta de la verdad. Miles de libros y revistas se han escrito sobre ella y aún no se ha dicho la última palabra. Ciertamente es un tesoro del que podremos sacar "cosas nuevas y cosas viejas" (Mateo 13:52). Es un pozo insondable que jamás se secará por mucho que acudamos a él para saciar la sed de nuestras almas.

d. *Santifica.* ¿Cómo vivir libre del poder del pecado, cuyas desastrosas consecuencias todos podemos presenciar? La solución a este problema la tenemos una vez más en este libro maravilloso. Cuando nos apropiamos de sus palabras, que son la verdad, ellas nos santifican (Juan 8:31, 32; 15:3; 17:17). Por eso el salmista podía decir: "En mi corazón he guardado tus dichos, para no pecar contra ti" (Salmo 119:11). Y su experiencia ha sido también la de millones que han podido vivir vidas puras en medio de un ambiente pecaminoso: trofeos de la gracia de Dios, "cartas de Cristo" en las que los hombres pueden leer la palabra de Dios que mora en ellos (2 Corintios 3:2, 3).

e. *Hace huir a Satanás.* Contra un enemigo poderoso y terrible como es Satanás, el creyente tiene en la Escritura un arma sumamente eficaz para enfrentarse a él y a sus huestes (Efesios 6:17). Con ella, sin comentario alguno, Jesús lo hizo huir de su presencia (Mateo 4:1-11). En su primer libro, la Biblia predice la derrota inicial de Satanás y en el último libro anuncia su derrota final (Génesis 3:15; Apocalipsis 20:10). Ella nos enseña que en vez de temerlo debemos resistirlo y que huirá de nosotros (Santiago 4:7). No es de extrañar, pues, que el diablo aborrezca tanto la Biblia y procure por todos los medios invalidar su poder, ya sea persiguiéndola, tergiversándola o desacreditándola.

4. La superioridad de la Biblia en relación con otros libros

Cuando sostenemos que la Biblia es la obra cumbre de la literatura universal, el Libro de los libros, no estamos empleando simples figuras retóricas. La superioridad de las Sagradas Escrituras en relación con otros libros sagrados o profanos se pone de manifiesto no solamente en sus enseñanzas, sino también en su veracidad y estilo.

a. *La Biblia es superior a otras obras religiosas.* Al comparar la Biblia con el resto de la literatura religiosa, lo hacemos sólo con los libros sagrados de las diferentes religiones del mundo y con los escritos que algunas confesiones utilizan como complemento de la Escritura. No es necesario cotejar la Biblia con los libros cristianos, ya que los autores de éstos reconocen la superioridad de aquélla.

Estrictamente hablando, no hay más libros sagrados que las Sagradas Escrituras. Pero en cuanto a los libros considerados sagrados por los seguidores de otras religiones, podemos considerar los siguientes: los *Vedas, Brahmanas y Upanisads,* el *Avesta,* los *Cinco Clásicos,* los *Tripitaka* y el *Corán.*

Los *Vedas, Brahmanas y Upanisads,* libros sagrados de los hindúes, enseñan un exagerado politeísmo consistente en un asombroso número de dioses. Entre éstos Siva es el más adorado de todos y sus adeptos lo representan generalmente por ¡un falo! Estos libros promueven asimismo la idolatría, los sacrificios humanos y un rígido sistema de castas que ha generado injusticia social. Su cosmogonía (teoría de la formación del universo) está plagada de errores científicos, uno solo de los cuales bastaría para desacreditar la Biblia si se hallara en ella.

El texto sagrado de los antiguos persas es el *Avesta.* Contiene algunos conceptos afines a los de la Biblia, pero en general es muy inferior a ella. Actualmente se conserva sólo una parte muy pequeña de los 21 libros que lo componían originalmente. Los únicos que hoy día siguen sus enseñanzas son los parsis de la India y unas pocas sectas del Irán, entre las que se cuentan los adoradores del fuego.

Los *Cinco Clásicos,* escritos por Confucio, constituyen no tanto un sistema religioso como más bien un ideario filosófico-político. Ellos no ofrecen ninguna solución al problema del pecado. Solamente exponen un plan para mejorar las condiciones terrenales del hombre hasta llegar a convertirse en el *hombre superior,* que es el ideal.

Los *Tripitaka,* tres colecciones de escritos de Buda, presentan al hombre un plan de salvación. Sin embargo, es un esfuerzo puramente humano, si bien más austero que el de otras religiones. El hombre, según sus enseñanzas, tiene que salvarse a sí mismo. Todo lo que ellas pueden ofrecer a quienes siguen fielmente sus indicaciones es un hipotético *nirvana* en el que el hombre se libera del dolor perdiendo su individualidad. Estos escritos no proporcionan rastro alguno de un Dios amante y misericordioso, interesado en la salvación de sus criaturas.

El *Corán* pretende ser la revelación de Dios a Mahoma traída por el ángel Gabriel. Tiene una innegable base en la literatura judaica y cristiana, aunque también materiales de otras fuentes literarias. Varias de sus partes se asemejan a la Biblia, al *Talmud* y a los libros apócrifos. Si bien varias de las enseñanzas del *Corán* tratan de la piedad y la justicia, también justifican evidentes inmoralidades de Mahoma.

Asimismo este libro justifica permanentemente la guerra santa y ofrece para sus seguidores un paraíso sensual. Y no sólo esto, sino que contiene crasos errores históricos y científicos que delatan su origen humano. Por ejemplo, confunde a María, hermana de Moisés, con la madre de Jesús y supone que las montañas sirven para impedir que se mueva la tierra. Pero sobre todo, se nota en el *Corán* una ausencia absoluta del sublime plan de salvación de Dios. Sólo la Biblia lo revela.

En ninguno de estos libros encontramos una descripción de la insondable degradación del hombre ni de la sublime santidad de Dios y su amor por el pecador. Tampoco se ve en ellos nada que se parezca a una revelación de Dios como la encarnación ni a una manifestación del poder divino como la resurrección de Jesús.

¿Y qué diremos de los libros con que algunos sistemas religiosos han pretendido complementar las Escrituras? Una vez más es evidente la superioridad de éstas sobre aquéllos, entre los cuales podemos mencionar el *Talmud*, los libros apócrifos, las tradiciones de la iglesia y *El libro de Mormón*.

El *Talmud*, tanto en su forma palestina como babilónica, es una recopilación de la tradición hebrea. Contiene normas jurídicas y comentarios que a veces violentan el sentido de la Escritura, contradiciendo o tergiversando sus enseñanzas.

Los libros apócrifos contienen relatos fantásticos y errores históricos, justifican inmoralidades y enseñan doctrinas contrarias a las de la Biblia.

La tradición de la iglesia romana está constituida por los escritos de algunos padres de la iglesia, los cánones eclesiásticos, las decretales y bulas papales y las actas de los concilios. Por lo general ha introducido doctrinas y prácticas totalmente contrarias a las claras enseñanzas de la Biblia.

Por último, *El libro de Mormón*, que pretende ser la revelación de Dios para nuestros tiempos y los pueblos de América, está plagado de fantasías que solamente existieron en la fértil imaginación de su autor.

b. *La Biblia es superior a los libros profanos*. Comparada con las obras históricas antiguas y modernas, la Biblia se destaca por su veracidad. Nunca oculta por patriotismo o razones de seguridad los defectos y fracasos del pueblo hebreo. Al respecto, Isaac Newton dijo: "Hay más señales de autenticidad en la Biblia que en historia profana alguna."[3] Es más, mientras que la historia antigua de los demás pueblos se pierde en una maraña de mitos y leyendas, la Biblia relata con sencillez el humilde origen del pueblo hebreo.

Por otra parte, todas las obras históricas, con sus incontables relatos de guerras, nos dejan la deprimente impresión de que nuestro mundo siempre ha sido violento. La lectura de los sucesos de actualidad, que van formando la historia contemporánea, nos sumerge en la más terrible desesperación. Tan sólo la Escritura descorre el velo del pasado y del futuro, mostrándonos que la actual situación es transitoria. En efecto, ella nos revela que este mundo tuvo un principio maravilloso y nos infunde la esperanza de un nuevo orden de eterna felicidad.

Los tratados científicos pueden versar con gran autoridad y en detalle sobre la realidad del universo, desde las partículas atómicas hasta las remotas galaxias, desde la sencillez del virus hasta las complejidades de la mente humana. Pero cuando tratan de explicar el origen del universo y de la vida, todo lo que pueden ofrecer son inverosímiles teorías basadas en simples conjeturas. Sólo la Biblia trata autorizadamente de estas materias y de la realidad del mundo espiritual.

Respecto a los escritos de los filósofos grecorromanos, aunque notables en muchos otros aspectos, contienen abundantes afirmaciones que ponen de manifiesto las deficiencias del razonamiento humano. Platón sostuvo un concepto bajo de la naturaleza humana.[4] Sócrates dicta normas para administrar el negocio de la prostitución. En contraste hallamos en las Escrituras las excelencias de la revelación divina.

No hay comparación tampoco entre las obras de Marx, Engels, Lenin y Mao — que tanto atractivo han ejercido sobre millones de seres humanos — y las Sagradas Escrituras. Muchos de los vaticinios de Marx no se cumplieron y algunas de sus enseñanzas han tenido que ser sometidas a revisión para adaptarlas a nuestros tiempos. Los chinos se hallan ocupados con una extensa revisión de las ideas de

Mao. Mientras todas estas obras excluyen a Dios, rebajan al hombre y no ofrecen ninguna solución para los problemas más graves que aquejan a la humanidad, la Biblia resplandece en este sentido con un fulgor que ninguna mentira puede opacar.

Pero la superioridad de la Biblia no se limita a los aspectos histórico, cientifico o filosófico. Como composición literaria está escrita en una amplia variedad de estilos, desde la sencilla prosa hasta la más exquisita poesía, exuberante en figuras retóricas. Entre las versiones de la Biblia en los idiomas modernos, varias de ellas son obras clásicas en dichos idiomas. Y muchos escritores han hallado en ella los mejores temas que han inspirado sus obras.

¿Podría ser puramente humana una obra que en tantos aspectos es superior a las mejores que han escrito los hombres?

---

[1]Norman L. Geisler y William E. Nix, *A General Introduction to the Bible* (Introducción general a la Biblia), página 24.

[2]La unidad "cristocéntrica" de la Biblia se tratará más detalladamente en el capítulo 6.

[3]Henry H. Halley, *Compendio manual de la Biblia*, página 19.

[4]René Pache, *The Inspiration and Authority of Scripture* (La inspiración y autoridad de la Escritura), página 299.

BOSQUEJO DEL CAPITULO

Características internas de la Biblia que sobrepasan la posibilidad humana

1. La maravillosa armonía de las Escrituras
   a. Una obra constituida por varios libros
   b. Cada libro contesta interrogantes primordiales
   c. Cristo, el asunto principal de los libros
   d. El enlace entre los libros
   e. El ajuste de temas aparentemente contradictorios
   f. La falta de un plan preconcebido por los autores
2. La excepcional calidad de sus doctrinas
   a. La Deidad
   b. La humanidad
   c. El Hijo de Dios
   d. El rescate del pecado
3. El efecto producido en la vida del hombre
   a. Su capacidad para indicar lo que Dios desea
   b. Su capacidad para vivificar
   c. Su capacidad para impartir dinamismo espiritual
   d. Su capacidad para limpiar
   e. Su capacidad para contrarrestar al diablo
4. Comparación con otros libros
   a. De otras religiones
   b. No religiosos

UN ENCUENTRO CON LAS VERDADES

Respuesta alterna. Subraye la palabra o frase que complete mejor cada expresión. Ejemplo: Los discípulos le pidieron al Señor que les enseñase a (orar, pecar).

1. A la Biblia se la puede llamar una colección de libros a la vez que (una enciclopedia, un solo libro).
2. Se ve la armonía de los libros de la Biblia en el hecho de que en ellos contribuyen al desarrollo de grandes (temas, volúmenes).
3. El tema principal de la Biblia es (el amor, Jesucristo).
4. Se ve que la Biblia es un solo libro en que muchos autores citan (a sus predecesores, a Cristo).
5. Los autores de la Biblia lograron una unidad tan especial de la Biblia por (un acuerdo previo, la dirección de la mente divina).
6. La Biblia tiene que ser una obra inspirada sobrenaturalmente ya que presenta a Dios como (poderoso, uno).

7. Cristo es el único que fundó una religión y (fue derrotado por sus enemigos, resucitó eternamente).
8. Uno puede estar seguro de que la sola posesión de un ejemplar de la Biblia (proporcionará una protección milagrosa contra el mal, carecerá de valor sin leerla con fe).
9. Cristo discutió acerca de las mejores interpretaciones de las Escrituras con Satanás para (poderlo vencer en medio de la tentación, demostrarle lo mucho que había aprendido).
10. Todas las religiones no cristianas enseñan que el hombre alcanza la salvación por medio de (sus propios esfuerzos, la pura gracia de Dios).
11. El *Talmud* contiene comentarios de maestros (hindúes, hebreos).
12. Los científicos de hoy presentan (pruebas verosímiles, ideas supuestas) para explicar el origen del universo.

DE LA TEORIA A LA PRACTICA

1. ¿Qué experiencia ha tenido usted que ilustra lo difícil que es que un grupo de personas produzcan una obra que tenga unidad?
2. ¿Por qué sería difícil que un novelista creara un protagonista con todas las características de Jesucristo?
3. ¿Qué valor sicológico se halla en la idea extraña para muchas religiones de que Dios ayuda activamente al hombre en su vida cotidiana?
4. Escoja una de las enseñanzas primordiales de la Biblia y muestre cómo contesta más satisfactoriamente los interrogantes del hombre moderno que cualquier filosofía o religión de la actualidad.

PROYECTOS PARA LA CLASE

1. Evaluar lo que los alumnos realizaron en las secciones UN ENCUENTRO CON LAS VERDADES y DE LA TEORIA A LA PRACTICA.
2. Hacer que dos estudiantes representen un diálogo entre un cristiano y un ateo sobre la superioridad de la Biblia.
3. Dividir la clase en grupos de tres o cuatro. Que cada grupo tenga una "lluvia de ideas" durante un período de no más de siete minutos en que se den razones por las cuales es superior lo que enseña la Biblia en comparación con otros sistemas filosóficos. Cada grupo escogerá dos de los motivos sobresalientes que se mencionaron para presentárselos a la clase.
4. Hacer que un miembro de la clase estudie algunos pasajes del *Corán* para luego hacer una comparación con pasajes afines de la

Biblia. La clase entera sacará conclusiones en cuanto a la superioridad de uno de los libros sobre el otro.

5. Si es posible conseguir una traducción de los *Vedas* o de los *Tripitaka,* que un miembro de la clase lea en privado algunos pasajes y presente su evaluación a los demás.

Capítulo 3

EL TESTIGO VERAZ, PRIMERA PARTE

La veracidad es la virtud que consiste en decir la verdad. Y la Biblia la posee como uno de sus atributos exclusivos. En efecto, mientras otras obras pueden exhibir la verdad junto con el error, la Escritura es la única que sin necesidad de juramento dice la verdad y nada más que la verdad. En ella tenemos el testigo fiel en cuyo testimonio podemos confiar plenamente. Ingentes esfuerzos se han hecho para pretender demostrar que la Biblia carece de veracidad, pero hasta ahora éstos han sido infructuosos. Al contrario, en cuatro aspectos bien definidos, aunque íntimamente relacionados entre sí, ella ha demostrado ser veraz a prueba de desmentidos, a saber: la historia, la ciencia, las profecías y los milagros.

I. La veracidad de la Biblia en materias históricas

Aunque la Biblia no es un texto de historia, más de un tercio de ella está constituido por relatos históricos. De ahí la importancia que tiene la comprobación de su historicidad.

a. *Impugnada por la crítica destructiva*. Durante miles de años casi nadie había puesto en duda la exactitud histórica de la Biblia. En el siglo XIX, sin embargo, llegó a su apogeo una teoría crítica que considera míticos o legendarios muchos de los relatos bíblicos, especialmente los que se refieren a hechos sobrenaturales. Según sus promotores, lo que la Biblia dice con respecto a la creación, la caída del hombre, el diluvio, los patriarcas y la historia antigua de Israel, no es más que una colección de leyendas desprovistas de valor histórico. En vez de sufrir una caída, el hombre evolucionó lentamente de la barbarie a la civilización y del politeísmo al monoteísmo. Para Israel, Jehová fue al principio un dios tribual en competencia con los dioses de las otras naciones. Sólo en los tiempos de Amós y Oseas vino a tener supremacía sobre los demás.

Como simples leyendas consideran también estos atacantes los relatos del nacimiento virginal, los milagros y la resurrección de Jesús en los evangelios. Y similar trato reciben los milagros referidos en los Hechos de los Apóstoles.

Creen, además, que una parte considerable de la Biblia fue escrita no por los autores tradicionalmente reconocidos, sino por escritores anónimos que vivieron mucho tiempo, a veces siglos, después de los hechos que relatan. Eso es lo que afirman con respecto a los cinco libros atribuidos a Moisés, Josué, parte de Isaías, Daniel, Jonás, el evangelio de Juan, algunas epístolas de Pablo, las de Pedro, el Apocalipsis y otros. La razón que invocan para no aceptar que Moisés o Josué escribieron los libros que se les atribuyen es la suposición de que la escritura era desconocida en Israel antes de la monarquía.

Varios fueron los factores que contribuyeron al origen y desarrollo de esta teoría. Los enumero a continuación:

1) Una obcecada predisposición a negar lo sobrenatural por considerarlo contrario a la razón y a las leyes de la naturaleza.

2) La presuposición de que la Biblia es un libro como cualquier otro. Por lo tanto, se creía necesario someterlo a las mismas normas críticas que se aplican a los demás libros de la antigüedad, en los que a veces lo histórico se mezcla con lo mítico.

3) La teoría de la evolución, que en el siglo pasado era el último grito de la ciencia.

4) La falta de suficiente información histórica. Los documentos de que entonces se disponía sólo permitían tener datos seguros hasta el siglo IV a.C. Más allá de esa fecha, un manto de oscuridad cubría la historia de las civilizaciones antiguas.

5) La carencia de manuscritos bíblicos de más antigüedad. Esto hizo que algunos eruditos dudaran de que los manuscritos existentes fueran copias fieles de los originales. En efecto, hasta mediados del siglo pasado los manuscritos hebreos más antiguos que se conocían databan todos del siglo X a.C. Y en cuanto a los manuscritos griegos del Nuevo Testamento, los más antiguos eran del siglo IV d.C.

¡Curiosamente, los promotores de esta teoría pretendían — y aún lo hacen — "salvar" la Biblia y el cristianismo del descrédito en que habían caído! Procuraban establecer una posición intermedia entre lo que consideraban los extremos del tradicionalismo y el escepticismo.

b. *Confirmada por la arqueología*. En nuestros días la situación es muy diferente. La arqueología, moderna ciencia que estudia los monumentos y restos materiales de la antigüedad, ha contribuido en gran medida a confirmar la historicidad de los relatos bíblicos. En efecto, la pala del arqueólogo, excavando en las arenas del Medio Oriente, ha sacado a la luz lugares, ciudades, naciones, personas, objetos, costumbres y sucesos cuya existencia se ignoraba. En muchos casos, la única referencia a ellos se hallaba en la Biblia. Pero lo más sorprendente, lo que parece increíble, es que ninguno de los descubrimientos arqueológicos ha contradicho o desmentido alguna afirmación de la Biblia. Al contrario, los que confirman la veracidad de la Escritura son tantos que una breve descripción de cada uno llenaría varias páginas de este libro.

En el capítulo 5 de Daniel se menciona, por ejemplo, al rey Belsasar, nombre que ciertos críticos consideraban un error histórico porque los registros babilónicos no lo mencionaban. Al contrario, mostraban que el último rey de Babilonia había sido Nabonido, a quien Ciro, rey de los persas, había derrotado en Borsippa. El problema fue resuelto con el hallazgo de nuevas inscripciones en las que consta que Belsasar era hijo de Nabonido. Este príncipe gobernó durante unos diez años en ausencia de su padre. Fue muerto por el general que tomó Babilonia. Así se aclaró también por qué Belsasar llamó "tercer señor en el reino" a la más alta distinción que quería conferir, ya que Nabonido era el primero y Belsasar el segundo.

c. *Vindicada por la paleografía.* Esta ciencia, que trata del estudio de los libros y otros documentos antiguos, ha hecho también una importante contribución a la causa de la veracidad histórica de la Biblia. Por lo que se refiere a la escritura, hoy sabemos que ésta ya era practicada por los sumerios. Esta civilización es la más antigua que se conoce al presente. Data de unos 2.000 años antes de Moisés y unos 1.500 antes de Abraham. Menos antiguos son los documentos egipcios y fenicios y menos todavía los cananeos y sirios; pero todos ellos son anteriores al tiempo de Moisés. No es de extrañar, pues, que Moisés supiera escribir si, como nos dice Hechos 7:22, "fue enseñado en toda la sabiduría de los egipcios". Hasta es posible que en aquel entonces existieran documentos en los que Moisés se basó para escribir el Génesis.

Aunque no tienen la misma fuerza argumentadora de otros descubrimientos arqueológicos para probar la veracidad histórica de la Biblia, no dejan de ser interesantes las tradiciones halladas en los documentos de las civilizaciones antiguas. Estos consisten en relatos politeístas de la creación, la caída del hombre, la longevidad de los antiguos, el diluvio y la confusión de lenguas. Su similitud con los relatos bíblicos es tan grande que uno no puede menos que concluir que estos últimos fueron hechos históricos conocidos por los pueblos antiguos.

Todo lo anterior nos demuestra que cuando los israelitas se establecieron en Canaán estaban rodeados de pueblos que desde hacía mucho tiempo habían desarrollado el arte de escribir. Es imposible concebirlos, pues, como una solitaria isla de analfabetismo en medio del piélago cultural de las naciones circundantes. Por lo menos una cosa es evidente: no pudieron vivir aislados de la influencia religiosa de esas naciones. Y aunque todavía no se han hallado documentos hebreos de esta época, es altamente significativo el hecho de que ya contemos con inscripciones palestinas y sirias de este período y tanto más cuanto que son del mismo grupo dialectal del que forma parte el hebreo.

Los críticos que impugnaban la veracidad de las Escrituras han tenido que retirarse a sus últimos baluartes, ya que muchas de sus suposiciones han resultado ser erradas. ¿Querrán correr otra vez el riesgo de que nuevos hallazgos arqueológicos desbaraten las que aún mantienen?

Desde luego, no todas las dificultades históricas se han resuelto. Como con muchos documentos antiguos, tendremos que seguir investigando para ver cómo solucionarlas. Mientras tanto, los que de veras creemos lo que dice la Biblia podemos esperar confiados que las aparentes discrepancias que aún subsisten se resolverán con nuevos descubrimientos. Recientemente se han hallado en Tel Mardik algunas tablillas que mencionan en el mismo orden de Génesis 14 las ciudades de la llanura, ¡incluso las de Sodoma y Gomorra! Y las excavaciones sólo están comenzando. ¿Cuántos secretos escondidos durante milenios serán sacados a la luz por la providencia de Dios para vindicación de la Sagrada Escritura?

2. La veracidad de la Biblia en materias científicas

La Biblia no es un manual de historia; tampoco es un texto de ciencias. Sus pocas declaraciones científicas están entretejidas en un contexto histórico, poético, profético, biográfico o epistolar que nada tiene que ver con la ciencia. Mucho se ha hablado y escrito sobre las discrepancias entre la ciencia y la Biblia, pero el estudiante de las Escrituras debe tener presente que básicamente estos campos no están en conflicto.

a. *El origen común de la naturaleza y la Biblia.* Si damos por sentado que la naturaleza y la Biblia son revelaciones diferentes del mismo Dios, no podrán estar en conflicto. La naturaleza es una revelación consistente en *hechos* mientras que la Biblia lo es en *palabras*. La ciencia estudia los fenómenos de la naturaleza; la teología, las declaraciones de la Biblia. Así pues, tanto la una como la otra tienen su propio campo de estudio, si bien en ciertos aspectos éstos se invaden mutuamente. La zona conflictiva es precisamente la intersección de ambos campos, como podremos ver en el siguiente diagrama.

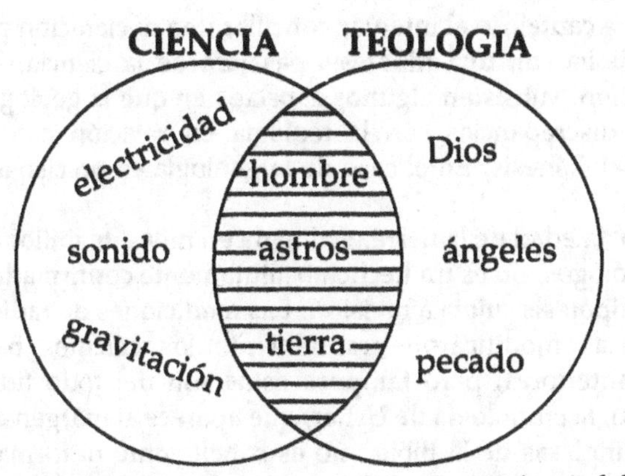

Ambos campos presentan aspectos que parecen insondables y que los científicos y teólogos, respectivamente, siguen investigando. Para ello formulan hipótesis o teorías que procuran explicar los hechos de una y las palabras de la otra.

b. *Supuestos conflictos entre la ciencia y la Biblia.* Es precisamente aquí en el terreno de las hipótesis donde se producen los principales conflictos de la intersección entre la ciencia y la teología. A veces se suscitan entre una clara y específica declaración de la Biblia y una hipótesis científica. Otras veces resultan entre un comprobado principio o ley natural y una hipótesis teológica. Pero entre los principios científicos y los postulados bíblicos se ve una maravillosa concordancia.

El problema de no poder distinguir lo hipotético de lo establecido ha resultado en una confusión sobre la autoridad de la Biblia y la de la ciencia. Hay quienes, menospreciando la Biblia, manifiestan un respeto exagerado por la ciencia. Esta actitud ha llevado a algunos teólogos a descartar la autoridad de las Escrituras y buscar constantes reconciliaciones entre ellas y la ciencia. Pero debemos tener en cuenta que esta última ha tenido que modificar sus hipótesis y hasta algunas de sus leyes a medida que se hacen nuevos descubrimientos.

Tenemos algunos ejemplos históricos. Se creía antiguamente en la indivisibilidad del átomo, la generación espontánea y el universo geocéntrico. Pero estas hipótesis fueron abandonadas hace ya mucho tiempo.

Hubo ocasiones cuando la iglesia se comprometió con hipótesis científicas que posteriores investigaciones probaron que eran erradas. Sabemos de momentos cuando los teólogos, en aras de una precipitada reconciliación con la ciencia, elaboraron teorías que contradecían abiertamente las Escrituras. Por lo tanto, el creyente debe ser sumamente cauteloso al intentar conciliar una declaración permanente de la Biblia con una hipótesis pasajera de la ciencia.

Ahora bien, subsisten algunos aspectos en que la geología mantiene serias discrepancias con la teología en relación con el primer capítulo del Génesis. En el caso de la geología es preciso aclarar dos conceptos.

Primero, la edad de la tierra, estimada en miles de millones de años por los geólogos, no es un hecho absolutamente confirmado, sino tan sólo una hipótesis sujeta a revisión. Las mediciones de radioactividad en las rocas modificaron grandemente los cálculos basados en sistemas anteriores, pero tampoco éstas son del todo fidedignas.

Segundo, la cronología de Usher, que aparece al margen de algunas ediciones inglesas de la Biblia, no es concluyente ni forma parte del texto bíblico. En ella el año de la creación del universo es el 4004 a. C.; pero los teólogos han señalado equivocaciones en los cálculos de Usher.

Hay quienes procuran ceder hoy ante las presuposiciones de algunos geólogos. Han sacado la hipótesis de que los días de la creación son más bien edades o eras. Aunque es cierto que el término "día" tiene varias acepciones en el mismo relato de la creación, no es menos evidente por la frase "y fue la tarde y la mañana" que el autor del relato quería referirse a días literales (compárese con Daniel 8:14). La división del tiempo en semanas, sistema utilizado por los pueblos más antiguos del Medio Oriente y la institución del día séptimo como día de descanso, no tendrían ningún significado si los días de la creación no hubieran sido literales (Exodo 20:11). Procurando resolver un problema, la hipótesis de los días-eras crea otros. De todas maneras la geología tampoco tiene evidencias irrefutables para sostener la hipótesis de un proceso evolutivo de muchos millones de años. Nadie ha presentado evidencia indiscutible de que los seres vivientes hayan evolucionado de las formas más sencillas a las más complejas.

La paleontología, ciencia que estudia los fósiles, también tiene conflicto con la teología. Como con las otras ramas de la ciencia que se han mencionado en este estudio, es preciso aclarar que los argumentos de la paleontología se basan en meras hipótesis. En efecto, no hay pruebas fehacientes de que los restos fósiles más antiguos tengan los cientos de millones de años que se les atribuyen. No se puede probar que el hombre mismo haya estado dos millones de años sobre la tierra. En este aspecto las Sagradas Escrituras permanecen en pie. La paleontología no ha podido corroborar sus afirmaciones; tampoco ha podido probar que sean falsas las declaraciones bíblicas.

Es de veras lamentable que la paleontología se haya visto ensombrecida por fraudes como el caso del llamado hombre de Piltdown. Con gran despliegue publicitario se había proclamado que unos huesos sacados en Piltdown, Inglaterra, eran los restos de un ser primitivo que sería el "eslabón" entre el hombre y el mono. Pero se llegó a probar que un hombre deliberadamente limó esos huesos y los tiñó antes de presentarlos al Museo Británico. El hecho de que pasaran más de 40 años antes de que los mismos paleontólogos descubrieran la falsificación muestra cuán difícil es determinar la antigüedad de los fósiles y cuán inciertas son las presuposiciones basadas en ellos.

Otra confusión que ha surgido entre la Biblia y la ciencia ha resultado de una mala interpretación del estilo literario de la Biblia. Es preciso entender que *el lenguaje de la Biblia no es un lenguaje científico, sino popular.* Por lo mismo abundan las figuras retóricas en sus páginas. El lenguaje popular es *fenoménico;* esto es, da expresión a los fenómenos o apariencias de las cosas. Por el contrario, el lenguaje de las ciencias da expresión a los hechos que se ocultan tras los fenómenos que perciben nuestros sentidos. Asimismo, el lenguaje científico es de reciente formación y solo asequible a los hombres de ciencia, mientras que el lenguaje popular es tan antiguo como el hombre mismo. Es indispensable este estilo del pueblo como medio de comunicación entre todos los seres humanos. Por tal razón en los tratados de divulgación en masa se evita en lo posible la inclusión de tecnicismos que solamente entenderían los especialistas.

Por no entender esto, algunos han creído hallar un error en Josué 10:13, que a la letra dice: "Y el sol se paró en medio del cielo." Dando por sentado que es la tierra la que gira alrededor del sol, contienden que la expresión es anticientífica. Pero el escritor sagrado no hace más que expresar en lenguaje común el fenómeno que vio: el sol se detuvo en su movimiento aparente. ¡Nosotros mismos, con toda la información científica de que disponemos al respecto, seguimos diciendo que el sol *sale* al amanecer y se *pone* al atardecer!

Otros suponen que hay un error evidente en Mateo 13:31, 32, en donde Jesús afirma que el grano de mostaza es la más pequeña de todas las semillas. Los botánicos hablan de otras semillas más pequeñas que la mostaza. Pero si fijamos nuestra atención en la frase "todas las semillas" y no en "la más pequeña", veremos que Jesús, empleando una figura retórica, sólo quiso referirse a todas las semillas que sembraban sus oyentes. Y de éstas, la más pequeña era la mostaza. Un caso similar tenemos en Lucas 2:1, donde es evidente que "todo el mundo" significa nada más que el mundo gobernado por Augusto César.

Asimismo, *hay diferencias entre la clasificación científica y la popular*. Pero en lo que concierne a la primera, los mismos científicos han sostenido criterios diferentes sobre la forma de clasificar. Y la clasificación popular, que naturalmente se basa en los fenómenos, es tan válida como cualquier otra. No hay, pues, error alguno en que la Biblia clasifique como "lumbreras" al sol y a la luna atendiendo al hecho de que, sin considerar la procedencia de su luz, ambos alumbran la tierra (Génesis 1:14-16). Desde este punto de vista, tampoco lo hay en Levítico 11:13-19, que clasifica entre las aves al murciélago. Lo anterior no nos debe parecer extraño, puesto que nosotros hacemos otro tanto. ¿Quién no dice que la piña es un fruto y que el girasol es una flor? Pero los botánicos clasifican la piña como una infrutescencia, o conjunto de frutos, y el girasol una inflorescencia, o conjunto de flores.

Tenemos que admitir también que *no conocemos todas las acepciones de los vocablos y giros idiomáticos de las lenguas antiguas*, lo cual ha dificultado a veces la traducción de los nombres de animales y plantas. Pero esto no nos debe sorprender, pues todo lingüista sabe lo difícil que es hallar un equivalente exacto en estos casos. Por eso en la versión de Reina-Valera, revisión de 1960, los revisores se han limitado a transliterar los vocablos "behemot" y "leviatán" en el libro de Job.

Pero cuánto se han mofado algunos "seudocientíficos" con el relato de la ballena que tragó a Jonás, aduciendo que la estrecha garganta de este cetáceo no le permite engullirse un hombre. Los traductores de la versión de los Setenta tradujeron "gran pez" por "ballena" y de esta versión citaron los escritores del Nuevo Testamento (Jonás 1:17; Mateo 12:40). La versión de Reina-Valera, revisión de 1960, corrigió esto y ahora sigue el texto hebreo en los Evangelios. El "gran pez" pudo haber sido un tiburón, pues algunos pueden tragarse un hombre entero. Y sin embargo, pudo haber sido también una ballena, ya que hay especies que tienen la garganta lo bastante ancha como para permitir el paso de cuerpos mucho más grandes que un hombre. Es relativamente conocido el testimonio de un marinero que fue tragado por un cachalote. El gran pez de Jonás pudo haber sido hasta una especie marina extinguida en la actualidad.

Otros han señalado a Levítico 11:5, 6 como prueba evidente de que la Biblia yerra en materias científicas. Este pasaje afirma que el conejo y la liebre rumian. Pero todos sabemos que son roedores. Es posible que aquí también tengamos una traducción inexacta. Algunos exegetas creen que estos roedores fueron clasificados como rumiantes porque por el movimiento de sus mandíbulas aparentemente rumian.

Nuestra ignorancia alcanza hasta *la forma de calcular y medir de los hebreos de la antigüedad*. Esta falta de conocimiento ha llevado a cierto teólogo a suponer que hay un error en 2 Crónicas 4:2. El versículo dice que el mar de fundición "tenía diez codos de un borde al otro", era "enteramente redondo" y "un cordón de treinta codos lo ceñía alrededor". El cree que los antiguos no conocían el número π (3,14159) y que por eso dieron una medida errónea para la circunferencia del mar que debiera haber sido de 10 codos por 3,14159, o sea, 31,4159 codos en vez de 30.

¿Qué podemos decir a esto? Si los babilonios sabían resolver ecuaciones complejas y extraer raíces cuadradas y cúbicas y si los egipcios podían construir pirámides perfectas, es muy improbable que las civilizaciones antiguas no conocieran el número π.

Segundo, el texto *no* dice que el cordón de treinta codos fue la circunferencia del *borde* del mar. También en 1 Reyes 7:26 leemos que el borde del mar "era labrado como el borde de un cáliz o de flor de lis".

Además, 1 Reyes 7:24 nos dice que por *debajo del borde del mar* rodeaban a éste dos filas de bolas como calabazas, habiendo un total de diez de ellas en cada codo. Es muy probable, pues, que el borde del mar fuera como el de los pétalos de un lirio, un resalto curvo que sobresalía de la superficie lateral. El cordón de treinta codos probablemente estaba por debajo del borde, a la altura de las bolas como calabazas y en relación directa con el número de ellas. De este modo, necesariamente la circunferencia del borde sería de 31,4 codos, mientras que el cordón — que a la vez era la circunferencia de la superficie lateral — tenía solamente 30 codos. El siguiente diagrama lo mostrará con más claridad.

Lo anterior nos permite ver que lo que algunos califican de error en la Escritura es más bien una interpretación equivocada de quien le busca errores. Pero si el distinguido teólogo hubiera ahondado en el tema se habría encontrado con. . . ¡otro presunto error! En 2 Crónicas 4:5 leemos que el mar tenía una capacidad de 3.000 batos (y 2.000 en 1 Reyes 7:26). Según la tabla de pesos y medidas que aparece al final de nuestras Biblias el bato es equivalente a 37 litros, lo que significa que en el mar cabían unos 111.000 litros. Si usamos como patrón el codo de 0,45 metros y suponemos que la superficie lateral del mar era cilíndrica, su capacidad no sería superior a 36.000 litros. Si el mar era hemisférico, su capacidad sería menor aún. Y sólo con una superficie lateral enormemente convexa — lo que no es probable que fuera — se

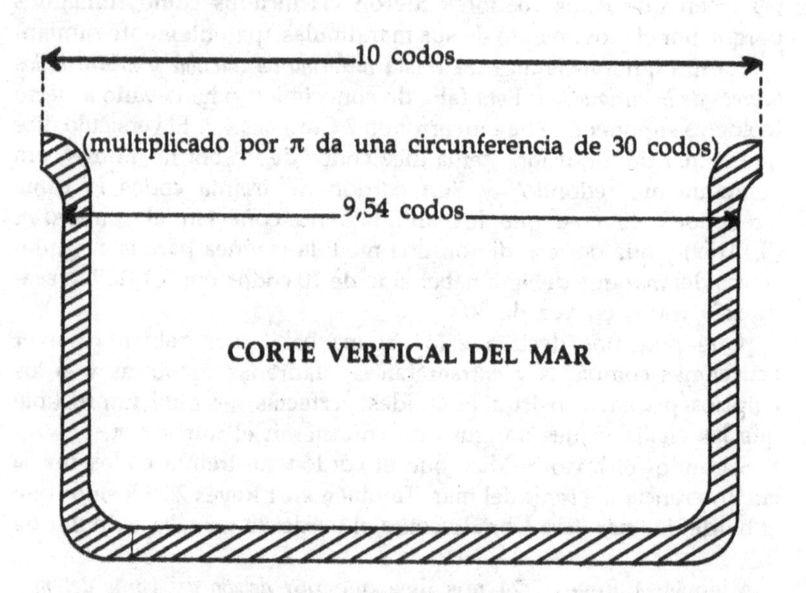

podrían duplicar los 36.000 litros. Todo parece indicar que es preciso someter a revisión la equivalencia del bato.[1]

¿Qué pretendo insinuar con todo esto? Que a veces es más cómodo hallar errores en la Biblia que reunir los antecedentes necesarios para emitir un juicio correcto. Por ejemplo, los estadounidenses afirman que el mundo tiene cuatro billones de habitantes. Nosotros sabemos que solamente tiene cuatro mil millones. ¿Están ellos en un error? ¡No! Para ellos y los franceses un billón es igual a mil millones; para nosotros y los ingleses, a un millón de millones.

c. *Asombrosas concordancias entre la ciencia y la Biblia.* Habiendo considerado algunos supuestos conflictos entre la ciencia y la Biblia, analizaremos ahora algunos casos de extraordinaria concordancia entre aquélla y ésta. Aunque hacía miles de años que las Escrituras habían expuesto estas verdades, sólo en la Edad Moderna fueron descubiertas por los científicos.

Es sorprendente la similitud que hay entre el orden de la creación según Génesis y el que ofrece la ciencia moderna. Veamos cuatro puntos de ella.

1) Formación de los océanos, continentes y atmósfera. No hay señales de vida en este período.
2) Aparición de las plantas.
3) Aparición de los animales.
4) Aparición del hombre.

Eminentes geólogos han manifestado que si tuvieran que hacer un resumen de los principales sucesos geológicos, no tendrían nada mejor que los primeros párrafos del Génesis.

Tenemos el caso de Génesis 2:7. "Dios formó al hombre del polvo de la tierra." Varios otros pasajes se refieren a este mismo hecho. Es evidente que la declaración no está formulada en la precisa pero descolorida terminología del rigorismo científico sino en los sencillos, pintorescos y vigorosos trazos del lenguaje popular. El autor sólo presenta la materia prima y el producto terminado sin indicar el procedimiento empleado. No hemos de entender, pues, que Dios juntó un poco de polvo y le dio forma humana: ¡pero cuánta verdad encierran esas palabras! Solamente en años recientes los químicos descubrieron que el cuerpo humano está constituido por los mismos elementos que componen el polvo del suelo.

Miremos otro ejemplo. Hace miles de años Dios le hizo a Abraham un singular desafío, diciéndole: "Mira ahora los cielos, y cuenta las estrellas si las puedes contar" (Génesis 15:5). Posteriormente Dios confirmó esta asombrosa declaración, agregando: "Multiplicaré tu descendencia como las estrellas del cielo y como la arena que está a la orilla del mar" (Génesis 22:17). Siglos después el profeta Jeremías corroboraría que "no puede ser contado el ejército [las estrellas] del cielo, ni la arena del mar se puede medir" (Jeremías 33:22). Pero en el siglo II de nuestra era, el astrónomo Tolomeo estimó que las estrellas eran 1.022 y confeccionó un catálogo de ellas. Transcurrieron más de mil años antes de que Galileo, con ayuda de un rudimentario telescopio, observara nuestra galaxia y descubriera que es un conjunto de estrellas "tan numeroso que cuesta creerlo".[2] Actualmente los astrónomos creen que esta galaxia se compone de unos 100.000 millones de estrellas y que en el espacio sideral hay probablemente un número similar de galaxias. ¿Quién, pues, podría contar las estrellas? Su número marea la imaginación.

No menos asombroso es el caso de la forma de nuestro planeta. Hasta el siglo XV era un dogma científico aceptado, si bien no universalmente, que la tierra era plana. Aunque Tolomeo había afirmado que era esférica, filósofos cristianos como Lactancio y Agustín estimaban que tal idea era contraria a la Escritura. Sin embargo, en el siglo VIII a.C. el profeta Isaías ya había escrito: "El [Dios] está sentado sobre el círculo de la tierra" (Isaías 40:22).

Consideremos un ejemplo más. En Hebreos 11:3 leemos esta asombrosa declaración: "Por la fe entendemos haber sido constituido el universo por la palabra de Dios, de modo que lo que se ve fue hecho de lo que no se veía." Ya estábamos familiarizados con esos entes invisibles tan íntimamente relacionados con la materia como son la gravitación, la electricidad, el magnetismo. Pero ¿quién habría creído que también la materia — visible a nuestros ojos — está constituida por entes invisibles? Así son las diferentes partículas que componen los átomos. Todo el universo, pues, está hecho de lo que no se ve. ¡Cuán veraz es la Escritura! Y esto no ha sido descubierto hasta nuestro siglo XX.

Podría presentar aún otros ejemplos, pero estimo que éstos son suficientes para demostrar que en materias científicas la Biblia es digna de confianza.

Frente a estas concordancias tan asombrosas entre la ciencia y la Biblia podemos elaborar solamente dos hipótesis que las expliquen: o los conocimientos científicos de las civilizaciones antiguas eran superiores a los nuestros, o los antiguos recibieron estas informaciones de un agente con más conocimientos que nuestros más destacados hombres de ciencia. Descartada por absurda la primera hipótesis, sólo nos queda la última. En efecto, una Mente superior reveló a ciertos hombres verdades que entonces no hubieran podido conocer por la simple investigación.

d. *La actitud correcta con las dificultades bíblicas*. Es evidente, sin embargo, que los hombres de ciencia no han logrado desentrañar todos los misterios del universo ni los teólogos todos los de la Biblia. Entre estos últimos tenemos varios interrogantes que surgen de los primeros capítulos del Génesis. ¿Es Génesis 1:1 el principio o el resumen de la creación? ¿Muestra Génesis 1:2 un cataclismo de la tierra ya acabada o su estado original? ¿De qué naturaleza era la luz del primer día? ¿Por qué se omite la mención de lo bueno en el segundo día? ¿Existían los astros antes del cuarto día? ¿Cuál es el origen de los animales carnívoros y venenosos? ¿Son los fósiles restos antediluvianos o de una creación anterior destruida por un cataclismo descrito en Génesis 1:2? ¿Se refiere Génesis 5:2 a una sola pareja o a varias? ¿Quiénes fueron realmente los hijos de Dios y quiénes las hijas de los hombres? ¿Fue universal o local el diluvio? ¿Fueron preservados los dinosaurios y mamutes en el arca de Noé? Si lo fueron, ¿por qué se extinguieron después? A la luz de Génesis 6:19, 21, ¿no hubo animales carnívoros en el arca? A estos interrogantes podemos responder, como los científicos a algunos de los suyos, solamente con hipótesis por ahora.

Pero *las dificultades no constituyen errores*, porque el hecho de que no entendamos algo no significa que eso tiene que ser necesariamente falso. En este sentido, la actitud de los hombres de ciencia hacia la naturaleza contrasta grandemente con la de aquellos teólogos que formulan críticas destructivas a la Biblia. Los científicos no critican la naturaleza por los aparentes absurdos que aparecen en ella. Al contrario, investigan y experimentan hasta hallar la verdad. Ellos suponen siempre que el error no está en la naturaleza, sino en la interpretación que los hombres les dan a los fenómenos de ella.

No fue fácil, por ejemplo, que los antiguos aceptaran la idea de que la tierra es redonda. Hacerlo significaba aceptar también que en el otro hemisferio los antípodas caminaban con la cabeza abajo y los pies arriba. Y ciertamente nadie puede caminar por el cielo de una habitación sin caerse. Con este absurdo refutaba el apologista Lactancio la idea de que la tierra fuera redonda. Pero Magallanes y Elcano lo demostraron dando la vuelta al mundo por primera vez y sin que sus naves "cayeran" al espacio. ¿Cómo explicar el fenómeno? Correspondió a Newton la gloria de hacerlo formulando la ley de gravedad.

Así también la Biblia permanecerá intacta ante el análisis científico de quienquiera que, sin prejuicios, la escudriñe en su búsqueda de la verdad. Confiemos, pues, en que los futuros descubrimientos científicos y teológicos arrojen más luz sobre las cosas que al presente parecen incomprensibles en ella.

---

[1]En la versión popular *Dios habla hoy* el bato equivale a 22 litros; pero esta equivalencia tampoco resuelve el problema de la capacidad del mar.
[2]*The World Book Encyclopedia*, Tomo 8, página 10.

BOSQUEJO DEL CAPITULO

La veracidad de las Escrituras

1. Lo verídico de sus relatos
   a. Pasajes juzgados de míticos por algunos críticos
   b. El apoyo de la arqueología
   c. Evidencias de la existencia de la escritura antes de los tiempos de Moisés
2. Lo verídico de las afirmaciones relacionadas con la naturaleza
   a. La relación entre la ciencia y la teología
   b. Motivos de muchos conflictos
      1) No distinguir entre una hipótesis y un principio comprobado
      2) No distinguir entre el lenguaje científico y el de la calle
      3) Diferentes sistemas de catalogar lo que se observa
      4) Insuficiente conocimiento de las lenguas antiguas
      5) Una confusión con respecto a las medidas
   c. Ejemplos de la compatibilidad de la Biblia con la ciencia
   d. La actitud deseable para considerar problemas no resueltos

UN ENCUENTRO CON LAS VERDADES

Selección de opciones. Lea la primera parte de la frase y las cinco diferentes terminaciones. Escoja la que mejor complete la idea. En algunos casos podrían servir más de una, pero debe seleccionar la **mejor**, aunque ninguna de las cinco opciones le satisfaga totalmente. Subráyela y escriba la letra correspondiente en el espacio que hay a la izquierda del número.

_________ 1. La veracidad de la historia narrada en la Biblia. . .
A. se ha desacreditado con los descubrimientos de la arqueología.
B. no se ha comprobado con los descubrimientos de la arqueología.
C. se ha confirmado con los descubrimientos de la arqueología.
D. se ha confirmado con algunos descubrimientos de la arqueología, pero con otros se ha puesto en tela de juicio.
E. en nada tiene que ver con los descubrimientos de la arqueología.

_________ 2. La idea de que la escritura se practicaba en los tiempos de Moisés. . .
A. queda anulada con fuertes evidencias de lo contrario.

B. se ha probado, ya que de otra manera Moisés no podría haber escrito el Pentateuco.
C. queda comprobada con un documento de los incas que se escribió hace mil años.
D. tiene poco que ver con el establecimiento de la veracidad de las Escrituras.
E. queda establecida con el hallazgo de documentos hechos en tres diferentes culturas anteriores a Moisés.

_________ 3. Muchos conflictos entre la ciencia y la Biblia se han suscitado por. . .
A. la aceptación de alguna hipótesis como si fuera un principio comprobado.
B. el hecho de que muchos evangélicos estudian demasiado.
C. el hecho de que muchos científicos han estudiado demasiado la Biblia.
D. el hecho de que Satanás está al lado de la ciencia.
E. la aceptación de estudiantes de la Biblia de la posibilidad de que la ciencia sea la verdad.

_________ 4. Un motivo por el cual sería imposible conceder más autoridad a la ciencia que a la Biblia es el hecho de que. . .
A. la ciencia es más moderna.
B. hacerlo sería demasiado doloroso para el creyente.
C. la ciencia ha cambiado muchos de sus conceptos pero la Biblia sigue igual.
D. la Biblia habla más de Dios que la ciencia.
E. las iglesias perderían prestigio al conceder más autoridad a la ciencia.

_________ 5. La idea de que la tierra tiene millones de años de edad. . .
A. es totalmente falsa, porque la Biblia dice otra cosa.
B. es absolutamente verdadera ya que la Biblia lo afirma.
C. es una hipótesis para el estudio.
D. es una prueba de que la Biblia no siempre es veraz.
E. no debe preocupar al creyente verdadero.

_________ 6. El caso del hombre de Piltdown. . .
A. señala la falta de honradez de parte de los paleontólogos por no confesar un fraude.
B. señala la dificultad de establecer con exactitud la edad de un fósil.

C. comprueba por completo la falsedad de la paleontología.
D. no señala nada, ya que fue un fraude.
E. señala el eslabón entre el mono y el primer hombre verdadero.

_________ 7. Para referirse a fenómenos de la naturaleza, la Biblia emplea un lenguaje. . .
A. espiritual.
B. científico.
C. moderno.
D. vulgar.
E. fenoménico.

_________ 8. Hoy día en los países de habla hispana el lenguaje popular. . .
A. se emplea para referirse a los primeros minutos de claridad del día.
B. no se emplea nunca.
C. se emplea sólo entre los ignorantes.
D. se considera de mal gusto.
E. sería un pecado para un evangélico.

_________ 9. El sistema de clasificación de animales que los hebreos antiguos empleaban. . .
A. es más correcto que el empleado en los libros de biología.
B. siempre se debe rechazar a favor de uno moderno de las universidades.
C. es tan válido en su contexto como cualquier otro.
D. tiene muchos errores científicos.
E. obviamente es anticientífico ya que incluye la luna entre las lumbreras.

_________ 10. La Biblia está de acuerdo con la ciencia respecto a. . .
A. la manera de calcular y medir.
B. la clasificación de una ballena.
C. la necesidad de emplear el lenguaje fenoménico.
D. el orden de la creación.
E. el período de tiempo en que se llevó a cabo la creación del universo.

_________ 11. La constitución de la materia por entes invisibles es. . .
A. negada en la Biblia.
B. afirmada en la Biblia.
C. puesta en tela de juicio en la Biblia.

D. una creencia que la Biblia prohíbe.
E. negada por la ciencia moderna.

_________ 12. ¿Con qué actitud debe un teólogo considerar los misterios no resueltos en algunos pasajes de la Biblia que tienen que ver con la ciencia?
A. Negar que existen.
B. Aceptar sin reserva las explicaciones ofrecidas por los científicos modernos.
C. Culpar a Satanás por su intromisión en problemas espirituales.
D. Aceptar su existencia pero negarse a estudiarlos, ya que se podría descubrir algo que desmentiría a la Biblia.
E. Formular hipótesis con la esperanza de que futuros descubrimientos arrojen más luz sobre el caso.

_________ 13. Si un científico observara algo en la naturaleza que parece ser contradictorio a los principios establecidos por la ciencia.
A. rechazaría la naturaleza.
B. llegaría a la conclusión de que se había equivocado en su interpretación del fenómeno observado.
C. supondría que el fenómeno era un engaño.
D. cambiaría de profesión.
E. criticaría a sus colegas.

DE LA TEORIA A LA PRACTICA

1. ¿Qué ataques a la veracidad de la Biblia ha observado usted?
2. Describa la actitud que debe mantener un creyente ante una persona que se burla de la Biblia.
3. ¿Qué importancia tendrá el tema de la veracidad de la Biblia para la juventud de su iglesia? ¿Por qué?

PROYECTOS PARA LA CLASE

1. Evaluar lo que hicieron los estudiantes en las secciones UN ENCUENTRO CON LAS VERDADES y DE LA TEORIA A LA PRACTICA.
2. Llevar algún estudiante un ejemplo sacado de un libro o revista de un ataque a la veracidad de la Biblia. La clase decidirá cómo refutarlo.
3. Ventilar un panel la necesidad de enseñar sobre la veracidad de la Biblia a la juventud cristiana.

4. Presentar un equipo un cuadro dramatizado de un creyente que reacciona negativamente a ataques sobre la veracidad de las Escrituras, y otro cuadro enseñando la mejor manera de responder a tales ataques.
5. Presentar un grupo un cuadro dramatizado demostrando la mejor manera en que un pastor puede ayudar a un joven que experimenta dudas acerca de la veracidad de la Biblia.

Capítulo 4

EL TESTIGO VERAZ, SEGUNDA PARTE

3. La veracidad de la Biblia en sus profecías

Una parte considerable de la Sagrada Escritura, casi tanto como la historia, está constituida por la profecía.[1] En ella tenemos una de las pruebas más convincentes no sólo de la veracidad de la Biblia, sino también de su origen divino.

a. *La superioridad de las profecías bíblicas sobre otras predicciones.* En los tiempos antiguos — así como en los modernos — había toda clase de formas de vaticinar el futuro. Estas predicciones eran ambiguas como las de la pitonisa de Delfos o vagas y enigmáticas como las del astrólogo Nostradamus. Se prestaban para una variedad de interpretaciones, asegurando así su cumplimiento.

En toda la literatura producida por la humanidad, sin embargo, no hay nada comparable al conjunto de profecías bíblicas por su minuciosa precisión en la predicción de sucesos históricos de un futuro muy lejano. Mientras que muchos vaticinios humanos han resultado ser falsos, no ha habido una sola profecía referente a sucesos pasados que no se haya cumplido hasta en sus menores detalles.

Los estudiosos que han analizado las profecías según el cálculo de probabilidades han demostrado que la posibilidad de una simple coincidencia en su cumplimiento es demasiado remota para ser creíble. Por lo tanto, la profecía es una cualidad distintiva y sobrenatural de la Biblia, ya que, como ella misma lo consigna, el revelar el porvenir es atributo exclusivo de Dios (Isaías 41:22, 23; 44:7, 24, 25; 46:9, 10).

Alguien dijo que la profecía es la historia escrita de antemano. Efectivamente, hay una estrecha relación entre la profecía y la historia, porque la primera se cumple en la última. Así pues, atendiendo al tiempo de su cumplimiento, las profecías pueden clasificarse en tres grupos bien definidos: las que ya se cumplieron, las que se están cumpliendo y las que han de cumplirse.

b. *La evidencia manifestada en las profecías que ya se cumplieron.* La evidencia que ofrecen las profecías ya cumplidas a favor de la veracidad de la Biblia es abrumadora. A los que la impugnan no les queda más recurso que suponer que ellas se escribieron después de los sucesos que predicen. Tal tratamiento reciben especialmente la última parte de Isaías (capítulos 40 — 66), Ezequiel, Daniel, Abdías y Nahum. ¿Por qué? Porque predicen con meridiana claridad la destrucción de naciones como Asiria, Fenicia, Edom, Babilonia y otras. El mismo trato reciben los evangelios, suponiéndose sin razón que lo justifique que fueron escritos después de la destrucción de Jerusalén.

Desde luego, el que cree en un Dios omnisciente, no tiene dificultad alguna en aceptar las profecías. Pero no es por demás considerar algunos hechos que en relación con las profecías del Antiguo Testamento echan por tierra la hipótesis que les asigna una fecha posterior a los sucesos predichos.

• Casi todos los profetas del Antiguo Testamento fecharon sus profecías en forma muy definida, naturalmente antes que sucedieran los hechos que predijeron.

• Los profetas y escribas tenían una idea muy clara — porque Dios mismo se lo había enseñado — de lo que significaba presentar como profecía lo que no lo era para incorporarlo en los escritos sagrados, por decir lo menos. ¿No había dicho Jehová a Moisés: "El profeta que tuviere la presunción de hablar palabra en mi nombre, a quien yo no le haya mandado hablar, o que hablare en nombre de dioses ajenos, el tal profeta morirá"? (Deuteronomio 18:20; véase también Jeremías 5:29-31; 23:25-32; 28:2).

• Todos los libros proféticos del Antiguo Testamento fueron traducidos al griego, en la versión de los Setenta, por el año 250 a.C., por lo que es seguro que los profetas que no fecharon sus profecías escribieron antes de esta fecha.

• Algunos detalles de esas profecías no se cumplieron antes de Cristo, sino sólo al cabo de varios siglos de nuestra era.

• En las cavernas de Qumrán se han hallado fragmentos de todos los libros proféticos y un rollo completo de Isaías.

Las profecías que se refieren al Mesías se han confirmado de manera asombrosa. Se dice que en Jesús se cumplieron 333, ¡todas ellas anunciadas con varios siglos y en algunos casos, milenios de anticipación!

Aunque no pretenden atacar directamente la veracidad de la Biblia sino el mesiazgo de Jesús, hay quienes afirman que El, conociendo las profecías mesiánicas, las cumplió deliberadamente. Pero varias predicciones se cumplieron exactamente en Jesús sin que El, humanamente hablando, pudiera ejercer ningún control sobre ellas. Algunas de éstas son las siguientes:

• Las circunstancias de su nacimiento (Isaías 7:14; Miqueas 5:2; Génesis 49:10; Daniel 9:25).

• La traición de uno de sus amigos (Salmo 41:9; 55:12-14).

• Su pasión (Salmo 22:7, 8, 16; 34:20; Isaías 50:6; 53:7, 12).

• Las circunstancias de su muerte (Zacarías 12:10; Isaías 53:9).

La historia confirma indirectamente la veracidad de las profecías mesiánicas. Cuando el templo y Jerusalén estaban en ruinas, el ángel Gabriel le reveló a Daniel que el Mesías debía venir antes de otra destrucción del templo y de la ciudad (Daniel 9:26). Efectivamente, pocos años antes de la nueva destrucción Jesús se presentó en la escena y afirmó ser el Mesías.

¿Y qué diremos de las profecías de los evangelios? A diferencia de los profetas del Antiguo Testamento, los evangelistas no fecharon sus escritos; pero hay suficientes evidencias de que Mateo, Marcos y Lucas escribieron sus evangelios antes de la caída de Jerusalén. Pretender, como lo hacen algunos críticos, que los evangelistas relataron en esos pasajes sus reminiscencias de la caída de Jerusalén es violentar los textos e impugnar la veracidad de los escritores. ¿Por qué habrían de atribuir a Jesús lo que ellos mismos describían, a menos que de veras El lo hubiera dicho?

Pero ¡qué veracidad la de la Biblia! La profecía de Lucas 21:24 no se cumplió del todo en el año 70, que sólo marcó el comienzo de la dispersión de Israel y la holladura, o sea, el pisoteo, de Jerusalén por los gentiles. Porque en el año 135, tras larga y sangrienta lucha, los romanos sofocaron una nueva revuelta de los judíos capitaneados por el falso mesías Simeón Barcochebas. Mientras que los babilonios solamente habían talado a Judá en el año 586 a.C., dejando un pequeño remanente en la tierra, los romanos literalmente desarraigaron a los judíos. Entonces se cumplieron también Deuteronomio 29:28 e Isaías 6:11, 12. Los millares de judíos que no murieron fueron llevados cautivos y vendidos en los mercados de esclavos, iniciándose así su penosa dispersión por todos los pueblos de la tierra.

La profecía de Jesús de la destrucción de Jerusalén y de su pisoteo por los gentiles se ha cumplido admirablemente durante casi 19 siglos porque los gentiles no habrían de hollar los *escombros* de Jerusalén, sino la ciudad misma. En efecto, bajo el gobierno del emperador Adriano los romanos reconstruyeron Jerusalén con el nombre de Elia Capitolina, prohibiéndoles a los judíos el ingreso a ella. Desde 636 hasta 1917 la ciudad estuvo sucesivamente bajo el dominio de los árabes, tártaros, egipcios, mamelucos y turcos otomanos. Luego pasó al dominio británico hasta 1948, cuando fue dividida entre los estados de Israel y Jordania, quedando este último con la ciudad vieja. Solamente en 1967 lograron los judíos conquistar la sección jordana.

Pero también otra profecía de Jesús sólo vino a cumplirse alrededor del año 400. Se trata del juicio de Corazín, Betsaida y Capernaum (Mateo 11:20-24; Lucas 10:13-15). Un terremoto destruyó la aldea de Capernaum y probablemente las dos primeras perecieron también en esa ocasión. De las cuatro ciudades que había junto al Mar de Galilea, solamente Tiberias — contra la cual Jesús no pronunció juicio — permanece hasta el día de hoy. Aun los críticos más liberales fijan en el siglo II las fechas de los evangelios. ¿Tendrán que fecharlos ahora en el siglo V? ¿O más adelante todavía?

c. *La evidencia manifestada en las profecías que se cumplen hoy día.* En cuanto a las profecías que se están cumpliendo en nuestros días, la evidencia a favor de la veracidad de las Escrituras es concluyente. Aquí no caben subterfugios como coincidencias o fechas posteriores a los sucesos. Los siguientes casos lo corroboran:

• Israel sobrevive, a pesar de haber sido objeto de las más encarnizadas persecuciones que registra la historia (Jeremías 31:35-37; Joel 3:20). Esto no se ha visto en el caso de ninguna otra civilización.

• Hasta el siglo pasado, muchos exegetas tenían dificultad para interpretar pasajes como Isaías 66:20, Ezequiel 39:28, Amós 9:14, 15 y otros que tratan del retorno de Israel en los postreros días, porque éste parecía sin esperanzas. Hoy es una indiscutible realidad.

• Hasta el siglo pasado se limitaba exclusivamente al conocimiento religioso el aumento de la ciencia predicho en Daniel 12:4. Pero ahora podemos apreciar que precisamente en nuestros días esta profecía se está cumpliendo en forma asombrosa. En ninguna otra época de la historia, la humanidad ha adquirido tan vastos conocimientos y en tantos campos como en nuestro siglo.

• A pesar de haber sufrido corrupciones y luchas intestinas casi desde el comienzo de su accidentada historia, jamás la iglesia había experimentado una apostasía tan grande como la que se inició en el siglo pasado y continúa en nuestros días (2 Timoteo 3:1-5; 4:3, 4; 2 Pedro 2:3, 4).

• No obstante todos los adelantos científicos y la marcada hostilidad a lo sobrenatural que caracteriza a nuestra época, hay un extraordinario resurgimiento del espiritismo y las ciencias ocultas (1 Timoteo 4:1).

d. *Las profecías que han de cumplirse.* Si bien las profecías que han de cumplirse en el futuro no pueden confirmar todavía la veracidad de la

Biblia, a la luz de los acontecimientos actuales ellas cobran especial importancia.

Hace algunas décadas, aún había exegetas que consideraban imposible el cumplimiento literal de los desastres predichos en Apocalipsis 8:7-11; 9:18 y 2 Pedro 3:10. No se conocía ninguna fuerza natural que pudiera producir una destrucción de tal magnitud. Hoy todo ha cambiado. El "polvorín" nuclear sobre el cual está sentado el mundo es una horrorosa realidad que nos asegura que las antedichas profecías pueden cumplirse al pie de la letra. Desde luego, no podemos afirmar dogmáticamente que estos juicios divinos serán explosiones nucleares; pero el hecho de que ahora los hombres pueden ocasionar una conflagración de alcances mundiales garantiza que Dios también puede hacerlo y mucho más.

Asimismo la Organización de las Naciones Unidas y el movimiento ecuménico nos muestran cómo se podrán realizar los preparativos que culminarán en el gobierno y religión mundiales predichos en Apocalipsis 13 y 17.

La Sagrada Escritura ha dicho con mucha antelación la verdad sobre el futuro. Podemos confiar, pues, en que lo que ella nos dice sobre el tiempo del fin tendrá también su seguro cumplimiento,

4. La veracidad de la Biblia en la relación de milagros

a. *Significados del término milagro.* El vocablo "milagro" tiene tres acepciones principales en nuestros días: 1) una manifestación sobrenatural del poder de Dios; 2) una transformación espiritual efectuada por Dios en el hombre y 3) cualquier suceso extraordinario o maravilloso. Pero mientras en ciertos sectores se manifiesta una notoria hostilidad contra el uso de la primera acepción, en círculos teológicos se acepta sin reservas la segunda y en general es muy popular la tercera.

En las Sagradas Escrituras el término "milagro" tiene un sentido más restringido entre las manifestaciones sobrenaturales de Dios. A veces en vez de "milagro" se usan las palabras "maravilla", "prodigio" y "señal". En el Nuevo Testamento se distingue al milagro de la revelación, profecía y curación (1 Corintios 12:8-10).

b. *La importancia de los milagros en la Biblia.* La Biblia comienza y termina relatando manifestaciones milagrosas de Dios. Estos relatos están dispersos por diferentes partes de la Escritura, pero abundan en ciertas épocas de la historia sagrada. Algunos de los milagros, como la división de las aguas del Mar Rojo fueron hechos ante muchísimos testigos (Exodo 14:21); otros, como la multiplicación del aceite de la viuda, sólo ante un grupo reducido de personas (2 Reyes 4:5, 6). Pero el más documentado de todos es la resurrección de Jesús.

Desde tiempos remotos se ha considerado a los milagros como evidencias de la Deidad y credenciales de los mensajeros de Dios, razón por la cual a veces se solicitaba éstas a los últimos (Exodo 7:9; Mateo 12:38; Juan 6:30). Muchos creyeron en Jesús luego de ver estas credenciales y evidencias (Juan 2:23; 3:2; 6:14; 7:31; 10:41, 42; 11:45).

No toda manifestación prodigiosa es de origen divino, porque la Escritura se refiere no sólo a maravillas divinas, sino también a los milagros "mentirosos" (2 Tesalonicenses 2:9). La Biblia también afirma que en el tiempo del fin habrá un despliegue de señales y prodigios engañosos que serán considerados genuinos por quienes los presencien.

c. *Objeciones a la posibilidad de los milagros.* La Biblia misma nos revela que aun en las personas piadosas de la antigüedad hubo cierta resistencia a creer en los milagros, como lo notamos en Sara, el sacerdote Zacarías y los apóstoles. Entre los impíos es notorio que tanto el faraón del éxodo como los enemigos de Jesús no los aceptaron. Con respecto a estos últimos, su enfoque de los milagros variaba desde la magia hasta la impostura. Además, Jesús mismo, al hablar del rico y Lázaro establece que una persona que no está dispuesta a creer lo que dice la Escritura, no se convencerá ni siquiera con un prodigio como la resurrección de un muerto (Lucas 16:31). Podemos concluir, pues, que la actitud del hombre moderno hacia los milagros no es muy diferente de la del hombre de los tiempos bíblicos.

Por otra parte, la incredulidad de algunos, que es una actitud subjetiva de la mente, no puede invalidar el hecho objetivo de la verdad. Roberto Ripley coleccionó muchos hechos "increíbles pero ciertos". El que algunos no puedan creer lo que dice la Biblia respecto a los milagros no es prueba de que ella falte a la verdad.

Es preciso reconocer, sin embargo, que desde hace unos tres siglos muchos han abandonado el punto de vista tradicional en cuanto a los milagros. Esto se debió principalmente al descubrimiento de la gravitación por Isaac Newton y a la crítica de los milagros lanzada por David Hume. El primero, científico deísta, afirmó que el universo se rige por leyes matemáticas e inalterables. El último, filósofo ateo, propuso que los milagros son imposibles porque "nuestra experiencia atestigua la uniformidad de la naturaleza mucho más fuertemente que la infalibilidad del testimonio humano".[2] Con esto pretendía insinuar que era mucho más probable que los testigos relataran un milagro por error o con engaño, que no que hubiera ocurrido una interrupción del orden natural.

Alrededor de estas proposiciones surgió todo un conjunto de ideas nuevas: vivíamos en un "universo cerrado" donde imperaba el inflexible principio de causalidad. Conocida la causa, se podía predecir siempre el mismo efecto. Los milagros, por lo tanto, no tenían cabida en este universo porque contradecían las leyes de la naturaleza, las cuales estaban basadas en el antedicho principio de causalidad. Mientras tanto, la ciencia y la tecnología han experimentado tan notables avances que algunos, embriagados de orgullo intelectual, creen que ha llegado el tiempo en que el hombre comienza a realizar lo que antes le era imposible. Así es como suelen hablar de los milagros de la ciencia. De veras han adoptado una posición curiosa: gracias a la ciencia, el hombre puede hacer "milagros"; pero Dios no (!). El hombre puede producir serios trastornos en el orden natural, como las explosiones atómicas y la contaminación ambiental, pero ¡a Dios le está vedado hacerlo!

Dominadas por un injustificado cientificismo, ciertas escuelas teológicas han sido influidas hasta nuestros días por las ideas antes expuestas. Hubo un tiempo cuando entre ellas los milagros de la Biblia fueron considerados simples eventos naturales mal interpretados o exagerados por los testigos. La teoría de moda los concibe como mitos y leyendas incorporados en el contexto histórico y profético de la Escritura.

d. *Factores que posibilitan los milagros.* Planteadas así las cosas, la veracidad de la Biblia en cuanto a los milagros depende principalmente de la *posibilidad* de éstos, pues no podría ser creíble ni histórico lo que es imposible.

Teológicamente, la posibilidad de los milagros depende de Dios, a quien la Biblia revela como todopoderoso (Génesis 17:1; Job 40:2; Apocalipsis 15:3; 19:6). Para El no hay cosa difícil ni imposible (Jeremías 32:17; Lucas 1:37). Por lo tanto, para sostener la imposibilidad de los milagros es preciso descartar al Dios revelado en las Escrituras. En las últimas décadas, muchos de los que han eliminado de la Biblia todo lo que tenga el carácter de sobrenatural se han quitado la careta teologizando (?) que Dios está muerto, que el hombre es Dios o que se puede ser ateo y cristiano a la vez.

Con todo, no deja de ser interesante que los científicos deístas, que no descartaban a Dios como la causa primera del universo, recurrieran a un término jurídico — ley — para explicar la causa de la uniformidad de los fenómenos del universo en un caso dado. Pero una ley presupone un legislador que la ponga en vigor, lo cual deja el camino abierto para suponer que en determinadas circunstancias el Legislador del universo *puede* suspender el ejercicio de una ley natural para que se verifique un milagro. Y éste es uno de los puntos de vista que sustentan los teólogos que creen en la realidad de los milagros bíblicos. Además, los milagros son también manifestaciones de la soberanía de Dios. Si cada nación tiene sus propias leyes adecuadas a sus necesidades particulares, ¿hemos de limitar a Dios exigiéndole que tenga un solo código para el universo y que por añadidura se sujete a él?

Científicamente, la posibilidad de los milagros depende de ciertos principios que condicionan la acción de las leyes naturales. Tan notorias son estas condiciones que muchos hombres de ciencia son ahora lo bastante honrados y humildes para reconocer que el universo es demasiado complejo para reducirlo a simples fórmulas matemáticas. Ya no satisface el concepto de un universo cerrado, porque las mismas verdades matemáticas — que antes eran consideradas absolutas — dependen de otras que son fundamentales. Si éstas se alteran, las declaraciones matemáticas dejan de tener validez. Un ejemplo muy sencillo lo ilustrará: 11 + 3 = 14 solamente si 11 y 3 pertenecen a un conjunto infinito como es el de la serie de los números naturales. Pero ¿puede ser verdad que 11 + 3 = 2? Sí; si 11 y 3 pertenecen a un conjunto finito como el de los números de la esfera de un reloj.

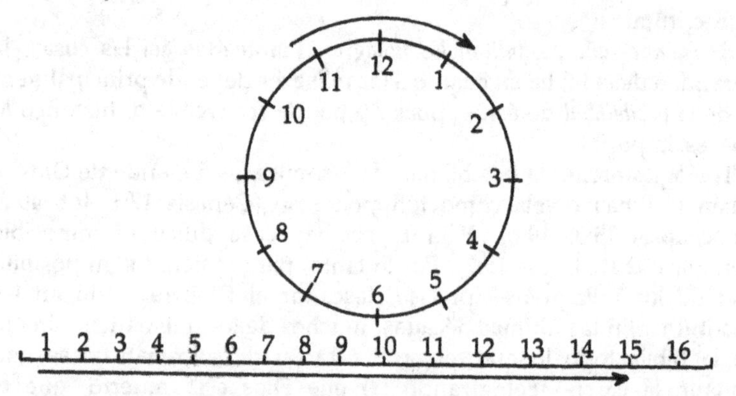

Las verdades condicionales han enriquecido las matemáticas con conceptos que por definición eran *imposibles*. Tal es el caso de las líneas paralelas que se juntan en un extremo, propio de una de las geometrías no euclídeas.

Cuando el autor cursaba los estudios primarios se quedó profundamente asombrado al oír decir a su profesor que se podía restar 5 de 3. Por más que meditaba en el asunto, le parecía tan absurdo e inexplicable como le debe de parecer un milagro a todo aquel que tenga el prejuicio de que los milagros son imposibles. Pero al fin pudo entender que uno queda con un valor negativo al restar 5 de 3.

Otro tanto ha sucedido con las "leyes inalterables" de la física. Fue precisamente Hume el precursor de un concepto que ha venido a reemplazar a éstas y al principio de causalidad: el de probabilidad. En efecto, Hume afirmó que no podemos predecir racionalmente un hecho sin ayuda de la observación y la experiencia. Al fin y al cabo, todas las leyes de la naturaleza se han formulado después de muchas observaciones y experimentos. Pero por ser prácticamente imposible verificar la repetición de un fenómeno en *todos* los casos, estas leyes rara vez se consideran hoy como principios universalmente válidos sino sólo dentro de cierto margen de probabilidades, digamos un 99,99%. Esto significa admitir la *posibilidad* de que ocurran casos imprevistos no contemplados en esas probabilidades. Especialmente en la física atómica estos casos son muy reales, pues es imposible predecir el comportamiento de las partículas conforme a las leyes establecidas. Allí el concepto de probabilidad corre a las parejas con lo que ahora se conoce como "principio de indeterminación".

Hasta ahora los hombres de ciencia han logrado descubrir muchas leyes naturales; pero también en muchas de ellas ignoran las causas que las producen o las condiciones en que operan. Por ejemplo, ¿por qué obra la gravitación según una específica fórmula matemática y no otra? ¿Por qué gira la tierra alrededor de su eje? ¿Por qué lo hace de oeste a este y no a la inversa? ¿Por qué giran los planetas en órbitas elípticas y no circulares? ¿Cuál es la causa del magnetismo? A veces las aparentes contradicciones halladas en los fenómenos del universo han obligado a los científicos a modificar una teoría o ley establecida. Así ha ocurrido con la de la gravitación misma y la de la luz.

Decir, pues, que los milagros son imposibles porque violan las leyes de la naturaleza es una declaración demasiado aventurada en nuestros días. Es dar por sentado que el que la formula conoce a fondo todas las leyes del universo y todas las condiciones en que éstas operan. ¿Y quién, fuera de Dios, puede pretender tal cosa? Omnipotente como es, a El le basta con situar los milagros entre los sucesos imprevistos o alterar las condiciones sin necesidad de violar las leyes naturales. ¡Pero si hasta puede emplear métodos y leyes totalmente desconocidos para nosotros en nuestra condición actual! Si los logros de la tecnología moderna parecen sobrenaturales a las mentes primitivas, no hemos de suponer que Dios sea incapaz de asombrar las nuestras.

A pesar de estas verdades, hay quienes niegan que se hayan producido hechos inusitados como el del nacimiento virginal y la resurrección de Jesús. Y entre éstos hay los que, no pudiendo explicar racionalmente el origen de la vida, todavía están dispuestos a creer que en tiempos remotos se produjo por una sola vez un fenómeno fuera de lo normal: la generación espontánea. Que corpúsculos sin vida se hayan transformado en sustancias orgánicas es una razonable hipótesis científica; pero que un cuerpo muerto vuelva a la vida es un mito bíblico. ¡Qué inconsecuencia intelectual! ¿No está escondido el ateo detrás de esos razonamientos?

Algunos críticos atribuyen los milagros a fenómenos naturales y niegan cualquier intervención divina. Es cierto que la Biblia nos refiere que el diluvio y la división de las aguas del Mar Rojo fueron producidos por medio de agentes naturales (Génesis 7:11, 12; Exodo 14:21). Probablemente lo fueron también la destrucción de Sodoma y Gomorra y la división de las aguas del Jordán. Pero muchos otros milagros son inexplicables *sin una intervención directa de Dios.* Y aun cuando haya El empleado medios naturales en la operación de algunos milagros, su intervención sobrenatural se pone de manifiesto en un momento y lugar precisos y para un propósito determinado en cada uno de ellos. Jamás fueron el concurso fortuito de las circunstancias.

Muchas personas saben por *experiencia propia* que Dios hizo un milagro en ellas. Como el ciego de nacimiento, tal vez no puedan explicar racionalmente su experiencia, pero saben que ésta es muy real (Juan 9:25). Al igual que Hume, que daba más valor a la experiencia que al testimonio, pero también a diferencia de él, *la experiencia de ellas atestigua mucho más fuertemente la veracidad de la Biblia que la infalibilidad de la razón humana.*

---

[1]El término *profecía* se usa aquí sólo en el sentido de predicción.
[2]Williston Walker, explicando las ideas de David Hume, *Historia de la iglesia cristiana*, página 491.

BOSQUEJO DEL CAPITULO

La veracidad de las Escrituras (continuación)

3. La evidencia vista en el cumplimiento de sus predicciones
   a. La supremacía de las predicciones bíblicas en comparación con las profanas
   b. Las predicciones verificadas
   c. Las predicciones que se están verificando
   d. Las predicciones por verificarse
4. La verosimilitud de los hechos sobrenaturales
   a. Definiciones del vocablo "milagro"
   b. La prominencia de los hechos sobrenaturales en las Escrituras
   c. La oposición a la posibilidad de los hechos sobrenaturales
   d. Lo factible de un hecho sobrenatural

UN ENCUENTRO CON LAS VERDADES

¿Cierto o falso? Lea cada declaración con cuidado. Si lo que se afirma es cierto, ponga una **C** detrás del número que le corresponde; si es falso, ponga una **F**. Después enmiende la redacción de las declaraciones incorrectas para que queden correctas.

1. Todos los libros proféticos del Antiguo Testamento fueron traducidos al griego antes del año 250 a.C. 1. ________
2. El castigo que Jesús pronosticó para Capernaum se realizó cuando los romanos destruyeron Jerusalén. 2. ________
3. Después de ser objeto de persecuciones continuadas, muchas civilizaciones han vuelto a establecerse como potencias internacionales. 3. ________
4. En casi todos los siglos de la historia la humanidad ha adquirido tanto conocimiento como en el siglo XX. 4. ________
5. Hoy se ve con mucha más claridad que hace 100 años la posibilidad de una destrucción apocalíptica del mundo. 5. ________
6. El vocablo "milagro" siempre quiere decir lo mismo. 6. ________
7. Antiguamente la gente aceptaba sin resistencia la posibilidad de milagros. 7. ________
8. Algunas escuelas teológicas afirman que los milagros narrados en la Biblia son mitos. 8. ________

9. Si Dios es todopoderoso, puede realizar milagros. 9. ________
10. Todo concepto de la matemática hoy se considera como absoluto. 10. ________
11. Ahora las leyes científicas se consideran universalmente válidas. 11. ________
12. La ciencia ha avanzado a tal punto que ahora se puede explicar la causa de las leyes de la naturaleza. 12. ________
13. El científico que acepta la posibilidad de que una vez se formó por casualidad la primera célula viva está aceptando un milagro. 13. ________
14. La Biblia afirma que Dios se valió de un agente natural para dividir el Mar Rojo para que cruzaran los israelitas. 14. ________
15. Una evidencia de la veracidad de los milagros es la experiencia vivida por muchos hoy día. 15. ________

DE LA TEORIA A LA PRACTICA

1. ¿Cuál profecía cumplida le alimenta más la fe a usted? ¿Por qué?
2. Haga una lista de las profecías que se han comenzado a cumplir desde el año en que usted nació.
3. Prepare una lista de razones por las cuales hubiera sido tan difícil en lo humano pronosticar el lugar del nacimiento de Jesús.
4. ¿Qué sucede con la ley de gravitación cuando un deportista lanza un balón al aire?
5. ¿Cómo se puede ilustrar un milagro citando el caso de la intervención de un poder superior en la naturaleza para alterar el proceso que de otra forma se llevaría a cabo?
6. ¿Qué credibilidad tendría la Biblia si no se mencionara ningún milagro?
7. ¿Qué parte tienen los milagros en el establecimiento de la verosimilitud de las declaraciones que hizo Cristo en cuanto a su propia persona?

PROYECTOS PARA LA CLASE

1. Evaluar la labor realizada en las secciones UN ENCUENTRO CON LAS VERDADES y DE LA TEORIA A LA PRACTICA.
2. Preparar una comisión un periódico mural con el tema del cumplimiento de las profecías de la Biblia.
3. Traer un informe a la clase de los muchos pronósticos hechos por videntes modernos que no se han llegado a cumplir.

4. Preparar un miembro de la clase una lista de creencias de la ciencia moderna que encierren elementos milagrosos.
5. Hacer un miembro de la clase una lista de conceptos de la matemática que en siglos pasados se consideraban absolutos, pero que hoy día no lo son.

SEGUNDA PARTE

La estructura de la Biblia

Capítulo 5

La formación de la Biblia

La Biblia no es un libro que cayera repentinamente del cielo en la forma en que lo conocemos hoy. Su formación comprende un proceso de selección, redacción, adiciones, interpolaciones, resúmenes, compilaciones y divisiones que tardó aproximadamente 1600 años. Podemos dividir este tiempo en tres períodos bien definidos, a saber: paleotestamentario, intertestamentario y neotestamentario.

I. Período paleotestamentario

Esta etapa abarca unos 11 siglos, desde más o menos 1500 hasta aproximadamente 430 a.C. En este lapso se escribieron los libros que comprenden la Biblia hebrea o el Antiguo Testamento de los cristianos. Por ser el más largo de los tres, he estimado conveniente subdividir este período en seis épocas que consideraremos en los párrafos siguientes.

a. *Epoca de Moisés*. El primer libro bíblico del que tenemos noticia se llamaba "libro del pacto" (Exodo 24:7). Fue comenzado por Moisés poco después de recibir la ley de Dios en el monte Sinaí y completado durante las jornadas de Israel en el desierto (Exodo 24:4; Números 33:2). Se puso posteriormente al cuidado de los sacerdotes (Deuteronomio 17:18). Sin duda comprendía la segunda mitad del Exodo junto con Levítico y Números.

Un segundo libro, llamado "libro de la ley" y que corresponde al actual Deuteronomio, escribió Moisés en Moab poco antes de su muerte. Al igual que el primero, este libro quedó también al cuidado de los levitas (Deuteronomio 31:24-26).

Con respecto al Génesis, no sabemos cuándo lo escribió Moisés. Afirman algunos eruditos que las palabras "un libro" de Exodo 17:14 deben ser "el libro" según el pasaje hebreo. Esto indicaría la *existencia* de un libro en este tiempo. Bien podría haber sido éste el Génesis con la primera parte del Exodo.

Por lo demás, es muy posible que Moisés hubiera compendiado e incorporado en el Génesis documentos de archivos familiares existentes en aquel entonces. Esta idea se basa en dos argumentos. Primero, las frases "libro de las generaciones" o "las generaciones" abundan en él, insinuando la existencia de cierto número de documentos a disposición del autor (Génesis 5:1; 6:9). Segundo, el descubrimiento de muchas inscripciones que datan de antes de Moisés y hasta antes de Abraham proveen una base para creer que Moisés tendría acceso a algunos documentos de esta naturaleza, ya que los judíos ponen tanta importancia en su genealogía.

Todos estos escritos fueron compilados en un solo libro a la muerte de Moisés, libro que desde Josué en adelante fue conocido con el nombre de "libro de la ley" (Josué 1:8; 2 Crónicas 34:14, 15; Nehemías 8:1-3).

También se atribuye a Moisés el libro de Job. Pero no faltan los que, basados en ciertas evidencias internas del libro, creen que pudo haberlo escrito Job mismo, o Eliú (Job 19:23; 32:6). De ser esto así, Job sería el libro más antiguo de la Biblia.

b. *Epoca de Josué.* Los únicos escritos de esta época son el apéndice del libro de la ley (Deuteronomio 34) y el libro de Josué, atribuidos ambos al autor homónimo y que este agregó a los libros de Moisés (Josué 24:26).

c. *Epoca de los jueces.* No tenemos más testimonio de actividad literaria en esta época que el apéndice del libro de Josué (24:29-33). Si fue escrito por Samuel, puede haber sido en la época siguiente.

d. *Epoca de los reyes.* Durante la monarquía, la época más larga del período paleotestamentario, los libros que han de formar otra parte importante de la Biblia se multiplican extraordinariamente. La historia se escribe desde dos puntos de vista: divino en las escuelas de los profetas y humano en las cortes de los reyes.

Fácil es advertir también dos etapas en esta época: el reino unido y el reino dividido. Al comienzo de la monarquía el profeta Samuel escribe el libro de los Jueces y a continuación Rut (Jueces 19:1; 21:25; Rut 1:1). Poco después escribe su "libro de las crónicas", cubriendo la historia de Israel desde el sacerdote Elí hasta el rey Saúl (1 Crónicas 29:29). Luego los profetas Natán, Gad, Ahías e Iddo escriben también sendas crónicas, abarcando en conjunto la última parte del reinado de Saúl y los de David y Salomón (1 Crónicas 29:29; 2 Crónicas 9:29). Mientras tanto, los cronistas palaciegos redactan "las crónicas del rey David" y "los hechos del rey Salomón" (1 Crónicas 27:24; 1 Reyes 11:41).

El siglo de oro de las letras hebreas se manifiesta cuando David, "el dulce cantor de Israel", y otros músicos comienzan a escribir los

Salmos y Salomón, los Proverbios. Compuso además el rey sabio el Cantar de los Cantares y el Eclesiastés.

Desde la división del reino, los cronistas de Judá e Israel empiezan a redactar "el libro de las crónicas de los reyes de Judá" y "el libro de las crónicas de los reyes de Israel", respectivamente (1 Reyes 14:29; 15:31). Mientras tanto, Semaías, Iddo, Jehú y otros videntes de Judá escriben también sus historias de los reyes contemporáneos suyos (2 Crónicas 12:15; 13:22; 20:34; 33:19).

Con los reinados de Azarías o Uzías y Jeroboam II comienzan a aparecer los escritos de otra clase de profetas, más conocidos como predicadores que como historiadores. Los primeros son los libros de Jonás, Joel, Amós, Oseas, Miqueas e Isaías. Otros salmos y proverbios son añadidos a la colección en los tiempos del rey Ezequías (Isaías 38:20; Proverbios 25:1). Algunos años después aparece el segundo grupo de escritos proféticos constituido por Nahum, Habacuc y Sofonías. La profecía de Abdías parece haber sido escrita también en este tiempo, si bien es imposible determinar su fecha. El último de los profetas de esta época, Jeremías, empieza a escribir el libro homónimo en los días del rey Joacim.

e. *La cautividad.* El primero que probablemente comienza a escribir en esta época es el sacerdote Ezequiel, quien registra sus visiones en el libro que lleva su nombre. A poco de la destrucción de Jerusalén, Jeremías termina su libro y escribe las Lamentaciones. Posiblemente es él mismo quien escribe el libro de los Reyes, que es un compendio o extracto de "los hechos del rey Salomón", "las crónicas de los reyes de Judá" y "las crónicas de los reyes de Israel" junto con la adición de algunas crónicas de los profetas. No sabemos cuándo Daniel, el último profeta del cautiverio, empezó a escribir su libro. Probablemente lo hiciera durante el reinado de Belsasar (Daniel 7:1).

f. *La restauración.* A los tres años de la restauración del culto en Jerusalén Daniel concluye su libro. Unos 13 años después aparecen los escritos de Hageo y Zacarías para ser seguidos 50 años más tarde por el libro de Ester, escrito probablemente por Mardoqueo.

Pero es el sacerdote Esdras quien a los 77 años de la restauración realiza la mayor contribución de esta época a la formación de las Escrituras. En efecto, por este tiempo comenzó Esdras a revisar los manuscritos y corregir los errores en que hubieran incurrido los escribas al copiarlos. Es posible que él mismo haya interpolado en el texto bíblico las frases explicativas que hacen que ciertos críticos les asignen una fecha posterior a los escritos en que ocurren (Génesis 12:6; 36:31; Josué 7:26). También puede haber compilado "las crónicas de Samuel", parte de "las crónicas de Natán" y "las crónicas de

Gad", formando con ellas un solo libro que actualmente abarca los dos libros de Samuel. Asimismo se atribuyen a Esdras el libro de las Crónicas, correspondiente a los dos libros homónimos de nuestras Biblias, y el que lleva su nombre. En cuanto al primero, se trata de un compendio de los escritos histórico-proféticos, del "libro de los reyes de Judá y de Israel" y de los registros genealógicos (2 Crónicas 16:11). Puede haber sido también obra de Esdras la interpolación del Salmo 137 en los Salmos y la adición de las palabras de Agur y del rey Lemuel en los Proverbios.

Como 20 años después de Esdras, por 430 a.C., aparecen los dos últimos libros escritos en el Antiguo Testamento, a saber: Nehemías y Malaquías.

2. Período intertestamentario

Generalmente se fija el comienzo de este período por el año 430 a.C y su término con el nacimiento de Jesús. Si bien la última fecha puede ser válida para la historia sagrada, no lo parece tanto para la de la Biblia. Así pues, podemos fijar el fin de este período en el año 26 ó 28 de nuestra era, cuando Juan el Bautista, el Elías anunciado por Malaquías, comienza a predicar en el desierto de Judea (Malaquías 3:5; Lucas 1:17; Mateo 17:12, 13).

Como en la época de los jueces, la característica sobresaliente de este período es la falta de literatura profética. No aparece ningún profeta que escriba otro libro.

Lo anterior no significa que durante este período no se hayan producido hechos relevantes en lo que atañe a la formación de la Biblia, como lo veremos a continuación.

1) Por el año 400 a.C., aproximadamente, un consejo de eruditos judíos llamado la Gran Sinagoga resolvió reconocer y conservar los libros que forman parte de las Escrituras. Con esta medida se excluyeron definitivamente los otros escritos histórico-proféticos, como "las crónicas de Samuel" y de otros videntes. Se incluyeron en su reemplazo los libros de Samuel, Reyes y las Crónicas. Asimismo se clasificaron los libros sagrados en dos grupos: la ley y los profetas. Hasta es posible que desde entonces se haya dividido el libro de la ley en cinco libros y compilado en uno los llamados "profetas menores".

2) Posiblemente por 380 a.C. se hicieron nuevas interpolaciones en el texto de la Escritura, como lo demuestran 1 Crónicas 3:21-24 y Nehemías 12:11, 22-26. En el primer caso la genealogía de Zorobabel se registra hasta la séptima generación y en el segundo la de Jesúa o Josué hasta la sexta. Por esta época sin duda Esdras y Nehemías

habían muerto, como parece indicarlo Nehemías 12:26, 47. Es probable que haya sido más bien en esta fecha que los hombres de la Gran Sinagoga hicieron su trabajo, siendo sin duda ellos los que interpolaron los pasajes antedichos.

3) Entre 280 y 150 a.C., según se cree, una comisión de 70 eruditos judíos tradujo el Antiguo Testamento al griego, por lo cual a esta versión se la llamó de los Setenta. También se le dice en la actualidad la Septuaginta. En ella los traductores clasificaron y ordenaron los libros de la Biblia según su contenido temático, orden que posteriormente fue la base de la forma moderna del Antiguo Testamento. De esta versión fue que los apóstoles tomaron las citas que aparecen en el Nuevo Testamento.

4) Asimismo en el siglo II a.C. los judíos hicieron una nueva clasificación de los libros del Antiguo Testamento, esta vez en tres grupos. Esta clasificación llegó a ser la base de la forma moderna de la Biblia hebrea.

Otro acontecimiento importante de este período, si bien tiene relación con la Biblia, no contribuyó a su formación. Se trata de la aparición de los llamados libros apócrifos. Estos son 15 escritos que vieron la luz a fines del siglo III a.C. No obstante su valor literario, histórico o didáctico, nunca fueron reconocidos entonces como parte de las Escrituras.

3. Período neotestamentario

El más breve de los tres, este período abarca desde 26 ó 28 hasta 100 d.C., aproximadamente. No obstante su brevedad, será conveniente dividirlo en cuatro épocas.

a. *Epoca de Juan el Bautista y de Jesús.* No hay ningún testimonio de libros que hayan escrito durante su ministerio.

b. *Epoca de Pedro.* Esta se extiende desde la ascensión de Jesús hasta el concilio de Jerusalén (30-50). Durante este tiempo, según el libro de los Hechos, el apóstol Pedro es el principal vocero de los discípulos.

Al principio no se escriben libros, tal vez porque la tradición oral de los hechos y dichos de Jesús por medio de la predicación y enseñanza de los apóstoles los hacen innecesarios (Mateo 28:19, 20; Hechos 2:42; 4:2). Además esperan el pronto regreso de su Señor. La Biblia que usaban los discípulos entonces era el Antiguo Testamento (Hechos 2:16-36; 8:30-35; 13:32-41).

Poco a poco, sin embargo, van apareciendo relatos escritos de la vida de Juan el Bautista, José, María y Jesús. Algunos son fragmentarios, otros más o menos completos (Lucas 1:1).

Es posible que ya a fines de esta época, cuando la iglesia todavía estaba compuesta solamente de judíos y prosélitos, Mateo haya escrito el evangelio que se le atribuye para confirmar en la fe a los creyentes de Jerusalén y la dispersión. Poco después Santiago, el hermano del Señor, puede haber escrito para los creyentes de la dispersión la que se cree que es la primera de las epístolas.

c. *Epoca de Pablo.* Comprende desde el concilio de Jerusalén hasta la muerte de Pablo (probablemente en 68). Aunque el apóstol no es el único vocero de Jesucristo en esta época, sí podemos decir que es el principal. En efecto, después del concilio de Jerusalén el libro de los Hechos se ocupa exclusivamente de su ministerio. Asimismo el más asiduo escritor sagrado de este tiempo es este judío de Tarso.

La iglesia se ha propagado entre los gentiles. Por entonces ya son muchos los discípulos que han escrito relatos sobre la vida de Jesús (Lucas 1:1). Con el correr del tiempo todos ellos serán reemplazados solamente por dos: el evangelio de Marcos y el de Lucas, quienes son discípulos de Pedro y Pablo, respectivamente. Marcos escribe al principio de esta época tal vez para confirmar en la fe a los oyentes de Pedro. Lucas lo hace a mediados para reforzar la instrucción de Teófilo, posiblemente un distinguido converso de Pablo.

Hay divergencia de opiniones con respecto al orden cronológico en que Pablo escribió sus epístolas, pero puede ser más o menos el siguiente:

1) Las primeras epístolas: 1a. y 2a. a los Tesalonicenses. 1a. y 2a. a los Corintios, Gálatas y Romanos.

2) Las epístolas escritas desde la cárcel: Efesios, Colosenses, Filipenses y Filemón.

3) Las epístolas pastorales: 1a. a Timoteo, Tito y 2a. a Timoteo.

Es posible que Lucas haya escrito el libro de los Hechos poco después de su evangelio, pero sin duda lo hizo después de que Pablo escribiera su carta a Filemón.

Más o menos por el mismo tiempo que Pablo escribe sus epístolas pastorales, Pedro escribe sus dos epístolas universales, las cuales son los únicos escritos que tenemos de él.

d. *Epoca de Juan.* Esta abarca desde la muerte de Pablo hasta la de Juan. Ya Pedro y Pablo han muerto y de los otros apóstoles, poco o nada sabemos. Juan es el principal escritor de este tiempo. Al principio Judas escribe su epístola y más tarde Juan el evangelio que se le atribuye. Es posible que por esos mismos años Juan haya escrito también sus tres epístolas. Y con el Apocalipsis, escrito asimismo por el apóstol Juan, se termina de escribir la Biblia a fines del siglo I de nuestra era.

Todo lo que se hizo en los siglos subsiguientes fue reconocer, clasificar y ordenar los libros de la Biblia hasta darle la estructura que tiene actualmente.

CUADRO SINOPTICO DE LA FORMACION DEL ANTIGUO TESTAMENTO

Años a.C.	Documentos primitivos	Libros definitivos
	¿Documentos del Génesis?	¿Job?
	¿El libro?	
1500	Libro del pacto	Libro de la ley
	Libro de la ley	
1400		Josué
1300		
1200		
1100		
	Crónicas de Samuel	Jueces, Rut
	Primeros salmos	
1000	Crónicas de Gad	
	Primeros proverbios	Cantar de los Cantares,
	Crónicas de Natán	Eclesiastés
	Profecía de Ahías	
	Historia de Iddo	
	Palabras de Jehú	
900	¿Otros proverbios?	¿Abdías?
		¿Jonás?
		¿Joel?
800		Amós
	Historia de Uzías	
	Otros salmos y proverbios	Oseas, Miqueas, Isaías
700	¿Palabras de Agur y del	Nahum
	rey Lemuel?	Habacuc
	Palabras de los videntes	Sofonías
600		Ezequiel
		Jeremías, Lamentaciones
	¿Salmo 137?	¿Reyes?
		Daniel
		Hageo, Zacarías
500		Ester
		¿Samuel? Crónicas, Esdras
		Salmos, Proverbios
400		Nehemías, Malaquías

CUADRO SINOPTICO DE LA FORMACION DEL NUEVO TESTAMENTO

Años d.C.	Libros	Sucesos históricos
30		Ascensión de Jesús
40	¿Mateo?	
	¿Santiago?	
50	¿Marcos?	Concilio de Jerusalén
	1a. y 2a. a los Tesalonicenses,	
	1a. y 2a. a los Corintios	
	Gálatas, Romanos	
60	Efesios, Colosenses,	
	Filipenses, Filemón	
	¿Lucas? ¿Los Hechos	
	de los Apóstoles? ¿Hebreos?	
	1a. a Timoteo, Tito,	
	2a. a Timoteo	¿Muerte de Pablo?
	1a. y 2a. de Pedro	
70		Destrucción de Jerusalén
	¿Judas?	
80		
90	¿Juan?	
	1a., 2a. y 3a. de Juan	
	Apocalipsis	
100		¿Muerte de Juan?

BOSQUEJO DEL CAPITULO

La elaboración de las Sagradas Escrituras

1. La etapa del Antiguo Testamento, de 1500 a 430 a.C.
   a. Los tiempos de Moisés
   b. Los tiempos de Josué
   c. Los tiempos de los jueces
   d. Los tiempos de la monarquía
   e. Los tiempos del exilio
   f. Los tiempos después del exilio
2. La etapa entre Malaquías y Juan el Bautista
   a. La ausencia de escritos nuevos
   b. Los eventos de la estructuración del Antiguo Testamento
      1) La reunión de la Gran Sinagoga
      2) Trabajos de miembros de la Gran Sinagoga
      3) La elaboración de la versión Septuaginta
      4) La nueva estructuración hecha por los judíos
   c. La elaboración de los libros apócrifos
3. La etapa del Nuevo Testamento
   a. Los tiempos de Juan el Bautista y de Jesús
   b. Los tiempos de la iglesia mayormente judía
   c. Los tiempos del crecimiento entre los gentiles
   d. Los tiempos después de la muerte de Pedro y Pablo

UN ENCUENTRO CON LAS VERDADES

Asociación de ideas. Asocie las palabras de la columna izquierda con las de la derecha. Vaya escribiendo delante de las palabras o frases de la columna derecha el número correspondiente a la asociada a ellas en la columna izquierda. Notará que las dos columnas no son de igual tamaño, por lo que quedarán algunas ideas sin asociar. Ninguna de las palabras o frases de una de las columnas deberá ser asociada con más de una en la otra columna.

1. Levítico
2. Proverbios
3. Job
4. Josué
5. 1 Samuel
6. Jeremías
7. Esdras
8. Santiago
9. Lucas

_________ A. Traducción hecha en el período intertestamentario.

_________ B. Se cree que fue la primera epístola de la Biblia que se escribió.

_________ C. Escrito por un profeta después de la división del reino.

_________ D. Evangelio escrito en la última época de la formación del Nuevo Testamento.

10. 1 Tesalonicenses__________ E. Uno de los libros escritos durante el siglo de oro de la literatura hebrea.
11. Juan
12. Filemón
13. Ezequiel __________ F. Parte del primer libro escrito de la Biblia hasta donde tenemos información histórica.

__________ G. Sacerdote que revisó y compiló varios libros de la Biblia.

__________ H. Libro de historia escrito por tres profetas.

__________ I. Un libro histórico escrito para aclarar el conocimiento de un hombre

__________ J. Puede que Moisés lo haya escrito, aunque nos faltan evidencias para estar seguros.

__________ K. La primera carta escrita por Pablo.

__________ L. Visiones que un predicador recibió durante la cautividad.

__________ M. Josué escribió este libro.

__________ N. Carta escrita en una cárcel.

__________ N. Libro escrito en el período intertestamentario.

__________ O. Libro escrito por Juan el Bautista.

DE LA TEORIA A LA PRACTICA

1. ¿Qué conceptos de la formación de la Biblia se le aclararon al estudiar este capítulo?
2. ¿De qué maneras cree usted que Dios se valió de instrumentos humanos para la formación de la Biblia?
3. ¿Qué relación cree usted que existe entre la manera en que Dios se valió de seres humanos para la elaboración de la Biblia y la manera en que Dios desea obrar en la vida de usted para llevar adelante sus propósitos en este mundo ahora?
4. ¿Qué importancia tiene hoy día el ministerio del escritor evangélico?
5. Haga una lista de los hombres mencionados en este capítulo que revisaron y arreglaron lo que otros hombres más conocidos habían escrito.

6. ¿Qué importancia tiene en la actualidad el ministerio de la revisión y corrección de lo que otros escriben?

PROYECTOS PARA LA CLASE

1. Evaluar lo que hicieron los estudiantes en las secciones UN ENCUENTRO CON LAS VERDADES y DE LA TEORIA A LA PRACTICA.
2. Traer un estudiante un informe acerca del impacto que la versión Septuaginta hizo en los que creían en Jehová en los cien años antes del nacimiento de Cristo.
3. Celebrar una "entrevista televisada" con Esdras para aclarar el papel que tuvo en la recopilación y revisión del Antiguo Testamento.
4. Celebrar una mesa redonda para considerar la necesidad de escritores evangélicos en la actualidad y las maneras de animarlos y ayudarlos.

Capítulo 6

Lo que es la Biblia

Habiendo considerado los hechos que contribuyeron a la formación de la Biblia, un libro tan singular, necesitamos estudiar ahora lo que esta obra es en sí misma.

I. Nombres de la Biblia

El libro objeto de nuestro estudio es conocido por varios nombres, algunos de los cuales se hallan en su mismo texto. Al principio se lo llamó "el libro de la ley", "la ley de Jehová", "la ley de Moisés" o simplemente "la ley" (Josué 1:8; 1 Crónicas 16:40; 2 Crónicas 23:18; 25:4). Todos estos nombres se aplicaban originalmente a los cinco primeros libros de la Biblia. Pero en los tiempos de Jesús y los apóstoles el nombre "la ley" se hizo extensivo también al conjunto de libros que constituían la Biblia de aquel entonces. Por ejemplo en Juan 10:34 y 1 Corintios 14:21, Jesús y Pablo citan de "la ley" palabras que están en los Salmos e Isaías, respectivamente. "Ley" es la palabra con que los eruditos de la versión de los Setenta tradujeron la voz hebrea "torah", que en realidad significa "instrucción" o "enseñanza".

En el Nuevo Testamento a la Biblia se la denomina "las santas Escrituras" o "las Sagradas Escrituras" para distinguirlas de otros escritos de aquel tiempo, porque solamente ellas son las palabras de Dios (Romanos 1:2; 2 Timoteo 3:15). En 2 Timoteo 3:16 se emplea simplemente el nombre "la Escritura"; pero el más usado por Jesús y los apóstoles fue "las Escrituras" (Juan 5:39). Aplicados originalmente a los escritos del Antiguo Testamento, estos nombres fueron dados también a los del Nuevo Testamento. Así Pablo llama Escritura al evangelio de Lucas, del cual cita en 1 Timoteo 5:18. Y es evidente que en 2 Pedro 3:15, 16 su autor califica de Escrituras las cartas de Pablo, pues las incluye con las *otras* Escrituras.

A la Biblia se la llama también "la Palabra de Dios" o simplemente "la Palabra", porque ella es el mensaje de Dios para el hombre. En el Antiguo Testamento la frase "palabra de Dios" o "palabra de Jehová" se aplicaba originalmente a toda revelación verbal de Dios a un individuo (Génesis 15:4). Después este nombre se extendió a los mensajes orales o escritos de los profetas que de este modo transmitían la revelación recibida (Isaías 28:14; Oseas 1:1). Más tarde se llamó "palabra de Dios" a la suma de la revelación verbal de Dios. Nótese, por ejemplo, el Salmo 119, en donde la "palabra" de Dios es sinónimo de la "ley" de Dios. En el Nuevo Testamento, la "palabra de Dios", "palabra del Señor" o simplemente "palabra" es el mensaje predicado por Jesús o sus discípulos (Lucas 5:1; Hechos 4:31). Pablo llama "palabra de Dios" a las Escrituras del Antiguo Testamento, las cuales habían sido confiadas a los judíos (Romanos 3:2). Este mismo nombre se hizo extensivo posteriormente a las Escrituras del Nuevo Testamento. Así pues, toda la Biblia es la palabra de Dios y, por lo tanto, cuando la leemos o escuchamos su lectura es Dios mismo quien nos habla por medio de ella.

Biblia es el nombre que en el siglo II les pusieron los cristianos a las Sagradas Escrituras. La palabra *biblia* es la forma plural del vocablo griego *biblos*. Este nombre se les daba a las tiras de papiro con que los egipcios hacían las hojas de los libros. Posteriormente se hizo extensivo a cualquier libro escrito en este material. Así pues, el término Biblia significa "libros".

También a la Biblia se la conoce como el Libro de los libros y el Libro por antonomasia, puesto que no hay otro con el que se la pueda comparar. Desde luego, estos nombres se aplican a las Escrituras por el hecho de que, no obstante ser 66 escritos, en conjunto constituyen una unidad orgánica. Por lo mismo desde hace siglos se los ha encuadernado juntos de modo que tengan el formato de un solo libro.

2. Definiciones de la Biblia

Estos nombres y las características de la Biblia descritas en los capítulos anteriores nos permiten aventurar una definición. Podemos decir que la Biblia es un conjunto de libros que fueron:

1) Escritos por hombres de Dios (los profetas y apóstoles), por mandato de Dios (Exodo 34:27; Jeremías 30:2; Apocalipsis 1:11, 29) y bajo la dirección de Dios (2 Timoteo 3:16; 2 Pedro 1:20, 21).

2) Conservados por el pueblo de Dios (Israel y la iglesia) por disposición de Dios (Deuteronomio 10:4, 5; 31:26; 1 Samuel 10:25) y para la enseñanza y desarrollo del hombre de Dios (Deuteronomio 6:6-9; Josué 1:8; Juan 20:31; 2 Timoteo 3:14-17).

Otra definición puede ser que la Biblia es el conjunto de libros sagrados de los cristianos (y en parte de los hebreos), "los que constituyen el mensaje de Dios revelado paulatinamente a lo largo de los siglos".[1]

3. El plan polifacético de la Biblia

La Biblia no es, como parecería a primera vista, un conjunto de libros inconexos entre sí. Al contrario, todos ellos siguen un plan polifacético cuidadosamente preparado desde antes de la creación del mundo, pero desarrollado paulatinamente a través de los siglos hasta su cabal realización.

a. *La revelación de Dios.* La escritura de la Biblia se inició en una época en que todas las naciones del mundo eran idólatras. Así pues, según una de las facetas del plan divino, ella testifica que el único Dios verdadero se ha estado revelando al hombre desde el amanecer de la historia y seguirá haciéndolo hasta el fin de los tiempos.

Al principio Dios se reveló al mundo en general, según consta en los primeros once capítulos del Génesis. Lo afirman también los grotescos relatos politeístas de las civilizaciones antiguas. Entre éstos tenemos, por ejemplo, tradiciones sobre la creación, la caída del hombre, la longevidad primitiva, el diluvio y la confusión de lenguas. Pero, como lo relata Pablo en Romanos 1:21-25, los hombres perdieron este primitivo conocimiento de Dios y se hundieron en la más grosera idolatría y depravación.

Un hito en el plan de Dios lo constituye el llamamiento de Abraham. Dios se le reveló en reiteradas ocasiones y le prometió hacer de él una gran nación (Génesis 12:1, 2). Años más tarde Dios se manifestó, confirmando la promesa, a Isaac y Jacob, hijo y nieto de Abraham, respectivamente.

Cuatro siglos después la descendencia de Abraham se había convertido en un pueblo numeroso pero esclavo de los egipcios. En cumplimiento de las promesas hechas a Abraham, Isaac y Jacob, Dios se reveló a Moisés y libró a los hebreos con gran despliegue de milagros (Exodo 3 — 12). En el monte Sinaí se manifestó a los israelitas e hizo un pacto con ellos. Este fue un caso único en la historia, puesto que no sabemos de otro pueblo que haya hecho un pacto con su dios. Desde entonces Israel vino a ser el pueblo escogido para ser testigo del único Dios verdadero en un mundo idólatra. Fueron israelitas todos los profetas que recibieron y comunicaron los mensajes de Dios. Pero como nación Israel fracasó en su cometido, volviéndose a veces tanto o más idólatra que los pueblos paganos que lo rodeaban. Con todo eso, durante la cautividad Dios se manifestó tan milagrosamente en las vidas de sus siervos fieles que hizo que los babilonios y persas lo reconocieran, y aún las naciones que ellos conquistaron (Daniel 3:28, 29; 4:34-37; 6:25-27; Esdras 1:2-4).

A su debido tiempo, Dios se manifiesta nuevamente a Israel (Gálatas 4:4). Esta vez lo hace en forma humana por medio de su Hijo Jesucristo (1 Timoteo 3:16). El es la suprema revelación de Dios (Mateo 11:27; Juan 1:18; Colosenses 1:15; Hebreos 1:3), y declara que ha venido para que los hombres tengan vida, es decir, para que por medio de El conozcan al único Dios verdadero (Juan 10:10; 17:3; Mateo 11:27). Pero Israel no lo reconoce, sino que lo rechaza y crucifica, aceptando la responsabilidad histórica de su muerte.

Después de resucitar, Jesús asciende al cielo; pero por medio del Espíritu Santo funda la iglesia. Este organismo es la actual testigo encargada de dar a conocer a Dios a todo el mundo por medio de la predicación del evangelio (Mateo 24:14; Marcos 16:15; Hechos 1:8). Pero como Israel, la iglesia fracasará parcialmente en su misión.

Cuando Jesús venga a buscar su iglesia, Dios enviará dos testigos que lo darán a conocer, profetizando y realizando milagros entre todas las naciones durante los siniestros días de la gran tribulación (Apocalipsis 11:2-12).

Dios se revelará nuevamente en la persona de su Hijo, pero esta vez a todo el mundo cuando El venga en gloria y sea visto por todos los habitantes de la tierra (Apocalipsis 1:7). Entonces Jesús reinará sobre la tierra y ésta "será llena del conocimiento de Jehová", porque desde Jerusalén se impartirá la palabra de Dios a todos los pueblos del mundo (Isaías 11:9; 2:3).

Por último, en el estado eterno Dios se manifestará a sus redimidos de tal manera que "le veremos tal como él es" (1 Juan 3:1). Lo conoceremos como El nos conoce a nosotros (1 Corintios 13:12; Filipenses 3:10) y veremos su rostro (Apocalipsis 22:4; Mateo 5:8).

b. *El reino de Dios*. Una segunda faceta del plan de la Biblia la constituye el reino de Dios. El libro comienza con el reinado del hombre, en representación de Dios, sobre la tierra (Génesis 1:28). Pero el hombre desobedece a Dios y se somete a Satanás, quien se constituye desde entonces en el príncipe de este mundo y lo lleva a una depravación total (Juan 12:31).

Miles de años más tarde Dios escoge a Israel por su pueblo. Desde Moisés hasta Samuel la nación hebrea es un reino de sacerdotes cuyo rey es Dios (Exodo 19:6; 1 Samuel 8:7). Esto viene a ser un caso único en la historia. Pero Israel no comprende esta verdad y rechaza el reinado de Dios, sustituyéndolo por el de sus reyes. Dios no abdica de sus derechos sobre Israel, sin embargo, y al mejor de estos reyes, David, le promete hacer estable y eterno su reino (1 Crónicas 17:13,

14). Durante esta época los profetas comienzan a predecir el reinado de Dios en el mundo por medio del Mesías (Isaías 11; Daniel 2:44; 7:13, 14; Zacarías 14:9).

Desde la cautividad babilónica Israel deja de ser reino. Pero Dios hace saber a los pueblos gentiles que El es quien reina sobre los reyes terrenales (Daniel 2:47; 4:34; 6:26; Esdras 1:2).

En el Nuevo Testamento Dios inaugura su reino con la venida de Jesús (Lucas 1:33; Mateo 4:17; Lucas 17:20, 21). Le ofrece a Israel ser su rey otra vez, pero su pueblo lo rechaza de nuevo (Mateo 10:5-7; Lucas 23:18-24; Juan 19:15). Desde entonces Dios ha establecido su reino en los corazones de sus súbditos, los que conviven con los que lo rechazan, pero que serán separados de ellos al fin de esta era (Mateo 13:38, 49).

En los Hechos de los Apóstoles el reino ha de extenderse hasta abarcar los confines de la tierra, mientras que en las epístolas se lo explica (Hechos 1:8; Romanos 14:17; 1 Corintios 4:20).

En su segunda venida, Cristo viene a reinar por mil años sobre la tierra, con Israel a la cabeza de las naciones (Apocalipsis 20:4; Isaías 2:2).

Por último Dios establecerá su reino eterno y celestial, en el cual los redimidos reinaremos juntamente con El (2 Pedro 1:11; 2 Timoteo 4:18; Apocalipsis 22:5; 2 Timoteo 2:12).

c. *La salvación del hombre.* Otra faceta del plan de la Biblia es la salvación del hombre. El libro comienza con la creación de los cielos y la tierra, describiendo la perfección de la obra de Dios en los seis días sucesivos de esta creación. En seguida se ocupa del hombre en su estado original para luego relatar su trágica caída, la cual afecta a toda la creación (Génesis 3:17, 18; Romanos 8:22). Pero de ahí en adelante se desarrolla el plan de salvación que Dios ha provisto para el hombre. Termina el Apocalipsis con el cielo y tierra nuevos, y con el hombre y el resto de la creación restaurados.

El plan de salvación mismo comienza en el Antiguo Testamento con la promesa de un Salvador que destruirá al causante de las desdichas humanas (Génesis 3:15). Este Salvador viene a ser el último descendiente de un linaje escogido que recorre toda la historia del Antiguo Testamento y cuyas principales figuras son Set, Noé, Sem, Abraham, Isaac, Jacob, Judá, David y Zorobabel. Es un linaje que comienza con el primer Adán y termina con el postrero (1 Corintios 15:45). Asimismo el Antiguo Testamento empieza y termina con la promesa de un Salvador (Génesis 3:15; Malaquías 4:2).

El Nuevo Testamento comienza con el nacimiento del Salvador prometido (Mateo 1:18-23). El proceso de la salvación se manifiesta en los evangelios con la muerte y resurrección de Jesús; continúa en las epístolas con la promesa de su segunda venida (Romanos 13:11; 1 Corintios 15:51-55; 1 Tesalonicenses 5:8, 9; 1 Pedro 1:5); culmina en el Apocalipsis con la abolición de la muerte, el último enemigo del hombre (Apocalipsis 12:10; 21:4).

4. Una revelación progresiva

La característica sobresaliente de la revelación divina como la hallamos en la Biblia es su progreso. En las primeras partes de la Escritura tenemos una revelación rudimentaria y en las últimas una complementaria. Así como una persona que ha estado mucho tiempo en la oscuridad tiene que acostumbrarse poco a poco a la luz del sol para no dañarse los ojos, así también Dios ha tenido que preparar durante milenios este mundo entenebrecido hasta que el Sol de justicia alumbre toda la tierra (Malaquías 4:2). Como un buen texto de enseñanza sigue un plan en el que expone su materia de lo sencillo a lo complejo, de lo conocido a lo desconocido, así también la Biblia sigue un método pedagógico en el que nos lleva de lo terrenal a lo celestial, de lo físico a lo espiritual. Esta es una de las razones que explican el milenario proceso de formación de la Biblia.

a. *Progreso cronológico.* La revelación de Dios se desarrolla en el tiempo. Abarca el ayer, el hoy y el mañana. Por esto la Biblia comienza con la historia, revelándonos el remoto pasado (Génesis) y termina con la profecía, en la que nos descubre el desconocido futuro (Apocalipsis). Aún más, al relatar hechos que sucedieron antes de la creación del mundo y otros que trascienden el fin de los tiempos, la revelación de la Escritura se extiende desde la eternidad y hasta la eternidad.

b. *Progreso evidente.* Se ve un progreso evidente en el curso de la revelación del Antiguo Testamento a la del Nuevo Testamento. En la antigüedad, Dios habló a los hombres por los profetas; en los postreros días, por su Hijo (Hebreos 1:1, 2). En el Antiguo Testamento Dios se reveló como uno; en el Nuevo, como trino. Las instituciones del Antiguo Testamento son símbolos o figuras de las cosas celestiales y venideras reveladas en el Nuevo Testamento (Hebreos 8:4, 5; Colosenses 2:16, 17). La ley grabada en tablas de piedras prepara el camino para la superior revelación de la ley grabada en el corazón de los creyentes (2 Corintios 3:3).

c. *Pasajes de sentido complementario.* Algunos pasajes del Antiguo Testamento tienen, además de su significado corriente, un sentido complementario que sólo se hace evidente cuando se los cita en el

Nuevo Testamento. Por ejemplo, en Oseas 11:1 el "hijo" se refiere a Israel, mientras que en Mateo 2:15 se refiere a Jesús. Compárense asimismo Jeremías 31:15 con Mateo 2:18 y Deuteronomio 25:4 con 1 Corintios 9:9, 10.

d. *Progreso de clarificaciones.* Algunas verdades, llamadas "misterios" y que se refieren a la salvación del hombre, no fueron reveladas en el Antiguo Testamento, sino en el Nuevo ¡y no todas a la vez! Jesús dio a conocer los misterios del reino de los cielos (Mateo 13:11). Pablo mencionó otros que Jesús no reveló durante su ministerio terrenal (Romanos 11:25; 16:25; 1 Corintios 15:51; Efesios 1:9, 10, 3:3-6; Colosenses 1:26, 27). Y otro más será revelado al final de los tiempos (Apocalipsis 10:7).

e. *Normas más exigentes.* Son igualmente progresivas las enseñanzas morales de la Biblia. Así es como reiteradas veces Jesús declara: "Fue dicho a los antiguos. . . *pero yo os digo*" (Mateo 5:21, 27, 31, 33, 38, 43). En cada uno de estos casos los requisitos de Jesús son más estrictos y elevados que los de la ley de Moisés.

5. El enfoque central de la Biblia

Las tres facetas principales del plan de la Biblia se centran en una persona: Jesucristo. El es el Verbo de Dios, el Rey de reyes y el Salvador del hombre (Apocalipsis 19:13, 16; Lucas 2:11). Por lo tanto, Cristo viene a ser el tema de la Biblia. La Deidad habita en El; todas las cosas se reúnen en El (Colosenses 2:9; Efesios 1:10). Cada libro del Antiguo Testamento se refiere a Jesús, según El mismo lo mostró (Lucas 24:27). Moisés y los profetas escribieron de El (Juan 5:39; Lucas 24:44).

No es difícil ver que cada libro del Nuevo Testamento se refiere claramente a Jesucristo o testifica de El. Aun 3 Juan, que no lo menciona, tiene que ver con su obra. Jesús dijo, refiriéndose al Antiguo Testamento, que las Escrituras dan testimonio de El. Y ya sabemos que los escritos de los apóstoles son Escrituras, así como los de los profetas. Por lo demás, las enseñanzas de los apóstoles son las de Jesús (Juan 14:26).

Por último, en Hebreos 10:7 se nos dice: "En el rollo del *libro* está escrito de *mí.*" ¿Qué libro? Ciertamente la Biblia. ¿Qué persona? Jesús. La Biblia trata de Jesucristo.

6. La Palabra encarnada y la Palabra escrita

Hay una estrecha relación entre Jesucristo y la Biblia, más que la de ser simplemente el uno el tema de la otra. Ya sabemos que uno de los nombres que se dan a la Biblia es la Palabra de Dios. Pero en Apocalipsis 19:13 se llama a Jesús el Verbo de Dios y en Juan 1:1, 14, simplemente el Verbo. Este vocablo significa "palabra", por lo cual Jesús es también la Palabra de Dios. No nos es posible comprender esto último, porque es un misterio. Pero es evidente que "el Verbo" no es una simple metáfora aplicada a Cristo (como el cordero, la puerta, o el buen pastor), sino un nombre.

En las revelaciones orales de Dios a los profetas las dos palabras de Dios parecen amalgamarse. Son el mensajero que "viene" y "dice" así como el mensaje mismo (Génesis 15:1, 4; 1 Samuel 3:1, 7, 21). Pero en sus manifestaciones históricas permanentes las palabras de Dios se presentan claramente distintas. Cristo es la Palabra hecha carne (Juan 1:14); la Biblia, la palabra hecha escritura. En aquél la Palabra se revela personalmente; en ésta, verbalmente. El Verbo es Dios manifestado en carne; la Escritura, sólo la revelación de Dios (1 Timoteo 3:16; Juan 1:1). Adoramos a Jesús; pero no adoramos la Biblia, por mucho que ciertos eruditos nos califiquen de "bibliólatras".

No obstante las diferencias anteriores, Cristo y la Biblia tienen también asombrosas semejanzas. Como Dios, el Verbo es eterno; esto es, existía antes de la encarnación (Juan 1:1; 8:56-58). Las palabras de Dios son igualmente eternas, ya que estaban en su mente antes de ser escritas (Salmo 119:89; 1 Pedro 1:25). Jesús fue concebido por el Espíritu Santo; la Escritura fue inspirada por el Espíritu Santo (Lucas 1:35; 2 Pedro 1:21). Por medio de Cristo conocemos a Dios; por la Biblia sabemos del único Dios verdadero revelado en Jesucristo (Juan 1:18; 14:8, 9).

La similitud entre Cristo y la Biblia llega hasta la misma naturaleza de ambos. Así como Cristo es divino y humano, así también lo es la Biblia. Jesús nació y creció hasta llegar a la edad adulta; vivió en un cuerpo sujeto a las debilidades humanas; tuvo los rasgos típicos de los judíos. Así también la Escritura se formó gradualmente hasta su terminación; ha estado consignada en materiales perecederos preparados por los hombres y en formas de expresión y caracteres propios del oriente. Con todo, así como el Verbo divino vivió sin pecado, de igual modo la palabra de Dios ha permanecido sin error.

Como Jesús es Hijo de Dios e Hijo del Hombre, así también la Biblia es palabra de Dios y palabra del hombre. Notemos los siguientes ejemplos:

- El libro de la ley se atribuye a Moisés y a Dios (2 Crónicas 23:18; 1 Crónicas 16:40).
- En los Salmos se encuentran las palabras de los salmistas, las que

a la vez son palabras de Dios (Salmo 45:6, 7; 102:25-27; Hebreos 1:8; 1:10-12).

• Lo que dijeron los profetas fue dicho asimismo por el Señor (Isaías 7:14; Oseas 11:1; Mateo 1:22, 23; 2:15).

• Las palabras de los apóstoles son también las palabras de Dios (1 Corintios 14:37; 2 Tesalonicenses 2:13).

Con todo eso, la divinidad y humanidad de la Biblia están tan íntimamente ligadas entre sí que nadie podría decir con autoridad dónde termina aquélla y comienza ésta. Es de veras un libro admirable.

---

[1]José Flores, *¿Qué es la Biblia?*, página 26.

BOSQUEJO DEL CAPITULO

Descripción del Libro de los libros

1. Maneras de designar la Biblia
   a. Encontradas en sus propios escritos
   b. Adoptadas en el transcurso de la historia
2. Caracterizaciones de lo que es
3. Su designio mirado desde diversos aspectos
   a. Manifestar la naturaleza humana
   b. Presentar el gobierno divino
   c. Explicar la redención humana
4. El desarrollo del designio
   a. Cronológico
   b. En dos movimientos
   c. Pasajes de doble referencia
   d. Elementos tapados del segundo movimiento
   e. Moralidad expansiva
5. Su protagonista
6. Relación entre las dos palabras de Dios

UN ENCUENTRO CON LAS VERDADES

Respuesta alterna. Subraye la palabra o frase que complete mejor cada expresión. Ejemplo: Los discípulos le pidieron al Señor que les enseñase a (orar, pecar).

1. En los tiempos de Jesús el nombre "la ley" se aplicaba a (la ley de Moisés, todo el Antiguo Testamento).
2. La expresión "Palabra de Dios" se aplicaba originalmente a (las enseñanzas de Jesús, la revelación verbal dada a una persona).
3. El vocablo "Biblia" deriva de una voz griega que se aplicaba a (los escritos sagrados, las tiras de papiro).
4. En griego "biblia" significa (libros, libro).
5. La Biblia fue dada al hombre (paulatinamente, dentro de un período de pocos años).
6. Cuando se escribieron los primeros libros de la Biblia, la mayoría de la gente creía en (muchos dioses, un solo Dios).
7. En los tiempos de Daniel, los conquistadores de los hebreos (no hicieron caso del, reconocieron al) Dios de Israel.
8. Después del arrebatamiento de la iglesia, Dios (no se esforzará más para, hará otro intento de) seguir revelándose al mundo.

9. Dios escogió a (Israel, los levitas) para que fuera(n) un reino de sacerdotes.
10. Después de la derrota de la dinastía de David de parte de los caldeos, Dios reveló a los gentiles que (había una posibilidad de que volvería David al trono, Jehová es quien gobierna a todos).
11. Una de las facetas del plan de la Biblia es (la iniciativa divina en la salvación del hombre, la salvación que el hombre puede ganarse).
12. La revelación de Dios al hombre (comienza con lo sencillo para progresar hacia lo complejo, es completa de una vez).
13. El Antiguo Testamento preparó el camino para la revelación (menos exigente, superior) que presenta el Nuevo Testamento.
14. El término "Verbo de Dios" significa (Mesías, Palabra de Dios).

DE LA TEORIA A LA PRACTICA

1. ¿Cuál nombre de la Biblia prefiere usted? ¿Por qué?
2. ¿Cuál es el nombre que más emplean los católicos romanos para referirse a la Biblia?
3. Suponga que usted va a comunicarse con personas de su pueblo que no saben nada del evangelio. ¿Qué nombre debe usar al referirse a la Biblia? ¿Por qué?
4. A medida que la revelación de Dios al hombre se ha ampliado, ¿cómo ha cambiado la responsabilidad del hombre para responder?
5. ¿Cuáles son las acepciones que el diccionario ofrece para el vocablo "verbo"? ¿Qué es un informe verbal?
6. ¿De qué manera debe el creyente ser una palabra o expresión de Dios?

PROYECTOS PARA LA CLASE

1. Evaluar lo que realizaron los estudiantes en las secciones de UN ENCUENTRO CON LAS VERDADES y DE LA TEORIA A LA PRACTICA.
2. Llevar a cabo un grupo una encuesta en el centro de la ciudad para averiguar si la gente entiende lo que es la Biblia. Presentar un informe a la clase de lo que se descubrió.
3. Analizar algún mensaje radial o por escrito que sea dirigido a los que no conocen la Biblia para ver si comunica satisfactoriamente la idea de lo que ella es.

—— Capítulo 7 ——

LA BIBLIA Y SUS DIVISIONES

Aunque la Biblia se publica generalmente con el formato de un solo libro, es evidente que está dividida en diferentes formas. Algunas de sus divisiones, como los testamentos y libros, son naturales; es decir, son inherentes al proceso de formación de la Escritura. Otras divisiones son artificiales. Entre éstas están las secciones o grupos, capítulos, párrafos y versículos.

I. Los Testamentos

a. *Significado del vocablo "testamento".* La Biblia está dividida en dos partes desiguales llamadas testamentos. Cada una de estas partes es en realidad una colección de escritos conocidos comúnmente como libros, si bien algunos de ellos no son más extensos que un folleto. La primera parte, denominada Antiguo Testamento, se compone de 39 libros y la segunda, o Nuevo Testamento, de 27.

El término "testamento" procede de la palabra latina *testamentum*, siendo ésta la traducción del vocablo griego *diatheke*. Pero *diatheke* no sólo significa "testamento" sino también "pacto" o convenio entre dos partes. La última acepción es la más usada en el Nuevo Testamento.[1] En el Antiguo Testamento la versión de los Setenta emplea *diatheke* como traducción de la voz hebrea *berith*, la cual siempre significa "pacto". La versión de Reina-Valera, revisión de 1960, dice "pacto" donde la anterior rezaba "testamento"; pero siguiendo una tradición secular, ha conservado la traducción incorrecta para las secciones principales de la Biblia. De acuerdo con las antiguas versiones griegas de la Escritura, éstas debieran llamarse más bien "El Antiguo Pacto" y "El Nuevo Pacto", o mejor aún, "Los Libros del Antiguo Pacto" y "Los Libros del Nuevo Pacto".

Pero ¿por qué llamar pacto a una colección de libros? Aunque en el Antiguo Testamento se mencionan varios pactos de Dios con los hombres, el principal fue el que hizo con Israel en el monte Sinaí (Génesis 9:9; 15:18; Exodo 2:24; 24:6-8). Este pacto quedó consignado en un libro, el cual sin duda contenía las palabras de Dios que Israel se comprometió a cumplir (Exodo 24:4, 7). A este mismo pacto se refirió el profeta Jeremías cuando lo comparó con el Nuevo Pacto que Dios haría con su pueblo y que siglos después sería hecho efectivo por Cristo (Jeremías 31:31-34; Mateo 26:28). Pablo se refiere a estos dos pactos en 2 Corintios 3:6, 14 y es el primero que llama "antiguo pacto" a los libros del Antiguo Testamento. Por la misma razón los cristianos de los primeros siglos hicieron extensivo el nombre "nuevo pacto" a los libros del Nuevo Testamento.

b. *Su importancia*. De vez en cuando surgen voces que plantean si acaso el Antiguo Testamento no debiera excluirse de la Biblia. Uno de los primeros que hizo esto fue Marción, heresiarca del siglo II que consideraba obsoleto el Antiguo Testamento como revelación divina. Otros creen que el Antiguo Testamento contradice al Nuevo, porque consideran a aquél un pacto de obras y a éste uno de gracia. Y aun hay otros que ven en Jehová a un Dios de justicia y en Jesús a un Dios de misericordia.

Los testamentos, sin embargo, no se contradicen, sino que se complementan. Hebreos 11 nos da una larga lista de hombres y mujeres que por todo el Antiguo Testamento nos muestran que hallaron *gracia* ante Dios por medio de la fe. La justicia y la misericordia de Dios coexisten en ambos testamentos (Salmo 136; Hebreos 12:29). No tendrían objeto las genealogías y las alusiones y citas del Antiguo Testamento que aparecen en el Nuevo si el plan de Dios hubiera sido descartar al primero, pues éste fue la Biblia que usaron Jesús y sus discípulos al presentar las verdades del nuevo pacto. Bien lo expresó Agustín, el filósofo cristiano, refiriéndose a la relación entre los dos testamentos: "El Antiguo Testamento está revelado en el Nuevo, y el Nuevo Testamento está escondido en el Antiguo."

Por otra parte, reconociendo el progreso de la revelación divina, no debemos subordinar el Nuevo Testamento al Antiguo como lo han hecho los judaizantes antiguos y modernos al igual que otras sectas heréticas de nuestros días. ¡Con cuánto fanatismo algunos construyen todo un edificio doctrinal basándose en pasajes del Antiguo Testamento y luego fuerzan y tergiversan los del Nuevo Testamento para que concuerden con aquéllos!

Aunque se publican ediciones del Nuevo Testamento solamente, éstas tienen un carácter transitorio, con miras a que los que las adquieren posean posteriormente un ejemplar de la Biblia. Pero no se puede pretender que una edición del Antiguo Testamento solamente, como la Biblia hebrea, sea la revelación completa de Dios. Buena práctica será, pues, que el estudiante de las Escrituras comience a leer primero el Nuevo Testamento para seguir después con la lectura del Antiguo Testamento. De este modo no se verá confundido con sucesos y prácticas que pertenecen a una época más primitiva de la revelación divina.

2. Las secciones o grupos

Así como la Biblia está dividida en dos testamentos, así también éstos se subdividen en varias secciones o grupos de libros. Son estas secciones las que determinan el orden de los libros de la Biblia, el que no siempre ha sido el mismo durante los siglos.

a. *Divisiones del Antiguo Testamento*

1) Sistema hebreo. El Antiguo Testamento estaba dividido originalmente en dos secciones llamadas la Ley y los Profetas, a las cuales se alude frecuentemente en el Nuevo Testamento (Mateo 5:17; Lucas 16:16; Hechos 13:15; 24:14). También se ha hallado esta división en los manuscritos del mar Muerto. Pero desde el siglo II a.C. hasta nuestros días los judíos han dividido el Antiguo Testamento en tres secciones, a saber: la Ley, los Profetas y los Escritos. Aunque estas secciones comprenden solamente 24 libros, éstos equivalen a los 39 de nuestras Biblias.

La distribución de los libros del Antiguo Testamento hebreo en su forma moderna es como sigue:

a) La Ley:	Génesis, Exodo, Levítico, Números y
(5 libros)	Deuteronomio
b) Los Profetas:	Profetas anteriores
(8 libros)	Josué, Jueces, Samuel y Reyes
	Profetas posteriores
	Isaías, Jeremías, Ezequiel y los Doce
c) Los Escritos:	Libros poéticos
	Salmos, Proverbios y Job
	Cinco rollos
	Cantar de los Cantares, Rut, Lamentaciones
	Ester y Eclesiastés
	Libros históricos
	Daniel, Esdras-Nehemías y Crónicas

"Los Doce" son una combinación de libros proféticos de Oseas a Malaquías; y "Esdras-Nehemías", otro de los libros homónimos. Los cinco rollos eran libros separados que se leían en sendas fiestas anuales: Cantares, en la Pascua; Rut, en Pentecostés; Eclesiastés, en los Tabernáculos; Ester, en Purim y Lamentaciones, en el aniversario de la destrucción de Jerusalén.

El testimonio más antiguo que tenemos de las tres secciones del Antiguo Testamento hebreo se halla en el prólogo del libro apócrifo Eclesiástico. En él, el autor se refiere a la Ley, los Profetas y los otros libros. En Lucas 24:44 Jesús menciona las tres secciones, pero a la tercera la llama "los Salmos".[2] Flavio Josefo, el historiador judío, aludió también a ellas, pero distribuyó los libros en forma diferente de la presentada más arriba. En efecto, a la Ley le asignó cinco libros; a los Profetas, trece y a los Escritos, cuatro, haciendo así un total de 22. Se cree que este número se conseguía combinando Rut con Jueces y Lamentaciones con Jeremías para hacerlo coincidir con las 22 letras del alfabeto hebreo.

Si aceptamos el testimonio de Josefo, tenemos que concluir que el orden de los libros del Antiguo Testamento era diferente en los días de Jesús del de las ediciones modernas de la Biblia hebrea. Así parece ser si consideramos que Daniel no aparece en los Profetas sino en los Escritos. Jesús lo llamó profeta (Mateo 24:15).

2) Sistema griego. Los traductores de la versión de los Setenta no se limitaron a traducir el Antiguo Testamento al griego, sino que además le introdujeron varias modificaciones en su estructura. Entre ellas podemos mencionar las siguientes: a) División de Samuel, Reyes y Crónicas; b) separación de los libros combinados en los Doce y Esdras-Nehemías; c) cambio de nombre de varios libros y d) nueva agrupación de los libros de los Profetas y de los Escritos. Así el Antiguo Testamento quedó dividido en cuatro secciones que son: La Ley, los Libros Históricos, los Libros Poéticos y los Libros Proféticos. La diferencia fundamental entre el sistema de división hebreo y el griego consiste en que mientras el primero parece basarse en la categoría de los escritores, el último se basa en el contenido de los libros.

La división del Antiguo Testamento según el sistema griego ha sido la base de la estructura moderna de esta parte de la Biblia. Sólo ha habido variaciones en el orden de algunos libros; pero las divisiones han permanecido iguales.

La clasificación temática de los libros del Antiguo Testamento es como sigue:

a) La Ley: (5 libros)	Génesis, Exodo, Levítico, Números y Deuteronomio
b) Libros históricos: (12 libros)	Josué, Jueces, Rut, 1 de Samuel, 2 de Samuel, 1 de los Reyes, 2 de los Reyes, 1 de Crónicas, 2 de Crónicas, Esdras, Nehemías y Ester.
c) Libros poéticos: (5 libros)	Job, Salmos, Proverbios, Eclesiastés y Cantar de los Cantares
d) Libros proféticos: (17 libros)	Profetas mayores Isaías, Jeremías, Lamentaciones, Ezequiel y Daniel Profetas menores Oseas, Joel, Amós, Abdías, Jonás, Miqueas, Nahum, Habacuc, Sofonías, Hageo, Zacarías y Malaquías.

Desde luego, tratándose de una división artificial, no todos los libros están en el grupo que les corresponde. Por ejemplo, Génesis es un libro histórico y Lamentaciones, poético. La mitad de Daniel es histórica (con secciones proféticas) y la otra mitad, profética. Algunos libros poéticos contienen profecías y los libros proféticos son en gran parte poéticos y contienen bastante historia. Pero en general los libros se han agrupado según su contenido principal.

A la sección de la Ley se la conoce también bajo el término de "Pentateuco", nombre que viene de una palabra compuesta griega que significa "cinco libros". Los libros proféticos están subdivididos en dos grupos: profetas mayores y menores. Esta subdivisión no sugiere que los primeros sean más importantes que los últimos, sino sólo que su contenido, con excepción de Lamentaciones, es más extenso.

b. *Divisiones del Nuevo Testamento.* Siguiendo el sistema de la versión de los Setenta, los dirigentes de la iglesia primitiva dividieron el Nuevo Testamento en cuatro secciones, a saber:

1) Libros biográficos: (4 libros)	Mateo, Marcos, Lucas y Juan
2) Libro histórico: (1 libro)	Los Hechos de los Apóstoles
3) Libros didácticos: (21 libros)	Epístolas de Pablo Romanos, 1 Corintios, 2 Corintios, Gálatas, Efesios, Filipenses, Colosenses, 1 Tesalonicenses, 2 Tesalonicenses, 1 Timoteo, 2 Timoteo, Tito y Filemón

Epístola a los Hebreos
Epístolas universales
Santiago, 1 Pedro, 2 Pedro, 1 Juan, 2 Juan, 3 Juan y Judas

4) Libro profético: Apocalipsis
(1 libro)

Como el lector habrá podido notar, los libros de la Biblia no están arreglados cronológicamente, pero en algunas secciones sí se puede ver tal orden.

3. Otras divisiones

Con algunas excepciones, los escritores sagrados no dividieron sus escritos en secciones menores como capítulos y párrafos, lo cual es común en la literatura moderna. Pero siglos después los copistas comenzaron a hacerlo principalmente para facilitar la lectura y estudio de la Biblia.

a. *Los capítulos.* Entre las divisiones naturales de los escritos originales podemos mencionar los Salmos, si bien el libro no es una obra continua dividida en 150 partes, sino más bien una colección de 150 poemas. Pero sí vemos algunas divisiones en el Salmo 119 y en Lamentaciones, las que se indicaron con letras.

Las primeras secciones que se subdividieron fueron el Pentateuco y los Evangelios. Posteriormente se subdividieron del mismo modo las demás secciones del Antiguo Testamento. Generalmente las divisiones de los Evangelios eran más cortas que los capítulos actuales; pero las del Antiguo Testamento eran más largas.

Se cree que fue Esteban Langton, profesor de la Universidad de París y después Arzobispo de Canterbury, quien primero dividió toda la Biblia en capítulos por el año 1227 d.C. Pero otros sostienen que fue el Cardenal Hugo de San Cher hacia mediados del siglo XIII.

b. *Los versículos.* Indicios de versículos se ven en los manuscritos del Antiguo Testamento, los que aparecen como simples espacios entre palabras, ya que éstas no se separaban en la escritura. Más adelante se agregaron algunas marcas para distinguirlos. Pero fue en 1551 cuando Roberto Stephanus, impresor parisiense, publicó el primer Nuevo Testamento griego con versículos y en 1555 la primera edición de la Vulgata con capítulos y versículos.

c. *Los párrafos.* Varias ediciones modernas de la Biblia, entre ellas la versión de Reina-Valera, revisión de 1960, vienen divididas en párrafos, además de estarlo en capítulos y versículos. Los párrafos traen su respectivo título y le permiten al lector captar la unidad de pensamiento de los pasajes bíblicos, unidad que a veces ha sido destruida por una desacertada división de capítulos. Un ejemplo lo tenemos en Génesis 1, en donde el capítulo termina en el versículo 31 cuando debiera haberlo hecho en 2:3.

4. Las notas y referencias bíblicas

Muchas Biblias llevan, además del texto sagrado, algunas notas y referencias al centro o al pie de la página, las que sirven de ayuda al estudiante de las Escrituras. Las notas son comentarios breves que generalmente explican el significado de ciertas palabras. Las referencias son indicaciones de otras partes de la Biblia a las cuales se remite al lector.

En la versión de Casiodoro de Reina, revisión de 1960, tanto las notas como las referencias se indican con llamadas. Para las notas, las llamadas son números o asteriscos, como en los ejemplos siguientes: "Y erigió allí un altar, y lo llamó El-Elohe-Israel[3]" (Génesis 33:20). "Pasado el día de reposo[*]" (Mateo 28:1). Al pie de la página correspondiente aparecen las siguientes notas: "[3] Esto es, *Dios, el Dios de Israel.*" "*Aquí equivale a *sábado.*"

Para indicar las referencias se usan letras bastardillas, como en Mateo 4:1: "Entonces Jesús fue llevado por el Espíritu al desierto, para ser tentado por el diablo.[a]" Al pie de la página se hallan las referencias correspondientes: "[a]4.1: He. 2:18; 4:15." También hay referencias bajo los títulos de algunos párrafos, hay referencias que remiten al lector a los pasajes paralelos de la Escritura. Son los que contienen repeticiones o variantes de un mismo relato, como Reyes y Crónicas o los Evangelios.

Las referencias mismas se expresan indicando el libro, capítulo y versículo en que se halla la cita bíblica. Generalmente se abrevian los nombres de los libros, hallándose las abreviaturas correspondientes al principio de las Biblias con referencias. Así, por ejemplo, Gn. significa Génesis y Mt., Mateo. Los capítulos y versículos se indican por medio de números, separándose unos de otros por uno o dos puntos (14.3 ó 14:3). Así Jn. 3.16 significa "Evangelio según San Juan, capítulo 3 y versículo 16", pero generalmente se lee "Juan tres, dieciséis".

Cuando una cita bíblica abarca dos o más versículos seguidos de un mismo capítulo, la referencia indica, después del capítulo, solamente el primero y último versículos de la cita separados por una coma o un guión. Por ejemplo: Jon. 3:4, 5 (Jonás tres, cuatro y cinco); Hch. 2.2-4 (Hechos dos, dos al cuatro). Pero si los versículos no son seguidos, van separados por comas, como Mt. 1.20, 24 (Mateo uno, veinte y veinticuatro); Mr. 9:44, 46, 48 (Marcos nueve, cuarenta y cuatro, cuarenta y seis y cuarenta y ocho).

Las referencias bíblicas de diferentes capítulos, si se las escribe en serie, van separadas por punto y coma: Mt. 8.12; 25.30; Lc. 13.28 o Mr. 12.35-37; Lc. 20:41-44.

Si una cita abarca más de un capítulo, se indica con las referencias de su primero y su último versículo separados por una raya. Por ejemplo: Ex. 7:8 — 12:13.

Cuando la referencia incluye todo un capítulo, se la escribe con el número que le corresponde: Exodo 2. Si abarca varios capítulos seguidos, se indica con los números del primero y el último separados por una raya: Mateo 5 — 7. Una notación similar se emplea cuando la referencia pertenece a un libro de un solo capítulo, con la diferencia de que los números indican los versículos: Filemón 21; Judas 17-19.

Algunos escritores usan las letras a, b y c para referirse a las partes en que se puede dividir un versículo largo. Así Romanos 6.23a sería la referencia de la cita siguiente: "Porque la paga del pecado es muerte."

---

[1]El único lugar donde *diatheke* significa "testamento" es Hebreos 9:16, 17.

[2]Los Salmos eran el primer libro, y el mayor, de esta sección. Puede ser que su nombre se haya hecho extensivo a toda la sección.

BOSQUEJO DEL CAPITULO

Los segmentos de las Sagradas Escrituras

1. Los pactos
   a. Definición de la palabra "testamento"
   b. La prominencia de cada pacto
2. Las clasificaciones literarias
   a. El método empleado por los judíos
   b. El método empleado por los traductores de la Septuaginta
3. La estructura superpuesta por los editores para ayudar en el manejo
   a. Los capítulos
   b. Los versículos
   c. Los párrafos
4. Las ayudas añadidas por algunos editores
   a. Explicaciones breves
   b. Referencias
   c. Llamadas
   d. Citas

UN ENCUENTRO CON LAS VERDADES

Selección de opciones. Lea la primera parte de la frase y las cinco diferentes terminaciones. Escoja la que mejor complete la idea. En algunos casos podrían servir más de una, pero debe seleccionar la **mejor**, aunque ninguna de las cinco opciones le satisfaga totalmente. Subráyela y escriba la letra correspondiente en el espacio que hay a la izquierda del número.

________ 1. Las divisiones de la Biblia llamadas "capítulos" son. . .
A. inherentes al proceso de la formación de la Biblia.
B. artificiales.
C. infaliblemente trazadas.
D. tan inspiradas como las palabras que contienen.
E. estorbos para el estudio de la Biblia.

________ 2. La comisión encargada de la revisión de 1960 de la versión Reina-Valera conservó una traducción incorrecta de los nombres de las dos divisiones principales de la Biblia. . .
A. para seguir una tradición fuertemente establecida.

B. para que fuera la misma que emplearon en cada caso en que se usa el vocablo en toda la Biblia.
C. porque su política era conformarse con lo que prefiere el pueblo.
D. porque así Dios les inspiró a actuar.
E. porque ignoraban en aquellos días la traducción correcta.

_________ 3. A través de la historia, Dios. . .
A. ha hecho un pacto con el hombre.
B. no ha hecho ningún pacto con el hombre.
C. ha hecho dos pactos con el hombre.
D. ha exigido que el hombre observe el sábado como una señal de su obediencia del pacto vigente.
E. ha hecho varios pactos con el hombre.

_________ 4. Sabemos que Dios no tenía la idea de que el Antiguo Pacto fuera permanente porque. . .
A. es lógico pensar que ningún pacto servirá siempre debido a los cambios inevitables de la cultura.
B. así está profetizado en el mismo Antiguo Pacto.
C. antiguamente la gente era analfabeta y por eso habría necesidad de cambios una vez que aprendieran a leer.
D. el pecado entró en el mundo.
E. a nadie le gusta seguir con lo mismo de siempre.

_________ 5. El Nuevo Pacto es. . .
A. menos importante que el Antiguo.
B. el único pacto que el creyente debe estudiar.
C. tan importante como el Antiguo Pacto.
D. una contradicción del Antiguo.
E. como una planta cuyas raíces están en el Antiguo Pacto.
F. el que estudiaron Cristo y los apóstoles.

_________ 6. Desde el siglo II a.C. hasta nuestros días, ¿en cuántas partes dividieron los hebreos el Antiguo Testamento?
A. Tres secciones.
B. Dos pactos.
C. No han deseado hacer división alguna.
D. Cuatro libros.
E. Tres divisiones de veintidós libros.

_________ 7. La división que actualmente se hace de los libros de la Biblia en los círculos cristianos sigue el sistema. . .
A. de los hebreos.
B. revelado por el Espíritu Santo.
C. de la versión Septuaginta.
D. del orden cronológico en que se escribieron los libros.
E. griego.
F. romano.

_________ 8. El Génesis se halla en la división de la ley. . .
A. porque contiene la ley de Moisés.
B. porque así fue ordenado divinamente.
C. porque es más lógico poner el libro de los comienzos con las leyes.
D. debido a una división artificial.
E. debido a la ignorancia de la gente del siglo primero.

_________ 9. Los autores de los libros de la Biblia por lo general. . .
A. dividieron sus escritos en los capítulos que hoy tenemos.
B. emplearon divisiones de capítulos solamente para indicar cambios de tema.
C. fueron inspirados divinamente a dividir sus libros en capítulos.
D. no dividieron sus libros en capítulos.
E. se opusieron a que sus escritos fueran divididos en capítulos.

_________ 10. Para escribir una cita bíblica, se acostumbra separar el número del capítulo del número del versículo con. . .
A. la palabra "y".
B. una coma.
C. dos puntos.
D. un guión.
E. punto y coma.

DE LA TEORIA A LA PRACTICA

1. ¿Por qué se debe aconsejar a la gente nueva que lea primero el Nuevo Testamento?

2. ¿Por qué debe el creyente maduro conocer bien el Antiguo Testamento?
3. ¿Qué valor ha tenido el Antiguo Testamento para usted personalmente?
4. ¿Qué es "verso" en castellano?
5. ¿Por qué no debemos decirles "versos" a los versículos de la Biblia?
6. ¿De qué grado de inspiración habrán gozado los que dividieron la Biblia en párrafos?
7. En los siguientes pasajes de la versión de Reina-Valera, revisión de 1960, los títulos que se les han puesto fallan en su función de resumir o abarcar todos los temas tratados en ellos. Explique por qué.
   a. Salmo 23
   b. Salmo 37
   c. Juan 10:7-21
   d. Romanos 4:1-12
   e. Romanos 14:1 — 15:6
8. ¿De qué grado de inspiración habrán gozado los que han puesto notas y referencias bíblicas en los márgenes de las páginas en que está impreso el texto sagrado?
9. ¿Por qué no debemos aceptar una doctrina que se base solamente en notas o referencias bíblicas?
10. ¿Por qué no se dice "primera de Samuel, segunda de Samuel"?
11. Haga una lista de diez ejemplos de la gracia de Dios manifestada en el Antiguo Testamento.

PROYECTOS PARA LA CLASE

1. Evaluar lo que hicieron los estudiantes en las secciones UN ENCUENTRO CON LAS VERDADES y DE LA TEORIA A LA PRACTICA.
2. Dividir la clase en dos grupos. Ver cuál grupo puede escribir de memoria con menos faltas los libros de la Biblia.
3. Celebrar una competencia entre dos grupos para ver cuál de ellos escribe con menos faltas citas bíblicas dictadas por el profesor.
4. Celebrar un panel acerca de los beneficios y desventajas de imprimir notas y comentarios juntamente con el texto sagrado.
5. Hacer entre todos una lista de posibles problemas en que podría hallarse un creyente que no supiera que las divisiones de capítulos, versículos y párrafos no gozan de la inspiración exclusiva del Espíritu Santo como sí goza de ella el texto sagrado.

TERCERA PARTE

La inspiración de la Biblia

—— Capítulo 8 ——

Diversas teorías sobre la inspiración

La cualidad distintiva de la Biblia, la que la diferencia de cualquier otro libro, es la inspiración. Pero ésta es asimismo su característica más discutida, por cuanto hay mucha confusión con respecto a la exacta naturaleza de este fenómeno. Lo que entendamos por inspiración afectará inevitablemente a lo que creamos de la Biblia.

Entre las teorías que se han propuesto para explicar el fenómeno de la inspiración, las principales son las siguientes: 1) inspiración natural, 2) inspiración parcial, 3) inspiración mecánica o dictado, 4) inspiración dinámica o conceptual y 5) inspiración divina, verbal y plenaria. De éstas, solamente la última se conforma a lo que la Biblia afirma sobre la inspiración.

I. Presentación y refutación de las teorías

a. *Inspiración natural*. Esta teoría es en realidad una negación de la inspiración de la Biblia. Según ella, los escritores sagrados fueron "inspirados" en el mismo sentido en que otros escritores geniales produjeron las obras maestras de la literatura universal. La Biblia es quizás la obra más famosa pero tan humana en su origen como la *Odisea*, el *Corán*, *La Divina Comedia*, el *Quijote* de Cervantes o las tragedias de Shakespeare.

Propia de los incrédulos, esta teoría no puede explicar cómo la Biblia, siendo una obra puramente humana, posee ciertas cualidades sobrenaturales (véase el capítulo 2). Los artistas siempre son superiores a sus obras. ¿Cómo pudieron los escritores de la Biblia inventar un Dios tan sublime o un personaje tan perfecto como Jesús? ¿Cómo pudieron hacer predicciones tan detalladas y de tan asombroso cumplimiento si éstas son nada más que el producto de la mente humana?

b. *Inspiración parcial*. Esta teoría, o más bien conjunto de teorías, sostiene que la Biblia es inspirada sólo en parte y que el resto está constituido por conceptos propios de la época y cultura en que vivían sus autores. De las diferentes formas en que se presenta, las principales son las siguientes:

1) Iluminación divina. Dios "inspiró" a los hombres piadosos de la antigüedad para que según su grado de comprensión percibieran las verdades divinas en la misma forma en que hoy lo hacen los cristianos. Estos hombres santos consignaron sus impresiones espirituales en la Biblia, la cual es inspirada sólo en el grado en que lo fueron sus diferentes autores.

Los proponentes de esta teoría confunden la inspiración con la iluminación (véase el capítulo siguiente). Aunque es cierto que algunas partes de la Biblia son más "inspiradoras" o importantes que otras, todas son igualmente inspiradas. Además, esta teoría pone las Escrituras al mismo nivel de los escritos apócrifos y de las obras cristianas.

2) Intuición natural. A diferencia de la anterior, esta teoría sostiene que los escritores bíblicos fueron inspirados sólo en el sentido en que de vez en cuando su intuición natural les permitió descubrir ciertas "verdades divinas" apropiadas para su época, las cuales se hallan registradas en la Biblia junto con otros materiales de escaso o ningún valor para el lector de hoy.

Tanto esta teoría como la anterior niegan que Dios se haya comunicado con los hombres, pues sostienen que más bien son éstos los que han descubierto las verdades divinas. Asimismo, al fundarse en la razón humana para determinar qué partes de la Biblia son inspiradas y cuáles no lo son, hacen que sea imposible saber lo que es de Dios y lo que no lo es, ya que los hombres no son infalibles ni unánimes en su manera de pensar. Por último, estas teorías niegan que las palabras de la Biblia tengan vigencia para hoy, pues presuponen que los autores sagrados escribieron con el expreso propósito de dirigirse a la gente de su época. La Biblia nos enseña que Dios habló a los hombres, que toda la Escritura es inspirada y que lo escrito en ella estaba dirigido también a lectores que vivirían siglos después de los escritores (Hebreos 1:1; 2 Timoteo 3:16; Romanos 15:4).

3) Experiencia mística. Esta teoría es, junto con la siguiente, una de las más engañosas de la actualidad a raíz de sus ambigüedades y sutilezas. Se vale de términos bíblicos, pero con un sentido muy diferente del que les dieron los escritores sagrados.

Sus proponentes sostienen que, no obstante sus errores, la Biblia sí tiene vigencia para nuestro tiempo, porque es el medio que Dios usa para revelarse al hombre. Pero a causa de la imperfección del lenguaje como medio de comunicación, esta revelación divina no consiste en palabras sino en un encuentro personal con Dios. Dicen que la verdad no es verbal sino personal. Así pues, las palabras de la Biblia son solamente el registro de las impresiones que ciertos hombres tuvieron al recibir la revelación divina. Este registro, según esta teoría, puede constituirse también en una revelación para el hombre de hoy si lo recibe como ellos la recibieron. Entonces es cuando las palabras humanas e imperfectas de la Biblia se convierten en la perfecta palabra de Dios para el lector.

Los autores de esta teoría confunden, como otros, la inspiración con la iluminación. La confunden además con la conversión y el testimonio del Espíritu en nuestros corazones de que la Biblia es la palabra de Dios. Efectivamente, cuando una persona se convierte tiene un encuentro personal con Dios como resultado de su fe en lo que dice la Biblia. Los creyentes *sentimos* que ella es la palabra de Dios cuando la leemos. Pero la inspiración de la Escritura no depende de sus lectores sino de su Autor. El *Quijote* es la obra de Cervantes no porque ahora se haya convencido de ello alguno de sus lectores, sino porque aquél lo escribió.

La idea de que la verdad sea personal y no verbal es simplemente una ficción teológica. Una revelación personal de Dios, pero sin palabras, es mero misticismo. Aunque es cierto que las palabras no son un medio perfecto de comunicación ni siquiera entre seres humanos, es evidente que Dios las usó para revelar sus verdades. En la Biblia encontramos numerosísimos ejemplos de cómo Dios se reveló verbal pero no personalmente a los hombres, mientras que no hay ninguno a la inversa. Además, cuando Dios se reveló personalmente, siempre lo hizo también con un mensaje (Exodo 3 — 4; Hechos 9:1-6).

Por último, es una sutileza sin ninguna base bíblica la suposición de que las "falibles" palabras de los escritores sagrados se conviertan en la infalible palabra de Dios en el momento en que el lector las acepta en esta última calidad. Las palabras que escribió Moisés eran de Dios desde antes que Israel las escuchara y reconociera como tales (Exodo 24:4, 7). Eran palabras de Dios las que dictó Jeremías a Baruc, aunque el rey Joacim no tuvo ningún "encuentro personal" con Dios al escucharlas (Jeremías 36:1, 2, 4, 6, 8, 21-24). Y Pablo estaba seguro de que lo que escribía eran palabras de Dios, lo reconocieran o no algunos de sus lectores (1 Corintios 14:37, 38).

4) Eliminación de mitos. Esta es quizás la más perniciosa de todas las teorías que pretenden explicar el fenómeno de la inspiración de la Biblia. Según ella, el exegeta o lector puede hallar la palabra de Dios

en la Escritura luego de despojar a ésta de los "mitos" que contiene. Los proponentes de esta teoría definen al mito no como una fábula o leyenda sino como un relato en el que los sucesos son "reales" y "verídicos" pero no necesariamente históricos (!). Conforme a esta definición, son mitológicos todos los elementos sobrenaturales de la Biblia como, por ejemplo, el mundo de los espíritus, la caída del hombre, los milagros y la deidad de Jesús.

Es evidente que esta teoría, lejos de resolver algunos problemas con respecto a la inspiración, plantea otros mayores. Porque si hombres falibles interpretaron mal la revelación divina que consignaron, ¿quién nos asegura que los teólogos modernos, falibles también, la interpretan correctamente? ¿Y si son éstos y no aquéllos los que están equivocados? El lector de la Biblia se ve enfrentado así a una terrible incertidumbre en la que arriesga su destino eterno.

La moderna definición de mito es solamente un juego de palabras para negar la historicidad de la Escritura, puesto que no hay mayor diferencia entre un mito y una leyenda. En realidad los mitos son más bien deformaciones de *realidades espirituales e históricas*, como se puede observar en la gran semejanza de algunos relatos paganos con los de la Biblia. De esta deformación de la verdad da testimonio el apóstol Pablo en Romanos 1:21-23, 25.

En cuanto a la historicidad y realidad de la Escritura, podemos decir lo siguiente en su favor:

• Lejos de escribir mitos, los escritores sagrados atacaron con vehemencia las mitologías de su época, denunciando la falsedad de los dioses imaginados por los paganos (2 Reyes 19:18; 1 Crónicas 16:26; 2 Crónicas 13:9; Isaías 37:19; Jeremías 2:11; 16:20; Hechos 17:18; 1 Corintios 8:5, 6; Gálatas 4:8). Este es un caso único en la literatura de las religiones antiguas, pues los paganos aceptaban como reales los dioses de otras naciones, inclusive Jehová.

Además, algunos escritores distinguieron claramente entre la verdad que presentaban y los mitos que circulaban en aquel entonces (1 Timoteo 4:7; 2 Pedro 1:16). Aún más, algunos escribieron como testigos oculares y veraces de los hechos que relatan (Juan 19:26, 35; 21:24; 2 Pedro 1:16-18; 1 Juan 1:1-3; Apocalipsis 22:8). Otro, que no fue testigo pero investigó minuciosamente la vida de Jesús, afirma que los hechos que narra son "ciertísimos", la "verdad" e "indubitables" (Lucas 1:1-4; Hechos 1:3).

• Jesús mismo, de quien Pedro diría más tarde que "no se halló engaño en su boca", confirmó la historicidad de muchos pasajes bíblicos que se han considerado míticos, entre los cuales aparece comprometida la existencia de hombres como Adán, Noé, Lot, Elías y

Jonás (Mateo 12:40; 19:4; Lucas 4:25; 17:26, 28; 1 Pedro 2:22).

• La arqueología ha confirmado también muchos de los relatos bíblicos. Pero entre los relatos no confirmados arqueológicamente (como la creación de Adán y la resurrección de Jesús) y los confirmados (como la conquista de Jerusalén por los babilonios) no se nota ninguna diferencia.

• La repetición de milagros similares a los de los tiempos apostólicos en los avivamientos modernos confirman la historicidad de aquéllos.

• Por último, el cumplimiento de antiguas profecías en nuestros días es fiel garantía del cumplimiento futuro de otras que también se han considerado mitos, como la segunda venida de Jesús.

c. *Inspiración mecánica o dictado.* Esta teoría enseña que los escritores de la Biblia fueron elementos tan pasivos en el proceso de la inspiración que sólo se limitaron a consignar las palabras que Dios les dictaba. Dicho de otra manera, fueron simples amanuenses de Dios, una especie de teletipos vivientes que escribían automáticamente bajo los impulsos divinos. Aunque es posible que algunos sostengan que Dios inspiró la Escritura de este modo, los que no creen en la inspiración verbal acusan a todos los evangélicos de creer en esta teoría.

No hay duda de que algunos de los libros de la Biblia fueron escritos al dictado; pero los que dictaron fueron hombres, si bien hombres dirigidos por Dios (Jeremías 36:4, 32; Romanos 16:22). Con todo, es muy probable que Dios le dictara la ley a Moisés en el monte Sinaí, ya que hablaba con él cara a cara (Exodo 24:4; 34:27). Asimismo puede haberle dictado las siete cartas a Juan y sus profecías a algunos de los profetas, las que posteriormente compilaron (Apocalipsis 2:1, 8, 12, 18; 3:1, 7, 14).

Hay, sin embargo, demasiadas evidencias del toque personal de los escritores en los diferentes libros sagrados para suponer que Dios los utilizó a todos como lo hizo con la mano que escribió en el banquete de Belsasar (Daniel 5:5). Juan escribió también sus *impresiones* sobre lo que Dios le mostró y no sólo las palabras que El le dictó (Apocalipsis 1:11, 19; 14:13). No es posible que Dios le haya dictado a Pablo las primeras palabras de 2 Timoteo 4:13, las cuales reflejan sólo la preocupación del apóstol por estar más cómodo en la prisión. Todo lo dicho nos lleva a la conclusión de que esta teoría podría explicar cómo fue escrita una parte de la Escritura, pero no la totalidad de ella.

d. *Inspiración dinámica o conceptual.* Como reacción ante las deficiencias de la teoría anterior surgió la que enseña que no fueron inspiradas las palabras de la Biblia sino los pensamientos de los escritores, los cuales los expresaron luego en sus propias palabras.

El problema principal de esta teoría es su imposibilidad lingüística. Las ideas y las palabras están tan íntimamente ligadas entre sí que ni siquiera podemos pensar sin emplear éstas. Cuando a alguien le sugerimos una "idea" se la comunicamos con *palabras*, lo cual no es obstáculo para que esa persona la exprese en sus propios términos. Así también Dios empleó palabras para comunicar sus pensamientos a los escritores.

El segundo problema de esta teoría es que no concuerda con lo que dice la Biblia. Muchos ejemplos nos muestran que los escritores consignaron las *palabras* de Dios.

Un tercer problema es que, al igual que la teoría de la inspiración parcial, ésta también deja al lector en la incertidumbre. ¿Qué seguridad tenemos de que los escritores sagrados, falibles como todo ser humano, no tergiversaron el mensaje de Dios al expresarlo en sus propias palabras?

e. *Inspiración divina, verbal y plenaria*. Esta es la teoría tradicional del cristianismo y la única que concuerda con los hechos y enseñanzas de la Biblia (véase el capítulo siguiente). Ella sostiene que la Biblia es inspirada por *Dios* y no por los hombres, que esta inspiración abarca las *palabras* de la Biblia y no tan sólo los pensamientos de los escritores sagrados y que *todas* las partes de la Biblia "son igualmente inspiradas, incluyendo su historia, poesía, profecía y doctrina".[1] Para esto, el Espíritu Santo, que moraba en los escritores sagrados, los dirigió empleando sus diferentes personalidades de tal modo que cada uno escribió en su propio estilo exactamente lo que Dios se había propuesto que escribieran. Esta supervisión del Espíritu se extendió a la mente y las manos de los escritores, capacitándolos así para pensar como Dios, recordar fielmente las revelaciones divinas y sus propias reminiscencias, extractar la verdad de las diversas fuentes de información y redactar sus obras sin errores ni omisiones.

La teoría de la inspiración verbal no enseña que los escritores fueran elementos pasivos que registraron como teletipos las palabras divinas, sino que fueron colaboradores activos de Dios, consignando lo que a veces expresamente les dictaba[2] pero que por lo general misteriosamente les sugería.

2. Origen y desarrollo de las teorías

a. *Procedente del racionalismo*. Desde los tiempos de los apóstoles hasta nuestros días ha sido la creencia ininterrumpida de los cristianos que las palabras de la Biblia son las palabras de Dios. Pero en el siglo XVII, junto con algunos grandes logros científicos, se iniciaron diversos movimientos filosóficos que negaban toda posibilidad de una revelación divina. Por consiguiente, la Biblia fue considerada un libro puramente humano, si bien importante desde el punto de vista literario.

b. *En el liberalismo teológico.* Como un punto de vista conciliador entre el cristianismo histórico, que sostenía la inspiración divina de la Escritura, y el escepticismo, que propugnaba la inspiración natural, surgieron las primeras formas de la teoría de la inspiración parcial. Sus características predominantes fueron la supremacía de la razón humana y el rechazo de todo elemento sobrenatural en la Escritura, especialmente los milagros. Pero estas teorías pertenecían a un movimiento teológico conocido como "liberalismo" o "modernismo", el cual demostró su fracaso al estallar la Primera Guerra Mundial.

c. *En la neoortodoxia.* De las ruinas del viejo liberalismo nació el movimiento conocido popularmente como "neoortodoxia" y que presenta las formas contemporáneas de la inspiración parcial: la experiencia mística y la eliminación de mitos. Estas pretenden ser también una posición intermedia entre las obsoletas teorías de la inspiración del liberalismo y la inspiración mecánica, atribuida al movimiento evangélico, conocido también como "fundamentalismo".[3] La neoortodoxia rechaza el racionalismo del modernismo pero conserva su naturalismo, con lo cual niega también todo lo sobrenatural que contenga la Escritura.

Como sucedió con el liberalismo, la neoortodoxia también se ha vuelto más radical con el correr de los años, hasta el punto de que algunos de sus adherentes estiman que "Dios está muerto" o se autodenominan "ateos cristianos". La influencia de las modernas formas de la inspiración parcial se va extendiendo sutilmente a organizaciones eclesiásticas que antes creían en la plena inspiración de las Escrituras, las cuales como concesión han adoptado la teoría de la inspiración conceptual.

Afortunadamente no todo el cristianismo histórico ha capitulado ante la apostasía de los movimientos teológicos modernos. Un sector considerable sigue creyendo en la inspiración divina, verbal y plenaria de la Biblia. La arqueología está vindicando el carácter histórico de la Escritura y la historia contemporánea está cumpliendo sus profecías.

---

[1]Alice E. Luce, *Estudios en la introducción bíblica*, página 18.

[2]Es evidente que una persona que escribe al dictado no es un elemento pasivo, salvo que lo hiciera en trance. Tampoco se le violenta su personalidad, a menos que fuera forzada a escribir lo que no quiere. Ninguno de estos casos se aplica a los escritores sagrados, quienes eran hombres santos de Dios que estaban conscientes de lo que hacían y dispuestos a obedecerle.

[3]En el concepto más estricto de la palabra, el fundamentalismo no es igual en todo sentido al movimiento evangélico. (N. del R.)

BOSQUEJO DEL CAPITULO

Explicaciones sobre la influencia que dirigió a los escritores bíblicos

1. Exposición de las ideas
   a. Una influencia meramente natural
   b. Una influencia parcialmente divina
      1) Alumbrados divinamente
      2) Guiados por una percepción subconsciente
      3) Un acontecimiento subjetivo
      4) Apartamiento de lo sobrenatural ("desmitificación")
   c. Una influencia ejercida sobre instrumentos pasivos
   d. Una influencia que transmitió sólo ideas
   e. Una dirección activa de parte de Dios en todo lo que contiene la Biblia.
2. Historia de las explicaciones mencionadas
   a. Conclusiones de los escépticos
   b. Conclusiones de los modernistas
   c. Conclusiones de los neoortodoxos.

UN ENCUENTRO CON LAS VERDADES

Asociación de ideas. Asocie las palabras de la columna izquierda con las de la derecha. Vaya escribiendo delante de las palabras o frases de la columna derecha el número correspondiente a la asociada a ellas en la columna izquierda. Notará que las dos columnas no son de igual tamaño, por lo que quedarán algunas ideas sin asociar. Ninguna de las palabras o frases de una de las columnas deberá ser asociada con más de una en la otra columna.

1. Exposición de la teoría de la inspiración natural.
2. Refutación de la teoría de la inspiración natural.
3. Exposición de la teoría de la inspiración parcial.
4. Refutación de la teoría de la inspiración parcial.

_______ A. Las mismas palabras que escogieron los escritores de la Biblia no fueron inspiradas, aunque las ideas expresadas sí.

_______ B. Dios dictó algunos pasajes a algunos escritores; pero no siempre fue así, ya que se notan rasgos individuales de los autores en sus escritos.

_______ C. Dios ayudó a los escritores a comprender verdades divinas por diferentes niveles, como sigue haciendo hoy.

5. Exposición de la teoría de la iluminación divina.
6. Exposición de la teoría de la intuición natural.
7. Refutación de la teoría de la intuición natural.
8. Exposición de la teoría de la experiencia mística.
9. Refutación de la teoría de la experiencia mística.
10. Un concepto tomado de la teoría de la eliminación de mitos.
11. Refutación de la teoría de la eliminación de mitos.
12. Exposición de la teoría de la inspiración mecánica.
13. Refutación de la teoría de la inspiración mecánica.
14. Exposición de la teoría de la inspiración conceptual.
15. Refutación de la teoría de la inspiración conceptual.
16. Exposición del concepto de la inspiración divina, verbal y plenaria.

_______ D. Las ideas se expresan con palabras; no pensamos sin el empleo de ellas.

_______ E. La Biblia tiene muchas características que ningún ser humano sería capaz de proveer.

_______ F. Dios tomó parte en la creación, pero los escritores añadieron al texto conceptos de su tiempo y cultura.

_______ G. La Biblia enseña que lo escrito en ella está dirigido a lectores de aquel tiempo, pero también a generaciones posteriores.

_______ H. El lenguaje presenta problemas serios para la comunicación y, por lo tanto, la revelación de Dios es algo interior y personal.

_______ I. Los autores de la Biblia actuaron como si fueran grabadoras humanas.

_______ J. Algunas partes de la Biblia inspiran al lector más que otras, pero toda la Biblia es producto de la misma dirección divina.

_______ K. A veces los autores escribieron verdades que habían penetrado su espíritu sin que ellos las razonaran y otras veces consignaron asuntos de escaso valor para el lector moderno.

_______ L. La inspiración de la Biblia no depende de sus lectores sino de su Autor.

_______ M. Los escritores de la Biblia fueron motivados e iluminados como cualquier otro genio literario.

_______ N. Cristo confirmó lo verídico de muchos pasajes considerados míticos.

DE LA TEORIA A LA PRACTICA

1. ¿Qué autoridad tendrá la Biblia en la vida de aquel que cree que su inspiración fue de la misma clase que tuvo Cervantes al escribir su obra inmortal, *El ingenioso hidalgo Don Quijote de la Mancha?*
2. ¿Qué problema tienen en común las teorías de la intuición natural, eliminación de mitos e inspiración conceptual? ¿Cómo sirve este problema de refutación a estas teorías?
3. Si uno cree que la enseñanza bíblica de la omnipotencia de Dios, su omnisciencia y su omnipresencia fue inspirada por el mismo Dios, ¿qué actitud adoptará ante injusticias personales que se le hacen?
4. ¿Qué enseña la Biblia acerca de la actitud que debe tener un creyente frente a un empeoramiento de la situación mundial?

PROYECTOS PARA LA CLASE

1. Evaluar lo que los estudiantes hicieron en las secciones UN ENCUENTRO CON LAS VERDADES y DE LA TEORIA A LA PRACTICA.
2. Hacer que dos alumnos traigan a la clase ilustraciones tomadas de teólogos que han enseñado alguna teoría mencionada en este capítulo. Se podría consultar algún tratado sobre la teología contemporánea o alguna obra de un teólogo moderno. En cuanto a la teoría de la inspiración natural, se podrán encontrar argumentos en obras de filósofos que defienden el materialismo o el escepticismo.
3. Celebrar un simposio entre todos para decidir qué fuerza tendrán en el país los que proponen la primera teoría tratada en este capítulo, los proponentes de la segunda teoría, los de la tercera, y así sucesivamente.

Capítulo 9

UN ESTUDIO DE LA INSPIRACIÓN

Como nuestro concepto de la inspiración de la Biblia ejercerá gran influencia sobre lo que de ella apliquemos a nuestra vida, es sumamente necesario que acudamos a ella misma para conocer los verdaderos alcances de lo que afirma con respecto a su inspiración. ¿Qué explicación, pues, ofrece la Biblia acerca de su inspiración?

I. Su naturaleza

a. *Se describe la inspiración.* Hay dos pasajes de la Biblia que tratan de la inspiración.

1) "Toda la Escritura es *inspirada por Dios,* y útil para enseñar, para redargüir, para corregir, para instruir en justicia" (2 Timoteo 3:16).[1] En este pasaje la frase "inspirada por Dios" es la traducción de la voz griega *theópneustos,* la cual aparece una sola vez en el Nuevo Testamento. Desgraciadamente no es la mejor traducción, puesto que "inspirar" es también sinónimo de "aspirar"; en cambio *theópneustos* significa más bien "espirado por Dios". La palabra hebrea que corresponde a "inspiración" es *neshamah* y sólo se halla en Job 32:8: "Ciertamente espíritu hay en el hombre, y el *soplo* del Omnipotente le hace que entienda."[2] Este pensamiento se deriva sin duda de Génesis 2:7. La idea que se quiere expresar en estos versículos es que Dios es el autor de la Biblia así como del hombre. Dicho en otras palabras, tal como el espíritu es el efecto del soplo de Dios en el hombre, así también la escritura es el efecto del soplo de Dios en la Biblia.

2) "Porque nunca la profecía fue traída por voluntad humana, sino que los santos hombres de Dios hablaron siendo *inspirados* por el Espíritu Santo" (2 Pedro 1:21). Tampoco en este caso la palabra "inspirados" es la traducción más feliz del vocablo griego *pherómenos,* que significa "movido", "impulsado" o "dirigido". Lo que el texto nos muestra aquí es que la profecía, o el mensaje de los profetas, no se originó en ellos mismos, sino en el Espíritu Santo que los impulsó a hablar.

A la luz de 2 Timoteo 3:16 y 2 Pedro 1:21 podemos ver que Dios espiró la Escritura y que el Espíritu Santo dirigió a los profetas. En cuanto a si las profecías fueron inspiradas por Dios y si los escritores fueron dirigidos por el Espíritu Santo, no hay mención expresa de ello en la Biblia. Pero, como lo veremos más adelante, en muchos versículos está implícita la realidad de estos actos divinos.

b. *Se define la inspiración.* No es fácil definir la inspiración a causa de la diversidad de sus manifestaciones, de la estrecha relación que guarda con otros actos afines de Dios y de lo inadecuado de los términos empleados. Los diccionarios la definen generalmente como iluminación y ciertos escritores la confunden con la revelación.

Si nos atenemos estrictamente a la declaración de 2 Timoteo 3:16, que recalca el mensaje escrito, la inspiración es el acto especial de Dios por el cual consignó sus palabras por medio de hombres escogidos para ello. Esta es más bien la definición bíblica de inspiración.

Pero si, basándonos en 2 Pedro 1:21, destacamos los mensajeros, la inspiración es el acto especial del Espíritu Santo por el cual guió a los escritores de la Biblia para que consignaran fielmente las palabras de Dios. De este tenor son más bien las definiciones teológicas de la inspiración.

Una definición inclusiva sería la siguiente: La inspiración es un proceso en el cual Dios habló y consignó sus palabras por medio de hombres dirigidos por el Espíritu Santo.

c. *Se ilustra la inspiración.* En Exodo 4:15, 16; 7:1, 2 se nos ilustra admirablemente el proceso de la inspiración. En ambos casos Moisés hace las veces de Dios, y Aarón de profeta o boca de Moisés. También en ambos casos Moisés comunica a su hermano un mensaje que éste ha de transmitir a otros. Bien sabemos con cuánta facilidad una persona puede tergiversar las palabras que oye de otra. Pero Aarón es más que un simple intérprete de Moisés; es su "boca". No ha de decir sus propias palabras, sino las de Moisés. Del mismo modo los profetas fueron la boca de Dios; no dijeron sus propias palabras sino las que Dios hablaba por ellos. Así lo confirma Hebreos 1:1 diciendo: "Dios, habiendo hablado por los profetas."

Según esta ilustración, en el proceso de la inspiración intervienen tres factores: Dios, el profeta y el mensaje o profecía. Dios es el agente de la inspiración; el profeta, el medio de la inspiración, y el mensaje, el producto de la inspiración. Con respecto al mensaje, Dios es el autor, y el profeta el transmisor.

d. *Se distingue la inspiración.* A menudo se confunde la inspiración con otros actos de Dios como la revelación y la iluminación.

• La revelación tiene que ver con la comunicación de la verdad divina. Hay verdades que el hombre no podría descubrir por sí mismo. Son éstas las que Dios comunicó a sus siervos de maneras tan diversas como: apariciones, ángeles, visiones, sueños, voces, el Espíritu de Dios (Génesis 12:7; Lucas 24:14, 15; Daniel 10:5-8; Hechos 8:26; Isaías 6:1; Hechos 10:11-16; 1 Reyes 3:5; Mateo 1:20; 1 Samuel 3:4-14; Marcos 1:11; 1 Reyes 19:9-12; Hechos 8:29).

Gran parte de la Biblia consiste en verdades reveladas. Sin embargo, otras verdades, como las genealogías, los censos y la historia de los reyes, fueron extractadas sin duda de documentos existentes en aquel entonces. Aun otras, como el éxodo, la conquista de Canaán y la vida de Jesús, fueron las reminiscencias consignadas por los testigos oculares.

• La inspiración tiene que ver con la transmisión de la verdad divina. Dios reveló a los profetas y apóstoles algunas verdades que a su vez debían comunicar a otros (Exodo 14:3; 1 Corintios 11:23). A fin de que las transmitieran fielmente, inspiró estas verdades en ellos de tal modo que lo que expresaron, oralmente o por escrito, era lo mismo que Dios les había revelado (2 Samuel 23:1, 2; Exodo 24:4).

• La iluminación tiene que ver con la comprensión de la verdad divina. Un profeta podía recibir y hasta transmitir una revelación de Dios sin comprenderla (Daniel 12:8; 1 Pedro 1:10, 11). Los mismos discípulos de Jesús no comprendieron al principio algunas de sus enseñanzas (Lucas 9:44, 45). Pero El les alumbraba los ojos de su entendimiento, explicándoles en privado lo que no habían comprendido (Mateo 13:36-43). Otro tanto hizo con los discípulos que iban a Emaús (Lucas 24:27, 32).

Un pasaje de las Escrituras que nos muestra claramente la diferencia que hay entre la revelación, la inspiración y la iluminación es el de 1 Corintios 2:10-15. Los versículos 10-12 se refieren a la revelación, el versículo 13 a la inspiración, y los versículos 14, 15, a la iluminación.

Hay un contraste evidente entre la revelación y la inspiración:

EN LA REVELACION	EN LA INSPIRACION
Dios habla al profeta	Dios habla por el profeta
Dios habla y el profeta oye (1 Samuel 3:10)	El profeta habla y la gente oye (Isaías 1:2)
El profeta es recipiente de la revelación	El profeta es vehículo de la revelación

Asimismo hay una obvia diferencia entre la iluminación y la inspiración:

LA ILUMINACION	LA INSPIRACION
Puede ser gradual	Es completa
Está al alcance de todos los creyentes	Está al alcance de los profetas y apóstoles
Algunos escritores sagrados la recibieron	Todos los escritores sagrados la recibieron

2. Sus formas

Puesto que Dios habló de "muchas maneras", no nos debe sorprender que la inspiración asuma diferentes formas (Hebreos 1:1). Podemos considerar éstas desde tres perspectivas: su origen, su intensidad y su manifestación.

a. *Su origen.* La inspiración es un acto privativo de Dios.[3] En este sentido no hay varias formas de inspiración sino una sola, puesto que toda *verdadera* inspiración sólo procede de Dios. Pero conviene que el estudiante de la Biblia sepa que hay *falsificaciones* de la inspiración. A veces estas falsificaciones pueden proceder del hombre mismo, como en el caso de Hananías (Jeremías 28). Dios amonesta severamente a estos falsos profetas y a los que los escuchan (Jeremías 23:9-40). Es posible que el *Corán* y el *Libro de Mormón* se deban también a esta falsa inspiración. En otros casos la falsificación puede ser de origen satánico, como en los profetas de Acab (1 Reyes 22:10-23). El Señor Jesús y el apóstol Juan nos advierten con respecto a ellos (Mateo 24:24-26; 1 Juan 4:1).

b. *Su intensidad.* A veces la inspiración asumía un carácter compulsivo. El profeta no podía hacer otra cosa que hablar lo que Dios quería (Números 24:12, 13; Jeremías 20:7-9). Pero otras veces la inspiración era tan sutil que la persona que hablaba o escribía no se daba cuenta de que lo hacía dirigida por el Espíritu de Dios. Esto es lo que sucedió con Caifás (Juan 11:49-51). Sin duda ocurrió también con Lucas cuando, luego de investigar con diligencia, se dispuso, como uno más entre muchos, a escribir un relato sucinto y ordenado de la vida de Jesús (Lucas 1:1-4).

c. *Su manifestación.* La inspiración se manifestó en dos formas: oral y escrita. Aunque la Biblia relaciona la inspiración solamente con la palabra escrita, es evidente que tanto la palabra oral como la escrita tienen su origen en Dios. Las dos manifestaciones de la inspiración se relatan en Exodo 24:3-7: Primero Moisés "contó al pueblo todas las palabras de Jehová". Y al escucharlas, el pueblo las reconoció como "las palabras que Jehová ha dicho". Después Moisés "escribió todas las palabras de Jehová" en el libro del pacto y las leyó al pueblo, el cual otra vez las reconoció como "las cosas que Jehová ha dicho". Que la "palabra profética" no fue escrita por la iniciativa humana sino por un impulso divino lo vemos asimismo en Jeremías 30:1, 2; 36:1, 2. En ambos casos el escrito debía contener las palabras que Jehová había hablado a Jeremías.

Hay, sin embargo, una diferencia entre la palabra inspirada oral y la escrita. En la primera el profeta comunica generalmente sólo lo que Dios le ha revelado. En la segunda el escritor añade, además, algunos datos relacionados con el mensaje que comunica (título, fecha, circunstancias, glosas) e interpola sus sentimientos. Otras veces escribe historias, poemas, discursos y cartas o consigna censos y genealogías. Pero todo ello lo hace bajo la misteriosa acción del Espíritu de Dios.

3. Sus características

De 2 Timoteo 3:16 podemos deducir tres características de la inspiración, las cuales tienen directa relación con las Sagradas Escrituras.

a. *Es divina.* "Toda la Escritura es inspirada por *Dios.*"

1) Descripción de la inspiración divina. La declaración involucra que la Escritura es de origen divino, y por lo tanto, es el libro de Dios. Que Dios escribe lo confirman las tablas de la ley escritas con el "dedo de Dios" y cuya escritura era "escritura de Dios" (Exodo 31:18; 32:16). Pero a Dios le plugo más escribir por medio de instrumentos humanos. Así es como vemos que tanto Moisés como Juan (primer escritor y último de la Biblia, respectivamente) recibieron expresas órdenes de Dios de escribir lo que El les decía (Exodo 17:14; 34:27; Apocalipsis 1:10, 11; 14:13; 21:5). Mandatos similares recibieron Isaías, Jeremías, Daniel y Habacuc (Isaías 8:1; 30:8; Jeremías 30:1, 2; 36:1, 2, 27, 28; Daniel 12:4; Habacuc 2:2). Pablo no afirma haber recibido la orden de escribir, pero sí declara que las cosas que escribe son "mandamientos del Señor" (1 Corintios 14:37).

2) Carácter de la inspiración divina. La inspiración de la Biblia, con ser divina, no es incompatible con el uso de fuentes humanas en la comunicación de la verdad; pues al fin y al cabo, toda verdad procede de Dios (Deuteronomio 32:4; Romanos 3:4). Y El, que "mandó que de las tinieblas resplandeciese la luz", puede también comunicar la verdad por medio de un profeta (2 Corintios 4:6). Siendo Dios soberano, se vale de un rey pagano, un sacerdote impío y hasta de un asna para transmitir un mensaje (Números 24:17; 2 Crónicas 35:21, 22; Juan 11:50; Números 22:28).

No nos debe sorprender, pues, que los escritores sagrados usaran documentos de origen humano en la composición de sus obras si Dios los impulsó a hacerlo. Moisés citó del "libro de las batallas de Jehová" (Números 21:14). Josué y el escritor de Samuel se valieron del "libro de Jaser" (Josué 10:13; 2 Samuel 1:18). Los autores de los Reyes y Crónicas mencionan un gran número de escritos como sus fuentes literarias. Lucas se refiere a los numerosos relatos en que se basó para escribir su evangelio después de investigar exhaustivamente su verosimilitud (Lucas 1:1-3). Pablo cita expresamente de dos escritores paganos (Hechos 17:28; Tito 1:12). Judas cita de dos escritos apócrifos (Judas 9, 14). Desde luego, el hecho de que los escritores sagrados citen de estos documentos no significa que Dios aprueba todo lo que en ellos está escrito.

b. *Es verbal.* "Toda la *Escritura* es inspirada por Dios."

1) Descripción de la inspiración verbal. La declaración de Pablo significa que las palabras mismas de la Biblia son inspiradas, puesto que todo escrito está constituido por palabras. La Biblia misma nos ofrece abundantes ejemplos al respecto.

Moisés *escribió* todas las "palabras de Jehová" (Exodo 24:4). Jeremías recibió la orden de escribir en un libro todas las *palabras* que Dios le había hablado (Jeremías 30:2; 36:2). Juan escribió un libro cuyo contenido consiste en palabras proféticas, esto es, palabras inspiradas (Apocalipsis 1:2; 22:18, 19).

2) Confirmación de la inspiración verbal. Es notable que tanto Jesús como Pablo hicieron uso en reiteradas ocasiones de pasajes en que su sentido o un argumento dependen de la forma de una sola palabra. Algunos ejemplos son:

• "Yo soy el Dios de Abraham, el Dios de Isaac, y el Dios de Jacob" (Mateo 22:32). Citando de Exodo 3:6, Jesús demuestra que los patriarcas están vivos porque el verbo *ser* está en tiempo presente en vez de pretérito.

• Pablo cita de Génesis 12:7 en Gálatas 3:16, recalcando que la Escritura emplea la palabra *simiente* en número singular y no en plural. De este accidente gramatical Pablo argumenta que la palabra se refiere a una sola persona, que es Cristo.

Ciertamente no tendrían objeto estas disquisiciones sobre las palabras de la Escritura si éstas no fueran inspiradas por Dios.

Además, Jesús concedió tanta importancia a las palabras de la Escritura que declaró que ni un tilde (la parte más pequeña de una letra hebrea) de ella perdería su validez (Mateo 5:18; Lucas 16:17). En cuanto a sus propias palabras, Jesús dijo que no pasarían (Mateo 24:35). Esto no sería verdad si los dichos de Jesús consignados por los evangelistas no fueran realmente las palabras de El.

3) Carácter de la inspiración verbal. La inspiración de las palabras de la Biblia no es incompatible con el uso de diferentes maneras de consignarlas. El mismo Dios que habló de "muchas maneras" por los profetas y que se manifiesta en "diversidad de operaciones" no puede estar limitado a una sola manera de expresarse (Hebreos 1:2; 1 Corintios 12:6).

• A veces se usan diferentes *expresiones* para decir una misma cosa desde distintos puntos de vista. Esto explica las diferencias existentes entre los libros de 2 Samuel y Reyes con los de Crónicas y las que hay entre los cuatro evangelios. (Compárese, por ejemplo, 2 Samuel 6:1-11 con 1 Crónicas 13:5-14; 1 Reyes 9:1-9 con 2 Crónicas 7:11-22 y Mateo 8:1-4 con Marcos 1:40-45; Lucas 5:12-16.) Pero más notoria se hace esta diversidad de expresiones en las citas de parlamentos y documentos. Por ejemplo, tenemos tres versiones distintas de palabras tan importantes como las de Pedro sobre la identidad de Jesús; dos de la voz del cielo en el bautismo de Jesús; cuatro del título puesto sobre la cruz de Jesús, y dos de los Diez Mandamientos (Mateo 16:16; Marcos 8:29; Lucas 9:20; Mateo 3:17; Marcos 1:11; Mateo 27:37; Marcos 15:26; Lucas 23:38; Juan 19:19; Exodo 20:3-17; Deuteronomio 5:6-11).

• Cada escritor sagrado tiene su propio *estilo* de consignar las palabras de Dios. En el Antiguo Testamento éstas fueron puestas en la boca de Isaías así como de Jeremías; pero ¡qué diferente es el estilo poderoso de aquél al plañidero de éste! Así también en el Nuevo Testamento observamos que Pablo es profundamente teológico; Santiago, notoriamente práctico, y Juan, sumamente sencillo. Propia del estilo de Mateo es la frase "el reino de los cielos", así como la palabra "Verbo" lo es del de Juan.

• El Dios de la diversidad imparte asimismo sus enseñanzas por medio de distintos *géneros literarios* y *figuras retóricas*. No sólo habla por la profecía con su clásico distintivo: "Así dice Jehová." También lo hace por los libros históricos, que relatan lo que El dijo, por las epístolas y hasta por los libros poéticos (1 Corintios 14:37; Hebreos 1:5-14). Por ejemplo, el perdón de las ofensas se enseña por medio de un relato, una parábola y una proposición (1 Samuel 26; Mateo 18:23-35; Mateo 6:14, 15).

Bien podríamos parafrasear a Pablo, diciendo: Hay diversidad de estilos; pero el Espíritu es el mismo. Y hay diversidad de géneros literarios; pero el Señor es el mismo. Y hay diversidad de expresiones, pero Dios, que las inspira todas, es el mismo.

c. *Es plenaria*. "*Toda* la Escritura es inspirada por Dios."

1) Descripción de la inspiración plenaria. Con esto queremos decir,

como lo afirma el texto bíblico, que la totalidad de la Escritura es inspirada y no solamente una parte de ella. Moisés testifica que escribió "*todas* las palabras de Jehová" (Exodo 24:4). También Baruc escribió en un rollo "todas las palabras que Jehová le había hablado" a Jeremías (Jeremías 36:4). Podemos suponer que los demás profetas del Antiguo Testamento escribieron *todo* lo que Dios les mandó y *nada más,* pues sabían que no debían añadir a la palabra de Dios ni disminuir de ella (Deuteronomio 4:2).

Jesús confirmó la inspiración de todo el Antiguo Testamento. Lo consideró palabra profética: "*Todo* lo que los profetas han dicho" (Lucas 24:25). Identificó la ley y los profetas con "*todas* las Escrituras" (Lucas 24:27). Proclamó su cumplimiento: ". . .era necesario que se cumpliese *todo* lo que está escrito de mí en la ley de Moisés, en los profetas y en los salmos" (Lucas 24:44).

En cuanto al Nuevo Testamento, ya sabemos que los apóstoles mismos lo consideraban Escritura y, por lo tanto, inspirado por Dios (2 Timoteo 3:16; 2 Pedro 3:16).

2) Carácter de la inspiración plenaria. El hecho de que toda la Escritura sea inspirada por Dios involucra que El es el autor de todo lo que está *escrito* o *registrado* en la Biblia. Pero es preciso distinguir entre lo que Dios *dice* y lo que simplemente *registra.* Por ejemplo, Dios no dice que no hay Dios; simplemente consigna lo que piensa el necio (Salmo 14:1). Esto nos lleva a la conclusión de que no todo el *contenido* de la Biblia es inspirado, pero sí todo su *registro.* La Biblia contiene, además de las palabras de Dios, las de los escritores mismos, los siervos de Dios, los impíos, los ángeles, los demonios y hasta Satanás. Generalmente estas palabras no son inspiradas por Dios, pero sí lo es el registro de ellas.

Es fácil deducir que las palabras de Satanás, los demonios y los impíos no son de Dios (aunque de los últimos, Balaam y Caifás profetizaron por especial disposición divina). Pero el estudiante de la Biblia debe saber que *no siempre* fueron inspiradas las palabras que hablaron los profetas, sino sólo cuando vino a ellos la palabra de Dios. Un caso muy notable lo encontramos en 1 Crónicas 17:1-14 cuando el profeta Natán aprobó el plan del rey David con las palabras: "Haz todo lo que está en tu corazón, porque Jehová está contigo." Esa misma noche Dios le ordenó a Natán que comunicara al rey que no llevara a cabo su proyecto. Otros ejemplos tenemos en 1 Reyes 13:10; 22:15; Jeremías 38:25-27. En cuanto a las palabras de los hombres piadosos, los discursos de Job y sus amigos fueron desaprobados por Dios (Job 38:1-3; 40:1, 2; 42:7).

Párrafo aparte merece el libro de Eclesiastés, en el cual abundan expresiones que obviamente contradicen otras enseñanzas de la Biblia (2:24; 3:3, 19-21; 7:16, 17; 8:15; 9:5). En este caso es el escritor mismo el que profiere estas palabras. ¿Cómo, pues, puede ser inspirado por Dios un libro de tal naturaleza? Entendiendo que el escritor, dirigido por el Espíritu Santo, escribió su discurso desde el *punto de vista* de un escéptico que tras muchos razonamientos, equivocados a veces, llega por fin al conocimiento de la verdad (Eclesiastés 12:13).

4. Sus consecuencias

"Toda la Escritura es inspirada por Dios" es una proposición de la que se deduce una serie de consecuencias sumamente importantes. Llegan a ser las más controvertidas en relación con la Biblia. La consecuencia directa es que la Escritura es la palabra de Dios, de la cual se infieren a su vez otras como lo podemos ver en el siguiente diagrama:

LA ESCRITURA

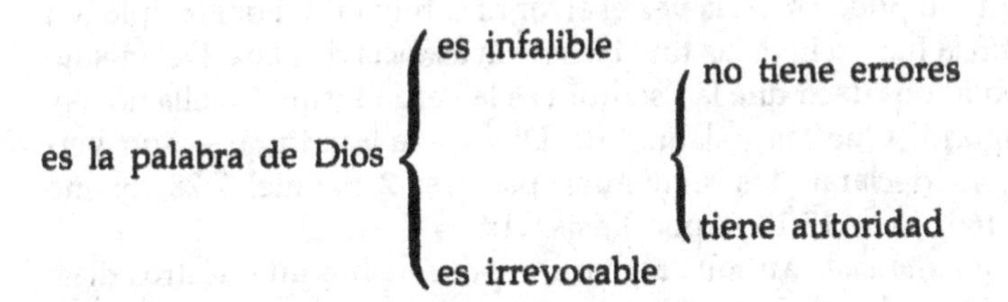

a. *Es la palabra de Dios.* Arduos esfuerzos hacen algunos para distinguir entre la Escritura y la palabra de Dios como si fueran dos cosas diferentes. Es cierto que ningún pasaje bíblico afirma expresamente que la Escritura es la palabra de Dios; pero si la Escritura es "espirada" por Dios, es obvio que sale de la "boca" de Dios. Y lo que sale de su boca es su palabra (Deuteronomio 8:3; Mateo 4:4; Isaías 55:1). Esta misma verdad está confirmada en Salmos 119:72, donde se identifica la ley escrita siglos antes por Moisés con la ley de la boca de Dios. Además, según 2 Pedro 1:19-21 la Escritura es "palabra profética" y sabemos que ésta no procede del hombre, sino de Dios. Por lo tanto, a consecuencia de la inspiración, toda la Escritura es la palabra de Dios.

b. *Es infalible.* Esta palabra significa "que no puede errar o equivocarse". La infalibilidad pertenece primeramente a Dios, quien es esencialmente perfecto, verdadero y veraz (Mateo 5:48; Deuteronomio 32:4; Salmo 31:5; Juan 7:28; 8:26; 1 Juan 5:20; Apocalipsis 6:10;

Romanos 3:4). Es evidente, pues, que lo que dice Dios tiene que ser infalible, cualidad de la que lógicamente participa la Escritura por ser la palabra de Dios. Para algunos esto es hacer de la Biblia un "papa de papel", puesto que la infalibilidad de la Escritura es la base de la autoridad de ella. Aunque Jesús no empleó el término "infalible", confirmó que la Escritura sí lo es. El concepto está implícito en su declaración: "La Escritura no puede ser quebrantada" (Juan 10:35).[4] Esta declaración significa que nadie puede contradecir o refutar lo que ella dice. Lo que está escrito tiene que ser así, porque Dios lo dice.

c. *No tiene errores.* La ausencia de errores en la Escritura es una consecuencia lógica de su infalibilidad. Algunos, sin embargo, han argumentado que la Biblia, si bien afirma ser inspirada, no declara estar exenta de errores. Efectivamente ningún versículo declara que la Escritura no tiene errores. No obstante, la falta de tal declaración no significa que los tenga. La Biblia se refiere pocas veces al error; pero tiene mucho que decir sobre la verdad. Estos se oponen entre sí y por lo tanto son mutuamente excluyentes; de modo que si la Escritura es la verdad, no puede ser a la vez el error ni contenerlo. Por ejemplo, en 1 Juan 1:5 la luz excluye las tinieblas de la esencia de Dios. Del mismo modo podemos decir que la Escritura es la verdad y que en ella no hay error alguno. Que las palabras de Dios — la Escritura — son verdaderas lo declaran los siguientes pasajes: 2 Samuel 7:28; Salmo 119:43, 160; Juan 17:17; Apocalipsis 21:5.

d. *Tiene autoridad.* Aunque rechazada por muchos en nuestros días, la autoridad de la Escritura es una consecuencia directa de su infalibilidad e indirecta de su inspiración. Como creador y sustentador de todas las cosas, Dios es la suprema autoridad del universo (Salmo 10:16; 1 Timoteo 1:17; 6:15). Es muy lógico, pues, que su palabra tenga también la máxima autoridad, como lo muestra admirablemente Isaías 1:2: "Oíd, cielos, y escucha tú, tierra; porque habla Jehová." En ambos testamentos los escritores sagrados se refieren a la Escritura como la norma a la cual tienen que *conformarse* la fe y la conducta (Isaías 8:20; 1 Pedro 4:11; Josué 1:8; 2 Reyes 14:6; 17:13; 22:13; Esdras 6:18; Lucas 2:24; 2 Corintios 4:13; Santiago 2:8). Pero es especialmente el Nuevo Testamento el que nos presenta la Escritura como la suprema autoridad a la cual apelan Jesús, los apóstoles y los mismos judíos para resolver asuntos de fe y conducta. Jesús la citó para resistir al diablo, para establecer la verdad de la resurrección en su disputa con los saduceos y para vindicar su autoridad al purificar el templo (Mateo 4:4, 7, 10; Marcos 12:26; Lucas 19:46). En ella se basó Pablo para argumentar con los judíos y a ella acudieron éstos para saber la verdad (Hechos 17:2, 3, 11).

e. *Es irrevocable.* La Escritura no puede quedar sin efecto. Siempre tendrá que cumplirse. El carácter irrevocable de la Biblia es también una consecuencia indirecta de su inspiración divina y directa del hecho de ser la palabra de Dios: "Porque yo Jehová hablaré, y se cumplirá la palabra que yo hable" (Ezequiel 12:25). Josué y Salomón dan testimonio de que todo lo que escribió Moisés se cumplió a su debido tiempo (Josué 21:45; 1 Reyes 8:56). Con respecto a lo que escribieron los profetas, hay abundante testimonio en el Antiguo Testamento con la frase "para que se cumpliese la palabra de Jehová".

En el Nuevo Testamento las palabras "para que se cumpliese lo dicho por el profeta" llaman la atención a la verdad antes mencionada. En efecto, Jesús confirmó el carácter irrevocable de todo lo escrito en el Antiguo Testamento en Mateo 5:18; Lucas 16:17; 24:44. También Pedro y Pablo se refirieron a esta cualidad de la Escritura en Hechos 1:16 y 1 Corintios 15:54, respectivamente. De las palabras de Jesús consignadas en el Nuevo Testamento El mismo dijo: "El cielo y la tierra pasarán, pero mis palabras no pasarán" (Mateo 24:35; Marcos 13:31; Lucas 21:33).

5. Su extensión

Mucho se ha discutido sobre la extensión o alcance de la inspiración. Con todo eso, los diferentes puntos de vista se pueden agrupar en dos categorías, que son: a) los escritores, amanuenses y escritos y b) los originales, copias y traducciones.

a. *Escritores, amanuenses y escritos.* Algunos consideran que sólo fueron inspirados los escritores y amanuenses[5] de la Biblia pero no necesariamente sus escritos. En su opinión, lo que ella dice no es más que el producto de las personas inspiradas. Otros creen que solamente la Escritura es inspirada pero no los escritores. ¿Qué importancia pueden tener estas diferencias de opinión? Mucha; porque los que no creen en escritos inspirados sostienen que cada escritor inspirado escribió en sus propias palabras lo que Dios le reveló. Los que sí creen en escritos inspirados afirman que aun las palabras de éstos fueron dadas por Dios. ¿Qué dice la Biblia al respecto?

El problema surge principalmente debido a las palabras que no representan fielmente los vocablos griegos correspondientes, como "testamento" e "inspirado", por ejemplo. Si según 2 Timoteo 3:16 entendemos por inspiración el acto por el cual Dios "espiró" la Escritura, entonces sólo los escritos fueron inspirados; pero si conforme a 2 Pedro 1:21 concebimos la inspiración como el acto por el cual el Espíritu Santo "dirigió" a los escritores sagrados, solamente ellos fueron inspirados. Por otra parte, si consideramos la inspiración como un proceso en el cual la actividad divina se diversificó en los escritores y los escritos — esto es, que hombres "dirigidos" por el Espíritu Santo produjeron escritos "espirados" por Dios — podemos decir que tanto unos como otros son inspirados.

b. *Originales, copias y versiones.* Con respecto a si la inspiración se limita a los escritos originales de la Biblia o se extiende también a las copias y versiones, conviene evitar dos puntos de vista extremos. Por una parte hay los que creen que las copias y versiones son inspiradas en las mismas condiciones que los originales. Dicen que Dios guió a los escritores así como a los copistas y traductores. Filón, el filósofo judío de Alejandría, sostenía que la versión de los Setenta era tan inspirada como las Escrituras hebreas. Pero por otra parte el concepto generalizado entre los actuales pensadores evangélicos es que son inspirados solamente los originales de las Escrituras.

El descubrimiento de evidentes errores, o más bien erratas, en el texto[6] en que se basan las versiones de la Biblia a los idiomas modernos provocó, sin embargo, lo que algunos han considerado una retirada desde la trinchera de las copias con errores a la de inexistentes originales sin errores. Pero si bien es cierto que nadie ha visto en nuestros tiempos un original sin errores, también lo es que nadie ha visto uno con errores. No obstante, por medio de la crítica textual, ciencia relativamente moderna, se ha logrado reconstruir casi todo el texto original de la Escritura, comparando los diferentes manuscritos que hoy existen. Y de paso se ha demostrado que las copias son asombrosamente fieles, excepto en detalles de poca importancia y que por lo mismo no afectan al mensaje de la Escritura.

¿Tenían erratas los manuscritos de los tiempos de Jesús? Probablemente no si éstos eran copias autorizadas u oficiales, cuidadosamente escritas para ser leídas en las sinagogas. Es muy elocuente el hecho de que Jesús, que censuró a los judíos por invalidar la palabra de Dios e ignorar las Escrituras, no los acusara de corromperlas o descuidarlas (Marcos 7:13; Mateo 22:19). Pero si por causa de la falibilidad de los copistas y traductores los manuscritos hebreos tenían erratas o los griegos errores de traducción, ni Jesús ni los apóstoles parecen haberle dado importancia a este hecho.[7]

Al fin y al cabo, no acostumbramos culpar a los autores por las erratas de los impresores o los errores de los traductores. ¿Por qué habríamos de negar la inspiración de un manuscrito o de una actual versión de la Biblia por el simple hecho de tener unas cuantas erratas? Si los antiguos hubieran conocido y usado las fotocopias para conservar las Escrituras, ¿entonces sí creeríamos que las copias de éstas eran inspiradas por ser reproducciones exactas de los originales? ¿Haríamos depender su inspiración de un artificio mecánico?

No sabemos por qué no fueron preservados los manuscritos originales. Tal vez Dios mismo permitió que fueran destruidos para que las generaciones futuras no los adoraran como lo hicieron los israelitas con la serpiente de bronce (2 Reyes 18:4). Esto explicaría también la desaparición de otras reliquias sagradas como las tablas de la ley y el arca del pacto. Tampoco sabemos por qué no preservó Dios del error a los copistas. ¿O hay en ello una velada advertencia a los eruditos para que no "cuelen el mosquito", dando más importancia a las minucias de la Escritura que al mensaje que ella contiene?

6. Su modo de operar

Que la Escritura es inspirada es un hecho indisputable; pero ¿cómo se efectuó esa inspiración? ¿Cómo hizo Dios para producir escritos infalibles por medio de hombres falibles? A esto sólo podemos decir que no sabemos, porque los escritores sagrados no abundan en detalles al respecto. Quizás ni ellos mismos lo supieron. Si los hombres de ciencia no han descubierto muchos misterios, no nos debe sorprender, pues, que el hombre no haya podido sondear los hechos de la Deidad. Pablo tuvo en cierta ocasión una gran revelación de Dios, pero no pudo explicar cómo la recibió (2 Corintios 12:1-4). El lector puede haber presenciado y hasta experimentado un asombroso milagro de sanidad que ni él ni un médico pueden explicar.

Ciertos dones del Espíritu Santo, como el hablar en lenguas, la profecía y la interpretación de lenguas, nos dan en nuestros días una idea de cómo fueron inspiradas oralmente las palabras de Dios. Pero no así en cuanto a los escritos inspirados. No tenemos hoy una repetición de esta forma de inspiración. Parece haber sido única en la historia sagrada.

a. *Algunas explicaciones.* Entre las diversas explicaciones que se han dado al *modus operandi* de la inspiración, las principales son dos.

1) Interferencia divina. Según esta explicación, Dios interfirió en la personalidad de los escritores. Les dictó su mensaje palabra por palabra como si fueran amanuenses o se lo transmitió como si fueran teletipos vivientes. Esto explicaría la inspiración de cada palabra de la Escritura, pero no la diversidad de estilos ni el empleo de fuentes humanas. Tampoco explica por qué los escritores usaron ciertas palabras para expresar sus propios sentimientos u opiniones o para dirigirse a Dios (Salmo 59:14, 15; 69:2, 3; Isaías 6:5; 1 Corintios 1:16; 7:1; Gálatas 4:11; 5:12; 1 Timoteo 3:14; Exodo 4:10, 13; Jeremías 1:6).

Es evidente que Dios no les dictó las palabras siempre. El dictado pudo haber sido el método que Dios empleó para inspirar los Diez Mandamientos y algunas profecías, pero no toda la Escritura.

2) Dirección providencial. Dios dejó, según esta explicación, a los escritores en total libertad de acción para escribir en sus propias palabras las verdades divinas mientras El ejercía un dominio providencial sobre ellos. Esto explicaría las diferencias de estilo y otras características humanas de la Escritura; pero no diferenciaría a los escritores sagrados de otros escritores sobre los cuales indudablemente Dios ejerce también su dominio, puesto que todo el universo está sujeto a su providencia (Mateo 10:29).

Es posible que los relatos sagrados hayan sido escritos en esta forma; pero no podemos suponer que las profecías lo fueron también. Los profetas tenían clara conciencia de no estar escribiendo por su cuenta, sino por un expreso mandato divino (Isaías 8:1; Jeremías 36:2, 28; Apocalipsis 21:5).

b. *Dos extremos.* Al tratar de explicar el método de la inspiración es preciso evitar dos extremos que pueden ser peligrosos: por una parte, el recalcar la naturaleza humana de la Biblia al punto de considerarla un libro falible, y por la otra, el destacar su naturaleza divina hasta llegar al absurdo. La Escritura nos muestra ambos aspectos. Las palabras de Dios son a la vez las propias palabras de los escritores (Jeremías 36:8, 10). El hecho de que no podamos entender esto no significa que sea falso. Tampoco podemos entender la Trinidad.

c. *Una conclusión.* Para terminar, podemos ilustrar el método de la inspiración comparando a los escritores bíblicos con una secretaria que a veces toma dictado de su jefe y otras redacta en sus propias palabras las instrucciones que él le ha dado. Pero en ambos casos sus palabras son también las palabras de su jefe, puesto que él es quien firma las cartas. Así también los escritores consignaron a veces *al pie de la letra* lo que el Espíritu les enseñaba y otras veces redactaron *a su manera* lo que al mismo tiempo Dios, por decirlo así, refrendaba.

---

[1]Esta es la traducción correcta del original griego y no "Toda Escritura inspirada por Dios es también útil. . ." como suponen algunos eruditos. Esta versión es inaceptable, puesto que da a entender que hay Escrituras que no son inspiradas, las que se indentificarían por su inutilidad.

[2]La Versión Moderna y la inglesa del Rey Jacobo dicen "inspiración" en vez de "soplo".

[3]Por definición la inspiración es divina. Sin embargo, todas las versiones de la Biblia traducen *theópneustos* por "inspirada por Dios" en vez de "inspirada" a secas. Justino Mártir distinguía entre inspiración humana y divina.

[4]La Versión Moderna dice que la Escritura "no puede faltar". Tal vez la Versión Popular sea la más clara al decir: "Lo que la Escritura dice, no se puede negar."

[5]Los amanuenses, como Baruc y Tercio, eran secretarios de los escritores sagrados, escribiendo lo que ellos les dictaban (Jeremías 36:4; Romanos 16:22).

[6]Por ejemplo, en 1 Crónicas 3:22 se mencionan cinco hijos de Semaías; pero el texto dice que son seis.

[7]Hay diferencias notorias entre el texto de la Versión de los Setenta, del que cita Lucas, y el hebreo que tenemos en el Antiguo Testamento. Compárese Lucas 4:18 con Isaías 61:1, y Hechos 8:32 con Isaías 53:7. No obstante, en varios casos los manuscritos del mar Muerto confirman el texto griego que citaron los escritores del Nuevo Testamento.

BOSQUEJO DEL CAPITULO

Explicación de la inspiración basada en lo que enseña la Biblia

1. Su carácter
   a. Explicación de referencias
   b. El significado del concepto de inspiración
   c. Ejemplificado en el Antiguo Testamento
   d. La relación entre inspiración, revelación e iluminación
2. Diferentes puntos de vista
   a. Su procedencia
   b. El grado de potencia
   c. La manera de presentarse
3. Particularidades de la inspiración
   a. De origen divino
   b. Incluye cada palabra
   c. No se excluye ninguna parte
4. Inferencias lógicas
   a. Es una comunicación divina
   b. No puede equivocarse
   c. Sin errores
   d. Es inapelable
   e. Se tiene que cumplir
5. Lo que abarca la inspiración
   a. El autor y lo que dice
   b. Textos originales, reproducciones y traducciones
6. Manera de hacerse efectiva la inspiración

UN ENCUENTRO CON LAS VERDADES

¿Cierto o falso? Lea cada declaración con cuidado. Si lo que se afirma es cierto, ponga una **C** detrás del número que le corresponde; si es falso, ponga una **F**. Después enmiende la redacción de las declaraciones incorrectas para que queden correctas.

1. Los vocablos "inspirar" y "espirar" son sinónimos. 1. ________
2. 2 Timoteo 3:16 en el griego da la idea de que Dios sopló sobre los escritores de la Biblia. 2. ________
3. 2 Pedro 1:21 en el griego da la idea de que Dios hizo entrar su Espíritu en los hombres. 3. ________
4. Podemos definir la inspiración divina de las Escrituras como un proceso en el cual Dios habló y consignó sus palabras por medio de hombres dirigidos por el Espíritu Santo. 4. ________

5. Una buena ilustración del proceso de la inspiración divina es lo que siente un pintor al contemplar un bello paisaje. 5. ________
6. Toda la Biblia es resultado de la revelación directa de la verdad por medio del Espíritu Santo. 6. ________
7. Para poder trasmitir una comunicación divina, un profeta tenía que comprenderla primero. 7. ________
8. Todos los escritores sagrados recibieron la inspiración del Espíritu Santo para comprender lo que escribieron. 8. ________
9. Todos los escritores sagrados recibieron la iluminación del Espíritu Santo para comprender lo que escribieron. 9. ________
10. Algunos hombres han dicho que daban mensajes inspirados por Dios cuando en realidad sus palabras tenían un origen satánico. 10. ________
11. A veces un autor escribía sin darse cuenta de que lo hacía dirigido por el Espíritu Santo. 11. ________
12. Ciertos escritores sagrados tomaron algunas de sus ideas y datos de obras de origen humano. 12. ________
13. Algunos pasajes bíblicos presentan un argumento que depende de una sola palabra. 13. ________
14. Cada autor sagrado siguió su propio estilo al escribir el mensaje de Dios. 14. ________
15. Cristo confirmó la inspiración de todo el Antiguo Testamento. 15. ________
16. Debemos distinguir entre lo que Dios enseña en la Biblia y lo que deseó que se registrara en ella. 16 ________
17. El autor de Eclesiastés escribió desde el punto de vista de un escéptico equivocado. 17. ________
18. Si la Biblia es la palabra inspirada por Dios, tiene que estar exenta de errores. 18. ________
19. La Biblia es revocable. 19. ________
20. Algunos eruditos contemporáneos han podido examinar uno que otro manuscrito original de las Escrituras. 20. ________
21. Algunas copias de manuscritos tienen erratas. 21. ________
22. Nuestro concepto de la inspiración de la Biblia depende de un artificio mecánico. 22. ________

23. Si una traducción tiene erratas o errores, sabemos que el original también lo tiene. 23. ______
24. La Biblia es una obra divina en que participó el hombre. 24. ______
25. Dios se limitó a una sola manera de inspirar a los escritores sagrados. 25. ______

DE LA TEORIA A LA PRACTICA

1. Ya que ningún creyente recibirá hoy día la misma inspiración concedida a los escritores sagrados, ¿qué relación se debe mantener entre las profecías dadas en una reunión de hermanos y la misma Biblia?
2. Si a veces los escritores no se daban cuenta de que actuaban bajo la inspiración del Espíritu Santo, ¿qué cuidado debemos tener al evaluar por medio de nuestros sentimientos nuestro aporte al reino de Dios?
3. ¿Qué aplicación del hecho de que en la Biblia el mismo tema se trata a veces desde distintos puntos de vista se puede hacer al problema de las diferencias de ideas entre los hermanos de la iglesia?
4. ¿Qué importancia tiene el hecho de que el Espíritu Santo no desechó el estilo individual de cada autor al inspirar la redacción de las Sagradas Escrituras?
5. ¿Qué diferencia hay entre la afirmación "una copia de la Biblia puede tener erratas" y la que dice que "la Biblia tiene errores"?
6. ¿Qué importancia tendrá la información de este capítulo para una iglesia local?

PROYECTOS PARA LA CLASE

1. Evaluar lo que hicieron los alumnos en las secciones UN ENCUENTRO CON LAS VERDADES y DE LA TEORIA A LA PRACTICA.
2. Preparar un grupo una "entrevista televisada" con dos o tres de los autores de la Biblia. El propósito sería lograr tener un concepto más claro de cómo Dios inspiró la Biblia.
3. Traer un estudiante un informe sobre las copias más antiguas de libros de la Biblia que tenemos en la actualidad.

Capítulo 10

Testimonios sobre la inspiración de la Biblia

La Biblia cuenta con abundantes testigos que declaran sobre su origen divino. Entre éstos están los mismos libros que la componen y sus autores, otros escritores sagrados, Jesús y los dirigentes de la iglesia. Con excepción de los últimos, las declaraciones de los demás testigos están todas en la Biblia. El testimonio de éstos, por lo tanto, es a la vez lo que la Biblia afirma de sí misma. Para nuestro estudio consideraremos primeramente la inspiración del Antiguo Testamento y luego la del Nuevo Testamento.

I. La inspiración del Antiguo Testamento

a. *El testimonio de sus escritores.* Con respecto a la inspiración del Antiguo Testamento, podemos considerar el testimonio de sus escritores desde dos puntos de vista, a saber: en los libros del Antiguo Testamento y en sus secciones.

1) En los libros. La mayoría de los libros del Antiguo Testamento (cuatro de la ley y todos los libros proféticos) tienen un testimonio explícito de haber sido inspirados por Dios. En ellos las frases "dijo Dios", "habló Dios", "así dice Jehová", "vino la palabra de Jehová" y otras semejantes se repiten miles de veces. Con ellas atestiguan sus autores que las palabras que consignaron en sus libros son las de Dios.

Los demás libros carecen de este testimonio porque no tratan tanto de lo que Dios dijo a los hombres, sino más bien de lo que Dios hizo por los hombres (libros históricos) y de lo que éstos le dijeron a Dios o discurrieron acerca de El (libros poéticos). Sin embargo, casi todos ellos tienen un testimonio implícito de inspiración por haber sido escritos por hombres que ejercieron un ministerio profético (Samuel, Jeremías) o que tuvieron el don de profecía (David, Daniel).

2) En las secciones. En el capítulo 7 consideramos el hecho de que el Antiguo Testamento estaba dividido originalmente en dos secciones,

a saber: la Ley y los Profetas. De modo que si hay testimonios de la inspiración de estas secciones como tales, ello significará que son inspirados todos los libros que las constituyen, aun los que no tienen un testimonio explícito de haberlo sido.

Respecto a la ley, que era antes un solo libro, los escritores sagrados desde Josué hasta Malaquías testifican invariablemente que las palabras de Moisés son palabras de Dios. A la sección la llaman indistintamente la ley de Moisés y la ley de Dios o de Jehová (Josué 1:7, 8; Jueces 3:4; 2 Crónicas 34:14; Nehemías 8:1; Salmo 19:7; Isaías 5:24; Malaquías 4:4).

En cuanto a los profetas, es notable cómo los últimos reconocen que Dios inspiró las palabras de quienes los precedieron. Así lo hizo Jeremías con los escritos de sus antecesores, Daniel con los de Jeremías y Esdras con los de Jeremías, Hageo y Zacarías (Esdras 1:1; 5:1; Jeremías 28:9; 29:17-19; Daniel 9:2). Esdras 9:11 parece referirse a los escritos de Moisés y Josué[1], y Daniel 9:10, a los de Josué y Samuel (compárese con Josué 24:25 y 1 Samuel 10:25). También es digno de consideración que Nehemías y Zacarías, último historiador y penúltimo profeta del Antiguo Testamento, respectivamente, declaran que las palabras de los profetas que los antecedieron procedían de Dios por medio de su Espíritu (Nehemías 9:30; Zacarías 7:7, 12).

b. *El testimonio de Jesús y los autores del Nuevo Testamento.* La Biblia que usaron Jesús y los apóstoles fue el Antiguo Testamento. Que lo consideraron inspirado por Dios es evidente por los nombres con que lo designaron y por la manera como lo citaron.

1) Los nombres dados al Antiguo Testamento. El nombre más usado en el Nuevo Testamento para referirse al Antiguo es las Escrituras o la Escritura. Tanto Jesús como Pablo dan testimonio del carácter divino de esta parte de la Biblia al declarar, respectivamente, que la Escritura no puede ser quebrantada y que es inspirada por Dios (Juan 10:35; 2 Timoteo 3:16).

Unas doce veces Jesús y Pablo se refirieron al Antiguo Testamento como la ley y los profetas o Moisés y los profetas. Para ellos éstos eran "todas las Escrituras" que Dios había inspirado desde Moisés hasta Juan el Bautista (Lucas 24:27; Lucas 16:16).

Jesús y los apóstoles, al igual que los judíos, aplicaron el nombre de "la ley" también a todo el Antiguo Testamento, testificando así que estimaban los libros de los profetas de igual autoridad que los escritos del gran legislador. En Mateo 5:18 Jesús igualó la "ley" con la ley y los profetas mencionados en Mateo 5:17. Y en Juan 10:34 se refiere a la ley citando de los Salmos, mientras que Pablo hace lo mismo citando de Isaías en 1 Corintios 14:21.

Pedro llama al Antiguo Testamento "la palabra profética" y "la profecía de la Escritura", confirmando así su origen divino (2 Pedro 1:19, 20). El autor de la carta a los Hebreos confirma que Dios habló por los profetas (Hebreos 1:1). Pablo también se refiere al Antiguo Testamento como los escritos de los profetas (Romanos 1:2; 16:26). Y Jesús dijo que "todos los profetas y la ley [esto es, todo el Antiguo Testamento] *profetizaron* hasta Juan" (Mateo 11:13).

Por último, Jesús y los apóstoles llamaron también "la palabra de Dios" al Antiguo Testamento, como lo podemos ver en Marcos 7:13 y Romanos 3:2.

2) Las citas del Antiguo Testamento. Los escritores del Nuevo Testamento citan el Antiguo Testamento casi 300 veces. Generalmente estas citas aparecen precedidas por expresiones como "dice", "la Escritura dice", "escrito está", "como está escrito", "para que se cumpliese lo dicho por el Señor", "dice el Espíritu Santo" y otras semejantes. Con ellas se confirma plenamente la inspiración divina de los libros en que se hallan los pasajes citados. Por ejemplo, en Hechos 4:24-26 los discípulos atribuyen a Dios las palabras que escribió David en Salmo 2:1, 2. Y en Hebreos 3:7-11 su autor afirma que el Espíritu Santo dijo las palabras del salmista en Salmo 95:8-11.

Esta abundancia de testimonios en favor de la inspiración del Antiguo Testamento nos da plena confianza de que es lo que afirma ser: la infalible palabra de Dios consignada por los profetas bajo la dirección del Espíritu Santo.

2. La inspiración del Nuevo Testamento

¿Tiene el Nuevo Testamento testigos suficientes que acrediten que es la palabra de Dios como lo es el Antiguo Testamento? Desde luego que sí. El principal es el Señor Jesucristo.

a. *El testimonio de Jesús*. El testimonio de Jesús es más bien una confirmación anticipada de la inspiración del Nuevo Testamento, puesto que éste aún no se escribía. Como testigo, Jesús hace tres declaraciones sumamente importantes.

1) Vino a cumplir las Escrituras. Según Mateo 5:17; 26:54; Lucas 18:31; 24:44, los hechos y enseñanzas de Jesús fueron el cumplimiento de lo escrito en el Antiguo Testamento. De estas palabras suyas inferimos que si fue necesario un registro inspirado de las promesas del Cristo que iba a venir, con mayor razón era necesario un registro inspirado del cumplimiento de esas promesas, tal como lo tenemos en el Nuevo Testamento. Por lo tanto, todo lo que éste dice acerca de Jesús es la continuación natural del Antiguo Testamento.

2) Sus palabras eran de Dios. Siendo el Profeta prenunciado por Moisés, las palabras que Jesús predicó y enseñó procedían del Padre que lo había enviado (Deuteronomio 18:18; Juan 7:16; 8:26, 28, 38, 40, 47; 12:49, 50; 17:8, 14). No escribió ningún libro pero sí encargó a 12 de sus discípulos, y luego a 70, que divulgaran lo que les había enseñado (Mateo 10:7; Lucas 10:9). Reiteró el mandato a todos juntos en su ascensión (Mateo 28:20; Marcos 16:15; Lucas 24:47). Esto significa que lo que escribieron los autores del Nuevo Testamento no es otra cosa que lo que Jesús les enseñó, y lo que El les enseñó es la palabra de Dios.

3) Sus discípulos fueron dirigidos por el Espíritu. En dos ocasiones Jesús les dijo a sus discípulos que el Espíritu de Dios hablaba por medio de ellos (Mateo 10:20; Marcos 13:11). Posteriormente les prometió que el Espíritu Santo los ayudaría enseñándoles "todas las cosas", recordándoles lo que Jesús les había dicho, guiándolos a "toda la verdad"[2] y revelándoles el futuro (Juan 14:26; 16:13). En otras palabras, los discípulos de Jesús reunirían los mismos requisitos — y aún mayores — que los de los profetas del Antiguo Testamento. No hay duda, pues, que el Nuevo Testamento fue escrito por hombres dirigidos por el Espíritu Santo. Porque así como el Espíritu impulsó a los profetas a testificar de Cristo por medio del Antiguo Testamento, así también impulsaría a los discípulos a testificar de Cristo por medio del Nuevo Testamento (Juan 5:39; 15:26, 27).

b. *El testimonio de los escritores.* No hay duda que los escritores del Nuevo Testamento estimaron que sus escritos eran inspirados por Dios a juzgar por las declaraciones que hicieron con respecto a éstos.

1) El nuevo Testamento es Escritura. En 1 Timoteo 5:18 el apóstol Pablo cita Deuteronomio 25:4 junto con Lucas 10:7, pasaje que introduce con la frase: "Pues la Escritura dice." Y en 2 Pedro 3:16 el apóstol Pedro incluye las epístolas de Pablo en un solo conjunto con las *otras* Escrituras. Por lo tanto es evidente que cuando menos 15 libros del Nuevo Testamento fueron reconocidos como Escrituras por estos dos apóstoles. Es muy razonable pensar, pues, que los apóstoles estimaran que el Nuevo Testamento en conjunto es Escritura y por lo mismo, inspirado por Dios (2 Timoteo 3:16).

2) El Nuevo Testamento es palabra profética. Es evidente que los apóstoles ejercían un ministerio profético, porque el Espíritu Santo los dirigía y hablaba por ellos como lo hacía con los profetas del Antiguo Testamento (Marcos 13:11; 2 Pedro 1:21). En efecto, los apóstoles predicaban y enseñaban por el Espíritu (2 Pedro 1:12; 1 Corintios 2:13). En su calidad de profetas recibieron revelaciones de Dios, como el misterio de la inclusión de los gentiles en el cuerpo de

Cristo (Efesios 3:5). Pedro, Pablo y Juan tuvieron visiones de Dios (Hechos 10:17; 16:9; Apocalipsis 1:10-16). No hay duda, pues, que los apóstoles consideraban que sus escritos también eran palabra profética, como los de los profetas del Antiguo Testamento (2 Pedro 1:19).

3) El Nuevo Testamento es palabra de Dios. En Hebreos 1:12 el anónimo autor de la epístola afirma que así como Dios habló en otros tiempos por los profetas, así también "en estos postreros días nos ha hablado por el Hijo". Y en 2:3 añade que la palabra de Dios fue "anunciada primeramente por el Señor" y "confirmada por los que oyeron". Igualmente Pedro declara que el mandamiento del Señor fue dado por los apóstoles (2 Pedro 3:2). Pablo sostiene que los apóstoles hablaban la palabra de Dios (1 Tesalonicenses 2:13). Si los profetas del Antiguo Testamento no sólo hablaron las palabras de Dios sino que también las escribieron, hay razón suficiente para creer que los apóstoles hicieron lo mismo. En efecto, Pablo dice en 1 Corintios 14:37 que las cosas que escribe son "mandamientos del Señor", lo que Juan expresa en términos similares en 1 Juan 2:7.

c. *El testimonio de la iglesia.* Así como los escritores del Nuevo Testamento confirman la inspiración del Antiguo Testamento, así también los escritores de la iglesia primitiva, frecuentemente llamados "padres", confirman la inspiración del Nuevo Testamento. En efecto, hombres como Clemente de Roma, Policarpo (ambos contemporáneos del apóstol Juan) y Papías citan a menudo pasajes del Nuevo Testamento con palabras como "Dios dice", "escrito está", "la Escritura dice" y otras semejantes.

En un período posterior otros escritores, entre los cuales podemos mencionar a Justino Mártir, Tatiano, Ireneo, Clemente de Alejandría, Tertuliano, Orígenes, Cipriano, Eusebio, Atanasio y Cirilo, afirmaron que ambos testamentos eran inspirados por Dios. Se refirieron a los libros del Nuevo Testamento con nombres como "la voz de Dios", "la Escritura", "mandamientos de Cristo" y "Escrituras Divinas".

Durante la Edad Media los dirigentes de la iglesia sostuvieron el mismo punto de vista de sus predecesores; esto es, que el Antiguo y el Nuevo Testamento son las Sagradas Escrituras, la palabra inspirada por Dios. Tal es el testimonio de Ambrosio, Jerónimo, Agustín y Anselmo.

¿Y qué diremos de los reformadores? Que todos sin excepción creyeron en la plena inspiración de la Escritura, como hasta entonces era el testimonio unánime de la iglesia. Si Lutero, Calvino, Zwinglio y otros insignes hombres se atrevieron a desafiar la autoridad de Roma, fue porque estaban plenamente convencidos de la autoridad divina de la Biblia. En ella habían puesto toda su confianza.

Fue sólo en la Edad Moderna que un sector de la iglesia se apartó de la doctrina de la inspiración de la Biblia, iniciando un movimiento que se ha convertido en una virtual apostasía. Con todo, desde el siglo pasado y hasta el presente Dios ha intervenido en su iglesia por medio de grandes avivamientos que han producido un retorno de los creyentes a la Escritura y la han vindicado de los ataques de que había sido objeto.

En conclusión, podemos decir que desde los tiempos de los apóstoles hasta nuestros días la iglesia de Cristo ha dado un testimonio ininterrumpido de su fe en la Biblia como la palabra inspirada de Dios.

---

[1]Las palabras de esta cita no aparecen en ninguno de los libros de los profetas, si bien ellas y las del versículo siguiente parecen ser un resumen de Exodo 34:11-16 y Deuteronomio 7:1-5. En todo caso, los únicos profetas que pueden haberlas dicho son Moisés y Josué, los cuales introdujeron a Israel en Canaán.

[2]Sin duda "todas las cosas" y "toda la verdad" se refieren solamente a toda la verdad necesaria para la doctrina y conducta cristianas.

BOSQUEJO DEL CAPITULO

Confirmación de la dirección divina para los escritores sagrados

1. La dirección divina para escribir el Antiguo Pacto
   a. Confirmada por sus mismos autores
      1) En los libros
      2) En los grupos de libros
   b. Confirmada por Cristo y los autores del Nuevo Pacto
      1) Con los títulos que le confieren al aludir a él.
      2) Con menciones de pasajes en su contenido
2. La dirección divina para escribir el Nuevo Pacto
   a. Confirmada por Cristo
   b. Confirmada por los mismos autores
   c. Confirmada por dirigentes de la iglesia a través de la historia

UN ENCUENTRO CON LAS VERDADES

Respuesta alterna. Subraye la palabra o frase que complete mejor cada expresión. Ejemplo: Los discípulos le pidieron al Señor que les enseñase a (orar, pecar).

1. (Todos, algunos de) los libros proféticos reclaman para sí la inspiración divina.
2. Muchos escritores sagrados hablaron de sus antecesores de una manera que (ponía en tela de juicio, confirmaba) su inspiración divina.
3. Jesús y los escritores del Nuevo Testamento estimaban que los libros de los profetas eran (de igual autoridad, de menos importancia) que los escritos de Moisés.
4. Jesús dijo que el Antiguo Testamento era (la palabra de Dios, la tradición de los ancianos).
5. El Nuevo Testamento contiene aproximadamente (75,300) citas del Antiguo Testamento.
6. El Nuevo Testamento se escribió (durante, después de) la vida de Jesús.
7. Cristo no escribió ningún libro, pero dejó órdenes a sus seguidores de que divulgaran sus (enseñanzas, obras sociales).
8. Cristo prometió a sus seguidores que la (capacidad intelectual de ellos, persona del Espíritu Santo) los conduciría a toda la verdad.
9. Pedro incluye (los escritos de los padres primitivos, las epístolas de Pablo) en un conjunto con las demás Escrituras.
10. Muchas dudas acerca de la inspiración de las Escrituras surgieron en (el siglo II, los tiempos modernos).

DE LA TEORIA A LA PRACTICA

1. Relate los problemas de dos o tres escritores del Antiguo Testamento para divulgar el mensaje que Dios les había entregado.
2. ¿Qué hubieran dicho los escritores que usted presenta en el número 1 si no hubieran tenido la seguridad de que el mensaje era de Dios?
3. ¿En qué manera hace ver Daniel que creía en la inspiración divina de los escritos de Jeremías?
4. ¿Qué citas del Antiguo Testamento puede usted ofrecer para probar que Jesús es el cumplimiento de la ley?
5. Mencione tres características de Jesús que sorprendieron a sus contemporáneos y que se habían pronosticado en el Antiguo Testamento.
6. ¿De qué manera señalan las características mencionadas en el número 5 la imposibilidad de que un grupo de hombres inventara el Nuevo Testamento?
7. Si uno rechaza la inspiración plenaria de la Biblia, ¿qué valor tendrá que asignar a las palabras de Jesucristo?
8. Si uno rechaza el testimonio de Jesús y de los apóstoles acerca del Antiguo Testamento, ¿qué pruebas deberá presentar para demostrar que su opinión está fundada en evidencias incontrovertibles?

PROYECTOS PARA LA CLASE

1. Evaluar lo que hicieron los estudiantes en las secciones UN ENCUENTRO CON LAS VERDADES y DE LA TEORIA A LA PRACTICA.
2. Celebrar una mesa redonda con el tema "lo que llevó a algunos teólogos a dudar de la inspiración verbal y plenaria de la Biblia". Después la clase debe buscar una manera de aprovechar la experiencia de otros para no caer en los mismos peligros.
3. Considerar un panel el tema "¿Qué importancia tiene el reconocimiento de la iglesia de la inspiración divina de las Escrituras?"

CUARTA PARTE

La compilación de las Escrituras

Capítulo 11

EL CANON

Hasta ahora hemos considerado el hecho de que Dios inspiró los diversos libros de la Biblia mientras su Espíritu dirigía a los hombres que los escribieron. Sin embargo, fue necesario que sus contemporáneos y las generaciones posteriores coleccionaran y conservaran los libros inspirados. Cuáles eran éstos y cómo fueron reconocidos es asunto de que trata el canon de las Escrituras.

1. Definiciones

La palabra "canon" se deriva del vocablo griego *kanón*, que originalmente significaba una regla o vara de medir. *Kanón* adquirió después el significado traslaticio de norma, regla o precepto, como lo indica el uso que de ella hace el apóstol Pablo en Gálatas 6:16 y Filipenses 3:16.

Con el correr del tiempo los escritores cristianos le dieron al vocablo una acepción teológica, aplicándolo primero a la enseñanza cristiana y después a la Biblia. Orígenes usó la palabra para referirse a la regla de fe; pero Atanasio de Alejandría fue el primero que la empleó para referirse al catálogo o lista de libros reconocidos como Escrituras. Con todo, se llamó canon también a la Biblia misma, ya que es el conjunto de los libros que constituyen la norma de fe y conducta.

2. Necesidad de un canon

Entre las causas que hicieron necesaria la formación de un canon de las Escrituras consideraremos aquí tres.

a. *El mandamiento divino de conservar los escritos sagrados.* La primera de estas causas fue que Dios mandó conservarlos, mandato que obedecieron los sacerdotes, Josué y Samuel, así como los profetas y los escribas (Deuteronomio 10:4, 5; 17:18; 31:26; Isaías 30:8; Josué 24:26; 1 Samuel 10:25; Romanos 3:2). Un imperativo similar deben de haber sentido los primeros cristianos al conservar los escritos apostólicos. Pedro, por ejemplo, conocía las epístolas de Pablo (2 Pedro 3:16).

b. *La destrucción de las obras literarias judías y cristianas.* Una segunda causa fueron las guerras y persecuciones, las cuales destruyeron gran parte del patrimonio literario de los judíos y cristianos. Estos tenían que saber cuáles de todas las obras eran inspiradas y velar por que no se perdiera ninguna parte de ellas. Al darse cuenta de que peligraba la existencia de estas obras, el creyente fervoroso procuraría preservar a cualquier costo unos cuantos rollos, siquiera. ¿Cuáles serían? Lógicamente los canónicos.

Este problema se hizo sentir en la ocasión angustiosa cuando Antíoco Epífanes decretó la sistemática destrucción de los libros sagrados de los judíos. Varios fieles dieron la vida en vez de quebrantar uno solo de los requisitos de la ley mosaica. ¡Con cuánto amor darían la vida para preservar los pergaminos que registraban esa ley para las generaciones futuras! En el año 303 d.C. Diocleciano mandó confiscar los libros sagrados de los cristianos. Hubo muchos mártires. Otra vez había necesidad de saber cuáles escritos eran canónicos.

c. *La proliferación de libros apócrifos.* Una última razón fue la proliferación de libros apócrifos en el período intertestamentario y hasta en los mismos días de los apóstoles. Los cristianos se veían en la necesidad de distinguir cuidadosamente entre los libros canónicos y los que no lo eran con el fin de conservar los primeros y desechar los últimos.

Gracias al canon tenemos hoy una revelación de Dios completa y suficiente. Es completa porque no le falta ningún libro, y suficiente porque no necesita de ningún otro.

3. La extensión del canon

No hay un criterio uniforme con respecto al número de libros que constituyen el canon. Para los judíos éste está compuesto por 24[1], para los protestantes por 66 y para los católicos por 73. Los judíos no aceptan como canónicos los libros del Nuevo Testamento y los protestantes no reconocen los libros apócrifos que la iglesia católica admite en el Antiguo Testamento. El canon completo no tiene que ser, desde luego, aquel que tiene más libros, sino aquél que tenga todos los libros que Dios inspiró. Las iglesias evangélicas tienen razones suficientes para creer, como lo consideraremos en el capítulo 13, que el canon completo es el que está constituido por 66 libros y ninguno más.

4. Determinación de la canonicidad

La canonicidad es la cualidad que posee un libro por el hecho de estar en el canon. Ahora bien, ¿quiénes la determinan? ¿Por qué algunos libros fueron incluidos en el canon y otros no? Para responder a estos interrogantes consideraremos a continuación varios conceptos.

a. *Los concilios determinan la canonicidad.* Los que conciben el canon, especialmente el del Antiguo Testamento, sólo como una colección de libros valiosos, sostienen que la canonicidad de éstos depende del veredicto de los hombres. Aducen que los concilios determinaron cuáles libros serían canónicos y luego ordenaron que los demás los aceptaran. Sin embargo, la historia de Israel y de la iglesia nos informa que lo sucedido fue más bien al revés: los concilios simplemente confirmaron la canonicidad de los libros que ya habían sido aceptados por judíos y cristianos, respectivamente.

b. *La antigüedad del libro determina su canonicidad.* Algunos proponentes de este concepto creen que ciertos libros fueron conservados y coleccionados porque su antigüedad los había convertido en objetos venerados. No obstante, podemos observar que libros más antiguos que algunos de los canónicos, como el de "las batallas de Jehová" y el de Jaser, no fueron incluidos en el canon (Números 21:14; Josué 10:13). Por el contrario, otros que en aquel entonces eran nuevos, como los de Moisés, fueron aceptados mientras él vivía aún (Deuteronomio 17:18). Asimismo los escritos de Jeremías y Pablo fueron reconocidos como canónicos por Daniel y Pedro, respectivos contemporáneos suyos (Daniel 9:2; 2 Pedro 3:15, 16).

c. *El valor religioso del libro determina su canonicidad.* Este concepto sostenido por otros no se puede aplicar en todos los casos a los libros que han circulado entre creyentes. No podemos negar que algunos libros apócrifos como Eclesiástico y el Pastor de Hermas tienen valor religioso también; con todo, no fueron incluidos en el canon. En cambio, difícilmente se podría explicar por qué están en un catálogo de obras religiosas libros como Ester y el Cantar de los Cantares, los cuales, aparte de la inspiración divina, carecen de instrucción explícita sobre temas teológicos.

d. *Sólo Dios determina la canonicidad.* Según muchos eruditos evangélicos, fue Dios y no los hombres quien determinó cuáles libros serían canónicos. Estos se limitaron a reconocer la canonicidad de cada libro. El argumento consiste en que un libro es canónico porque Dios lo inspiró, puesto que por definición el canon de las Escrituras sólo contiene libros inspirados (2 Timoteo 3:16). No obstante, en la Biblia misma encontramos pruebas de que los formadores del canon no se limitaron a reconocer la canonicidad de los libros, sino que también la determinaron. Por ejemplo, Salomón incluyó solamente algunos de sus proverbios en el libro que escribió. Siglos más tarde los hombres del rey Ezequías determinaron que parte de los demás proverbios debían incluirse también en el libro.

Como puede verse fácilmente, en este concepto la razón determinante de la canonicidad es la inspiración; es decir, ciertos libros fueron incluidos en el canon por ser inspirados y otros fueron excluidos por no serlo. Sin embargo, este punto de vista no concuerda con ciertos hechos de la Biblia, sobre todo del Antiguo Testamento. Por ejemplo, en 1 y 2 Crónicas se mencionan muchos escritos *proféticos* que no fueron incluidos en el canon, pero que evidentemente fueron las fuentes literarias que utilizaron los autores de los libros canónicos Samuel, Reyes y Crónicas. No hay razón para creer que aquellos escritos no fueron inspirados. Al contrario, hay pruebas de que lo fueron. En efecto, 1) fueron escritos por profetas, lo que los hacía palabras proféticas (1 Crónicas 29:29; 2 Crónicas 12:15; 13:22; 26:22). 2) Fueron profecías como lo fueron los escritos de Isaías, Nahum y Habacuc (2 Crónicas 9:29; 32:32; Nahum 1:1; Habacuc 1:1). 3) Fueron *palabras* de videntes o profetas como las de Agur, Lemuel, Jeremías y Amós (2 Crónicas 20:34; 33:19; Proverbios 30:1; 31:1; Jeremías 1:1; Amós 1:1). 4) Tienen autoridad divina, como la carta de Elías (2 Crónicas 21:12). 5) No se nota ninguna diferencia entre las crónicas de Samuel, Natán y Gad, compiladas probablemente en 1 y 2 Samuel, y los relatos históricos de los profetas canónicos (compárense los libros de Samuel con Isaías 36 — 39 y Jeremías 52). En cuanto al Nuevo Testamento, tampoco hay razón para suponer que "la epístola perdida a los corintios" y "la epístola a los laodicenses" no fueron inspiradas como las demás del apóstol Pablo (1 Corintios 5:9-11; Colosenses 4:16).

Es evidente, pues, que si la inspiración es la única razón determinante de la canonicidad, la exclusión de ciertos libros del canon de las Escrituras se convierte en un enigma insoluble.

e. *Una colaboración entre Dios y los hombres*. Tal vez el mejor punto de vista que podemos adoptar con respecto a la determinación de la canonicidad es que ésta es la obra de Dios a la vez que la de los hombres de Dios. La parte divina es evidente en la inspiración de los escritos canónicos; la parte humana se ve en las adiciones, supresiones y repeticiones que hicieron los formadores del canon en los escritos inspirados.

Pero ¿dónde termina una y comienza la otra? No sabemos, porque al igual que con el método de la inspiración, nos encontramos aquí frente a un misterio. Una cosa sí sabemos, y es que el mismo Espíritu que guió a los escritores sagrados guió también a los compiladores y compendistas de tal modo que lo que ellos determinaron fue en realidad lo que Dios determinó.

En este concepto la inspiración es razón determinante de la canonicidad de los libros de la Biblia, pero no la única. Es la razón que determina la *inclusión* de ciertos libros en el canon. Para la *exclusión* de los otros libros, hay otras razones que fueron determinantes además de la inspiración, si bien no están del todo definidas.

Una de las razones para la exclusión de ciertos escritos del canon — entendiendo éste como un catálogo de libros inspirados — puede haber sido la incorporación del *contenido* o un resumen de estos escritos en una compilación que lleva otro nombre, lo que al parecer haría innecesaria su repetición. Tal es el caso de la carta de Elías, incorporada en 2 Crónicas 21:12-15, la de Pablo en 1 Corintios 5:9-11 y la de los apóstoles en Hechos 15:23-29. Puede que también las Crónicas de Samuel, Natán y Gad estén incorporadas en 1 y 2 Samuel, y la profecía de Ahías silonita en 1 Reyes 11:29-40; 14:1-18. Sí es evidente que el libro de Proverbios es una compilación de "los proverbios de Salomón", "las palabras de los sabios", las "palabras de Agur" y las "palabras del rey Lemuel" (Proverbios 1:1; 10:1; 25:1; 22:17; 24:23; 30:1; 31:1). Igualmente es compilación de obras de varios autores el libro de los Salmos. En los Hechos 7:42 se menciona un "libro de los profetas" que parece corresponder a "Los doce" de la Biblia hebrea y que es una compilación de los profetas menores. A decir verdad, en todos estos casos no hay exclusión de un escrito canónico, sino sólo de su nombre.

Otra razón para excluir algunos escritos puede haber sido la selección de sólo ciertos hechos y dichos consignados en las fuentes literarias con el fin de hacer un compendio de ellas. Esto explicaría la omisión de los hechos de Uzías en la profecía de Isaías, quien se limitó a mencionar dos veces a este rey (2 Crónicas 26:22). Aclararía también la exclusión de la profecía del vidente Iddo contra Jeroboam, de las palabras de los videntes que consignaron el arrepentimiento de Manasés y de muchos proverbios de Salomón (2 Crónicas 9:29; 33:19; 1 Reyes 4:32). Esta puede haber sido también la razón por la cual los compiladores suprimieron "las leyes del reino", aunque en 1 Samuel 8:11-17 parece hallarse un resumen de ellas (1 Samuel 10:25). Lo mismo se puede decir de las palabras que escribió Josué en el libro de la ley de Dios (Josué 24:26); pero en este escrito, no está claro si se trata del pacto junto con las leyes y estatutos referidos en Josué 24:25, del discurso de despedida de Josué o de todo su libro. Lo cierto es que en ninguno de los tres casos aparecen tales palabras en el Pentateuco, y en el primero tampoco están en Josué. En el Nuevo Testamento el apóstol Juan indica claramente que los evangelios no contienen todo lo que hizo Jesús,[2] en tanto que por otra parte Lucas afirma que *muchos* habían tratado de hacer una biografía de Jesús (Juan 21:25; Lucas 1:1). Con todo, sólo cuatro Evangelios son canónicos.

Pero si el tener una obra sucinta fue la razón para excluir del canon ciertos escritos, resulta inexplicable la repetición de algunos pasajes como 2 Samuel 22:2-51 en el Salmo 18, 2 Reyes 18:13 — 20:19 en Isaías 36 — 39, 2 Reyes 24:18 — 25:21, 27-30 en Jeremías 52:1-27, 31-34, 2 Crónicas 36:22, 23 en Esdras 1:1-3 y el Salmo 14 en el Salmo 53. Asimismo es difícil explicar que ciertos escritos fueron excluidos por contener, como creen algunos, asuntos locales y temporales de poca importancia en la revelación universal y eterna de Dios. Porque si los demás hechos de los reyes de Judá, entre ellos los de Uzías y el arrepentimiento de Manasés, tenían este carácter, ¿qué se puede decir de la descendencia de Caín, de Ismael, de Esaú y otras genealogías no mesiánicas? (Génesis 4:17-24; 25:12-18; 1 Crónicas 1:28-31; Génesis 36; 1 Crónicas 1:34-54). ¿Acaso no tenían un carácter local y temporal los censos registrados en Números 1 — 2? ¿Por qué fueron incluidos estos últimos documentos y no los primeros?

De todo lo anterior podemos inferir que aunque sabemos por qué fueron incluidos en el canon ciertos libros, no sabemos por qué fueron excluidos otros. En todo caso, la omisión de ciertos documentos y la repetición de otros no significa que el canon esté incompleto o que contenga material superfluo. Dios tuvo sin duda un propósito en ello, aunque al presente no sepamos cuál fue.

5. Requisitos de un libro canónico

Ya sabemos que el canon contiene sólo libros inspirados. Pero ¿cómo supieron los judíos y los cristianos cuáles eran éstos? Los dirigentes eclesiásticos que sucedieron a los apóstoles descubrieron cinco principios por los cuales se guiaron para reconocer los libros canónicos.

a. *Los libros canónicos tienen autoridad.* La característica más importante de los libros canónicos es que afirman ser las palabras de Dios. Esto es notorio en los escritos de Moisés, de los profetas y de Pablo (Exodo 20:1; Isaías 1:2; 1 Corintios 14:37). Por eso muy pronto fueron reconocidos por el pueblo de Dios. En otros escritos, como los históricos y poéticos, la autoridad no es notoria pero está implícita.

Por carecer de autoridad, o por ser inaceptables sus pretensiones de tenerla, fueron rechazados los libros apócrifos. En algunos casos hubo dudas sobre la autoridad de ciertos libros que no mencionan el nombre de Dios o lo hacen incidentalmente, como Ester y el Cantar de los Cantares;[3] pero finalmente fueron aceptados.

b. *Los libros canónicos son proféticos.* En el capítulo 10 vimos cómo toda la Biblia es palabra profética. Es muy natural, pues, que los dirigentes de la iglesia esperaran que las palabras de Dios fueran escritas por hombres de Dios como lo fueron los profetas en el Antiguo Testamento y los apóstoles en el Nuevo Testamento.

Este requisito lo cumplen casi todos los libros del Antiguo Testamento excepto algunos cuyo autor se desconoce. En cuanto al Nuevo Testamento, algunos libros, como los evangelios de Marcos y Lucas, no fueron escritos por apóstoles, pero contaron con su aprobación. Nótese cómo Pablo reconoce la canonicidad del evangelio de Lucas al llamarlo Escritura en 1 Timoteo 5:18.[4]

Desde luego, todo libro escrito por uno que no tuviera la autoridad apostólica sería rechazado, aunque escribiera en nombre de un apóstol (2 Tesalonicenses 2:2). En razón de este principio, hubo dudas durante un tiempo con respecto a la canonicidad de las epístolas a los Hebreos y 2 Pedro. En el primer caso, por ser anónima; en el segundo, porque ciertas diferencias de estilo con 1 Pedro la hacían aparecer como una falsificación. Con todo, ambas epístolas fueron finalmente aceptadas por toda la iglesia.

c. *Los libros canónicos son bíblicos.* Esto quiere decir que se conforman a la verdad previamente establecida por Dios en otros libros de la Biblia. Así los escritos proféticos debían concordar con la ley, y los del Nuevo Testamento con los del Antiguo Testamento (Isaías 8:20). Por este principio se guiaron los judíos de Berea para saber si la enseñanza de Pablo era de Dios (Hechos 17:11). Este mismo principio es sentado por Pablo para que los gálatas distingan la verdad del error (Gálatas 1:9). Por lo tanto, un libro que pretendía ser de Dios debía concordar con los libros ya reconocidos como canónicos. Por supuesto, la mera concordancia con la verdad revelada en el canon no era razón suficiente para aceptar un libro; pero sí lo era la discordancia para rechazarlo como apócrifo.

La concordancia de los libros canónicos está plenamente confirmada por la maravillosa unidad de la Biblia; pero muchos apócrifos fueron rechazados por contradecir las verdades enseñadas en aquéllos. También hubo dudas en cuanto a la canonicidad de Santiago y Judas, porque el primero contradice aparentemente las enseñanzas de Pablo[5] y el último cita libros apócrifos.[6]

d. *Los libros canónicos tienen poder.* Un libro inspirado por Dios tiene el poder de producir una transformación espiritual en los hombres (Isaías 55:10, 11; Hebreos 4:12). Pablo aplicó este principio al Antiguo

Testamento y a los escritos del Nuevo Testamento existentes hasta entonces, reconociéndoles así su canonicidad (2 Timoteo 3:16, 17).

Por carecer de este poder espiritual fueron rechazados muchos libros cuyas enseñanzas eran buenas y hasta espirituales pero que a lo más constituían una repetición de las palabras de los escritos canónicos. Entre éstos se hallan algunos libros apócrifos y los de los llamados "padres" de la iglesia.

En razón de este principio hubo dudas también con respecto a la canonicidad de algunos libros en cuyo mensaje no es notorio el poder divino. Tales fueron Eclesiastés, considerado por un tiempo un libro saturado de escepticismo, y el Cantar de los Cantares, al que se creía sensual.

e. *Los libros canónicos fueron aceptados.* Esto es, fueron leídos y recibidos como libros inspirados por todo el pueblo de Dios. No siempre fue fácil esto, pues ciertos libros eran desconocidos en algunas comunidades. Hay que considerar que mientras la mayoría de los libros del Antiguo Testamento fueron escritos para los judíos de Palestina, los del Nuevo Testamento fueron escritos para comunidades palestinas, griegas y romanas, a veces muy distantes unas de otras.

En ciertos casos la aceptación de un libro era la consecuencia lógica de que reuniera los tres primeros requisitos, aunque para las generaciones posteriores algunos de éstos no fueran notorios. Tal es el caso de algunos libros históricos y poéticos del Antiguo Testamento cuyos autores son desconocidos, pero cuya canonicidad estaba establecida desde siglos atrás.

Es preciso recalcar que un libro era reconocido como canónico cuando lo aceptaba el *pueblo de Dios*. No era necesario el reconocimiento de los incrédulos ni de los herejes, pues éstos son incapaces de discernir las palabras de Dios (1 Corintios 2:14).

Papel relevante le cupo también al Espíritu Santo, quien guió al pueblo de Dios a reconocer las palabras de Dios en las palabras de los profetas y apóstoles. Así sucedió con el pueblo hebreo cuando Moisés le leyó el libro del pacto y con los tesalonicenses cuando Pablo les predicó (Exodo 24:7; 1 Tesalonicenses 2:13).

Al principio ciertos libros canónicos no fueron aceptados en todas las comunidades cristianas por ser desconocidos en algunas de ellas, como 3 Juan y Apocalipsis. A la inversa, otros que no son canónicos fueron aceptados por algunas iglesias, como la epístola de Clemente a los corintios, el Pastor de Hermas y la epístola de Bernabé. Pero finalmente fueron excluidos del canon todos los libros que no contaron con el reconocimiento universal de las iglesias.

[1]Estos 24 libros corresponden a los 39 del Antiguo Testamento en nuestras Biblias.

[2]Tampoco los Evangelios contienen todo lo que *dijo* Jesús. En efecto, en Hechos 20:35 se registran palabras de Jesús que no aparecen en ninguno de ellos.

[3]Ester no contiene el nombre de Dios, aunque se afirma que el texto hebreo lo contiene en forma de acróstico. El Cantar de los Cantares tiene el nombre de Dios al final de 8:6, y así aparece en la versión Moderna, en la católica de Nácar-Colunga y en la paráfrasis "La Biblia al Día".

[4]Los pasajes citados son de Deuteronomio 25:4 y Lucas 10:7.

[5]Santiago 2:21-24 *parece* contradecir a Romanos 4:1-5 y Efesios 2:8, 9.

[6]La *Asunción de Moisés* y el libro de *Enoc*, citados en Judas 9, 14, 15, respectivamente.

BOSQUEJO DEL CAPITULO

La lista de libros inspirados

1. Origen del término "canon"
2. Razón de ser
   a. La orden divina de conservar las Escrituras
   b. La urgencia de asegurar su preservación en medio de tiempos violentos
   c. La multiplicidad de escritos ordinarios
3. Número de libros que la componen
4. Diferentes conceptos del proceso de aprobación
   a. Por decisión de grupos religiosos
   b. Por haberse escrito los libros en tiempos remotos
   c. Por su alta calidad piadosa
   d. Por su inspiración divina
   e. Por la obra compartida entre el Ser supremo y seres humanos
5. Condiciones para un escrito ser aprobado
   a. Reflejar la aprobación divina
   b. Contener el mensaje de Dios
   c. Estar en armonía con los demás libros de la Biblia
   d. Tener fuerza espiritual
   e. Gozar de la aprobación de los creyentes

UN ENCUENTRO CON LAS VERDADES

Selección de opciones. Lea la primera parte de la frase y las cinco diferentes terminaciones. Escoja la que mejor complete la idea. En algunos casos podrían servir más de una, pero debe seleccionar la **mejor**, aunque ninguna de las cinco opciones le satisfaga totalmente. Subráyela y escriba la letra correspondiente en el espacio que hay a la izquierda del número.

_________ 1. En la actualidad el vocablo "canon" se refiere a. . .
A. un sacerdote ordenado por un concilio eclesiástico.
B. una pieza de artillería que reúne las especificaciones oficiales.
C. la lista de libros sagrados auténticos.
D. una medida empleada por los escritores sagrados.
E. el catálogo de las diferentes versiones de la Biblia.

_________ 2. Los cristianos tuvieron que establecer un catálogo de libros genuinos debido a. . .
A. una decisión de la jerarquía eclesiástica.

B. un decreto del emperador.
C. los ataques de Satanás.
D. la multiplicación de escritos acerca de temas bíblicos.
E. un deseo de los dirigentes de consolidar su poder sobre las iglesias.

_________ 3. Hoy los cristianos. . .
A. esperan que se complete la revelación escrita de Dios.
B. esperan seguir añadiendo libros a la revelación escrita de Dios.
C. saben que la dirección del Espíritu Santo en su vida individual tiene más autoridad que la Biblia.
D. saben que ya no faltan más libros para completar la revelación escrita de Dios.
E. no tienen necesidad de la revelación escrita de Dios, ya que el Espíritu Santo los dirige.

_________ 4. Para los judíos, católicos y evangélicos, el canon. . .
A. es el mismo.
B. está compuesto por veinticuatro libros.
C. excluye los libros apócrifos.
D. dejó de existir desde hace varios lustros.
E. varía en el número de libros reconocidos.

_________ 5. El papel de los concilios en la canonicidad de un libro ha consistido en. . .
A. determinarla.
B. confirmarla.
C. oponerse a ella.
D. corregir los errores.
E. prohibir la lectura de libros desaprobados.

_________ 6. En el canon se incluyeron. . .
A. solamente algunos de los escritos proféticos.
B. todos los escritos proféticos de que se tenía conocimiento.
C. todos los escritos de valor religioso menos los proféticos.
D. los escritos sacerdotales de los tiempos levíticos.
E. los escritos "desmitizados".

_________ 7. En cuanto a lo que sabemos de la formación del canon. . .
A. se ha explicado el motivo de cada paso.

B. quedan algunos misterios inexplicables.
C. es todo un enigma.
D. tenemos motivos bien fundados para dudar de algunas decisiones.
E. podemos concluir que les faltan algunos pasajes importantes a algunos libros del Antiguo Testamento.

_______ 8. La determinación del canon se ha hecho como obra. . .
A. en parte humana y en parte divina.
B. totalmente divina.
C. totalmente humana.
D. realizada a fin de cuentas bajo la dirección divina.
E. provisional hasta un nuevo estudio.

_______ 9. Uno de los principios por los cuales se guiaron los cristianos para el reconocimiento de los libros canónicos fue. . .
A. una evidencia física e inicial.
B. la calidad literaria.
C. la necesidad del escritor de tener un título de artes y letras.
D. una prohibición del vicio del tabaco en su contenido.
E. una evidencia de autoridad divina.

_______ 10. Se negaba el reconocimiento canónico a un libro. . .
A. que estuviera en desacuerdo con las enseñanzas de los demás libros de la Biblia.
B. anónimo.
C. escrito por una persona no judía.
D. que contuviera pasajes aburridos.
E. que fuera difícil de entender.

_______ 11. La aceptación de los libros para incluirlos en el canon. . .
A. se logró siempre después de hacerle campaña a su favor.
B. siempre se logró fácilmente.
C. no siempre fue fácil.
D. costó la inversión de mucho dinero.
E. se leyó en cada iglesia.

_______ 12. El último paso en la determinación de la canonicidad de un libro ha sido. . .
A. la aceptación de parte del pueblo de Dios.

B. el reconocimiento de la jerarquía eclesiástica.
C. la aprobación de los incrédulos.
D. una votación por boleta secreta de todos los creyentes inscritos.
E. la aprobación final de los gobernantes.

DE LA TEORIA A LA PRACTICA

1. ¿Hasta qué punto sería recomendable enseñar a los recién convertidos sobre la determinación de la canonicidad de los libros de la Biblia? ¿Por qué?
2. ¿Qué libros aceptados como canónicos por los evangélicos rechazan los católicos?
3. ¿Qué diferencias habrá entre el canon de los libros del Nuevo Testamento de los protestantes y el de los católicos?
4. ¿Qué libros canónicos fueron prohibidos por los dirigentes eclesiásticos durante algún tiempo?
5. ¿Qué valor habrá en prohibir a los creyentes la lectura de algunos libros de las sectas que reclaman para sí la inspiración divina?
6. ¿Qué desventajas habrá en prohibir a los creyentes la lectura de libros de las sectas que reclaman para sí la inspiración?
7. ¿Qué valor se les da a las Escrituras en la iglesia de usted?
8. ¿Qué valor se da al estudio activo de las Escrituras en la iglesia suya?
9. ¿Qué impulso da su iglesia a la propagación de las Escrituras a aquellos pueblos que no las tienen todavía?
10. ¿Qué decisiones ha tomado usted como resultado del estudio de este capítulo?

PROYECTOS PARA LA CLASE

1. Evaluar lo que hicieron los estudiantes en las secciones UN ENCUENTRO CON LAS VERDADES y DE LA TEORIA A LA PRACTICA.
2. Presentar un cuadro dramatizado de la situación que habría actualmente de no tener un canon.
3. Celebrar una mesa redonda sobre maneras de motivar más y mejorar la calidad de estudios bíblicos en la iglesia local.
4. Investigar una comisión nuevos materiales de estudio bíblico y traer un informe con recomendaciones al respecto.

Capítulo 12

La formación del canon

I. El canon del Antiguo Testamento

A raíz de los pocos datos de que disponemos, no es fácil trazar la historia del canon hebreo, sobre todo durante el largo período que precedió al cautiverio babilónico. Podemos, no obstante, tener una idea general de su formación gracias a ciertos indicios que nos proporcionan el mismo Antiguo Testamento y la subsiguiente historia de Israel.

a. *Los libros canónicos y la literatura hebrea.* Al tratar sobre la formación del canon, es preciso tener presente que los judíos nunca equipararon los libros canónicos con las demás obras de su literatura, sino que siempre los consideraron como una parte especial de ella. Además de los libros canónicos hubo muchos otros, tales como el de "las batallas de Jehová", "los hechos del rey Salomón" y "las crónicas de los reyes de Israel", para mencionar sólo algunos (Números 21:14; 1 Reyes 11:41; 2 Reyes 15:31). Dichos libros, sin embargo, jamás fueron tenidos por libros santos que merecieran ser coleccionados y conservados. Asimismo se escribieron muchas obras religiosas después de completarse el canon; pero tampoco los judíos las confundieron con los libros que estimaban como palabra de Dios.

b. *Antigüedad de los libros canónicos.* Según una teoría de moda, los libros del Antiguo Testamento se compilaron en tres etapas, las cuales corresponden a las fechas en que supuestamente se formaron las secciones de la Biblia hebrea. Dichas fechas serían como sigue: la ley, alrededor del año 400 a.C.; los profetas, alrededor del 200 a.C. y los escritos, alrededor del 100 d.C. Así los promotores de esta teoría afirman que los libros del canon hebreo no son tan antiguos como tradicionalmente se ha sostenido; en consecuencia, muchos de esos libros no serían más que fraudes píos escritos por hombres que vivieron siglos después de los acontecimientos que relatan. Tal suposición, sin embargo, es inadmisible, ya que existen testimonios históricos de que el canon estaba compuesto por tres secciones desde antes del año 100 de nuestra era y hasta quizás el año 200 a.C. Es más, hay evidencias de que los libros sagrados fueron incorporados en el canon a medida que se escribían.

1) La ley. Desde luego, el canon comenzó con los libros escritos por Moisés, aproximadamente por 1500 a.C. Al principio fue una compilación conocida como "el libro de la ley", el que los sacerdotes conservaron junto al arca del pacto cuando Moisés vivía aún (Deuteronomio 17:18; 31:26). Posteriormente fue guardado en el templo de Jerusalén. Que existía desde unos mil años antes del siglo IV a.C. y siempre se lo consideró canónico está suficientemente atestiguado por los demás escritores del Antiguo Testamento. Josué, sucesor de Moisés, lo conocía y escribió en él (Josué 1:7, 8; 8:32; 24:26). David ordenó a su hijo Salomón que lo obedeciera (1 Reyes 2:3). Josafat decretó que lo enseñaran al pueblo (2 Crónicas 17:9). En el tiempo de Josías se halló el ejemplar que se guardaba en el templo y tanto el rey como el pueblo le reconocieron su autoridad, comprometiéndose solemnemente a obedecerlo (2 Reyes 22:8; 23:2, 3). Durante el cautiverio los judíos tenían copias de la ley (Daniel 9:11, 13).

2) Los profetas. La sección de los profetas está constituida por dos grupos, que son: libros históricos y libros proféticos propiamente tales.

La característica sobresaliente de los libros históricos es que los últimos se refieren a hechos relatados en los que los preceden, dando testimonio así de la antigüedad y canonicidad de éstos. En efecto, Jueces se refiere a sucesos relatados en el libro de Josué (Jueces 1:20, 21; 2:8). Rut alude a "los días en que gobernaban los jueces" (Rut 1:1). Y los dos libros de Reyes (un solo libro en la Biblia hebrea) consignan el cumplimiento de una profecía registrada en el libro de Josué y varias veces se refieren a David, cuya vida se narra en 1 y 2 Samuel (1 Reyes 16:34; 3:14; 9:5; 2 Reyes 18:3).

Párrafo aparte merecen otros libros históricos que, por lo que da a entender el historiador judío Josefo, antes estaban también en los profetas[1] pero que ahora forman parte de los escritos. Se trata de los dos libros de Crónicas y de Esdras y Nehemías, que en la Biblia hebrea son un solo libro y una combinación, respectivamente. Estos dan testimonio de la existencia de ciertos libros canónicos que los precedieron. Así es como Crónicas registra genealogías de Génesis y Rut (1 Crónicas 1; 2:12, 13). Y de la combinación Esdras-Nehemías, el primero comienza con los últimos versículos de Crónicas y el segundo resume la historia de Israel desde Génesis hasta Crónicas (Esdras 1:1-3; Nehemías 9).

También los libros proféticos se refieren a los que los anteceden.

Así Miqueas cita a Isaías o viceversa, y Jeremías a Miqueas (Miqueas 4:1-3; Isaías 2:1-4; Jeremías 16:18). Daniel, cuyo libro también forma parte ahora de los escritos de la Biblia hebrea, tenía una colección de libros proféticos, aludiendo indirectamente al libro que registra los hechos de este profeta (Ezequiel 14:14, 20).

En cuanto a Isaías y Daniel, no es más que un pobre recurso carente de fundamento histórico y bíblico el afán de algunos eruditos de fechar los últimos capítulos del primer libro y todo el segundo en el siglo II a.C., afirmando con ello que no fueron escritos por sus respectivos autores.[2] Eliminado este argumento, no hay razón alguna para suponer que la sección de los profetas fue incorporada en el canon por el año 200 a.C.

3) Los escritos. Lo que se ha dicho de la ley y los profetas, ¿puede decirse también de los escritos? Rotundamente sí. Una vez más los libros de los profetas dan testimonio de la existencia y canonicidad de algunos de ellos desde antes del siglo IV a.C. Ezequiel menciona a Job (Ezequiel 14:14, 20). Samuel incluye el Salmo 18 (2 Samuel 22:1-51). Crónicas tiene fragmentos de varios otros (1 Crónicas 16:7-36). Jonás cita Salmo 42:7 (Jonás 2:3). En cuanto a los escritos atribuidos a Salomón, 1 Reyes se refiere a ellos, confirmando que éste los escribió (1 Reyes 4:32). Por el tiempo del rey Ezequías se había compilado la mayor parte de los Salmos y Proverbios (Isaías 38:20; Proverbios 25:1).

c. *Un canon doble.* Hay ciertos indicios de la existencia de dos cánones hasta el tiempo de la restauración: uno, constituido por los libros de Moisés y que se guardaba en el templo; el otro, consistente en los escritos de los profetas. Es posible que a este segundo canon se hayan incorporado desde el principio el Salmo de Moisés y el libro de Job, añadiéndosele los demás a medida que los escribían.

Daniel se refiere a la ley de Moisés y a una colección de escritos proféticos que llama "los libros" (Daniel 9:2, 11, 13). Tal vez esta colección fuera "el libro de Jehová" que menciona Isaías (Isaías 34:16). Esdras alude a "la ley" y a "los mandamientos y testimonios" con que Dios los amonestaba por medio de sus profetas (Nehemías 9:34; compárese con Nehemías 9:29, 30). Y Zacarías menciona también "la ley" y "las palabras que Jehová enviaba por medio de los profetas" (Zacarías 7:12). Asimismo la frase "la ley y los profetas" se halla en el libro apócrifo 2 Macabeos 15:9; es común en el *Talmud* y se repite más de 10 veces en el Nuevo Testamento.

Aparentemente fue sólo en el siglo II a.C. cuando el canon de los profetas fue dividido en los "profetas" y los "escritos".

d. *Un canon provisional.* Hay evidencias de un canon provisional que duró hasta el regreso del cautiverio, cuando los compiladores le dieron su forma definitiva. Por ejemplo, en Josué 24:26 se nos dice que Josué escribió "en el libro de la ley de Dios" palabras que ahora no encontramos en el Pentateuco. Tampoco están "las leyes del reino" que consignó Samuel en el libro que "guardó delante de Jehová" (1 Samuel 10:25). En cambio, otros libros se mantuvieron por años como los dejaron sus autores hasta que a la muerte de éstos los compiladores les agregaron suplementos (Deuteronomio 34:1-12; Josué 24:29-33; Rut 4:18-22; Jeremías 52). Un caso especial lo tenemos en Proverbios, donde los varones de Ezequías añadieron siglos después proverbios de Salomón que él mismo no había incluido en la obra original (Proverbios 25:1 — 29:27).

Asimismo en el libro de las Crónicas se mencionan varios escritos proféticos, entre ellos una carta del profeta Elías al rey Joram, escritos que posteriormente fueron compilados en el de Samuel y compendiados en el de Reyes (2 Crónicas 21:12-15).

e. *Determinación del canon*. Según una tradición judía, que para algunos es de escaso valor histórico, fue Esdras quien con la ayuda de los hombres de la Gran Sinagoga (véase el capítulo 5) coleccionó y revisó por el 400 a.C. los libros canónicos que hasta entonces se habían escrito. Aunque la tradición tiene algunas cosas fabulosas, puede que Esdras y los hombres que le siguieron hayan realizado la labor que se les atribuye. Algunos años después de Esdras, se incorporó al canon Malaquías, el último libro del Antiguo Testamento. Otros años más tarde se interpolaron algunas palabras en Crónicas y Nehemías, con lo cual se completó el canon hebreo.

Desde aproximadamente 380 a.C. los judíos, a quienes les fue confiada la palabra de Dios, no le han añadido ningún otro escrito al canon. Según el *Talmud*, después de los profetas Hageo, Zacarías y Malaquías, el Espíritu Santo se apartó de Israel. Por lo tanto, los judíos no esperaban nuevos escritos inspirados. Josefo da un testimonio similar cuando al referirse a los libros canónicos dice que nadie se ha atrevido a añadirles o sumprimirles nada ni tampoco a alterarlos.

f. *Confirmación del canon*. El primer testimonio histórico que tenemos del canon del Antiguo Testamento se halla en el prólogo del libro apócrifo Eclesiástico, escrito alrededor del 132 a.C. El autor se refiere aquí a la ley, los profetas y los otros libros; pero no enumera los libros que lo constituyen.

Sumamente importante es el testimonio de Jesús con respecto a la integridad del canon hebreo. En sus disputas con los judíos atacó duramente sus tradiciones pero nunca el canon de las Escrituras. No hay el menor indicio de que los acusara de haber añadido o quitado alguna parte de la palabra de Dios. En realidad, Jesús se refiere a todo el Antiguo Testamento con la frase "desde la sangre de Abel hasta la sangre de Zacarías" (Mateo 23:35). Estos dos mártires se mencionan en Génesis 4:8-11 y 2 Crónicas 24:21, respectivamente. Génesis es el primer libro del canon hebreo, y Crónicas el útlimo. En otras palabras, Jesús indicó que el canon del Antiguo Testamento abarca desde Génesis hasta Crónicas, lo que según nuestro orden de los libros nosotros diríamos desde Génesis hasta Malaquías. Pero también Jesús se refirió a todo el canon mencionando las tres secciones que lo constituyen en Lucas 24:44.

Filón, filósofo judío alejandrino que sobrevivió a Jesús por unos 20 años, confirmó también la existencia del canon con sus tres divisiones, haciendo mención de las leyes, los oráculos de los profetas y los salmos y otros escritos.

El primero en proporcionar más detalles sobre el canon fue Josefo, historiador judío contemporáneo de los apóstoles. Según él, el canon se componía de 22 libros agrupados de la siguiente manera: la ley, 5; los profetas, 13, y los "libros que contienen himnos y preceptos para la conducta humana"[3], 4. Probablemente Josefo incluyera los Salmos, Job, Proverbios y Eclesiastés en la tercera sección. Se cree que estos 22 libros corresponden a los 24 de la actual Biblia hebrea combinando Rut con Jueces y Lamentaciones con Jeremías.

A fines del siglo I de nuestra era se reunió en Jamnia (Palestina) un consejo de eruditos judíos para discutir sobre si se debían reconocer como canónicos los libros de Ezequiel, Proverbios, Eclesiastés, Cantar de los Cantares y Ester. En el capítulo anterior consideramos las razones por la cuales se objetaba la canonicidad de algunos de estos libros. El resultado final de todo el debate fue que estos libros, sin ninguna excepción, fueron reconocidos como escritos sagrados. Pero otros libros, como Eclesiástico y algunos escritos cristianos, fueron rechazados. Es preciso tener en cuenta que el concilio de Jamnia no admitió ni excluyó ningún libro. Los escritos reconocidos siempre habían estado en el canon; al contrario, los rechazados jamás habían sido incluidos.

El primer catálogo cristiano de los libros del Antiguo Testamento fue hecho por Melitón, obispo de Sardis, en 170. Con algunas variantes, este catálogo contenía todos los libros del canon hebreo, con la excepción de Ester.

La forma actual que presenta el canon hebreo, con sus 24 libros distribuidos en tres secciones, procede de la *Mishna* y data del siglo V d.C.

En resumen, hay abundante testimonio de que el canon del Antiguo Testamento está completo y contiene sólo libros inspirados.

2. El canon del Nuevo Testamento

A diferencia de lo que sucede con el canon del Antiguo Testamento, para trazar el desarrollo del canon del Nuevo Testamento contamos con un arsenal de datos valiosos.

a. *Razones para tener un canon.* En el capítulo anterior consideramos las razones principales que hicieron necesaria la formación de un canon de las Escrituras. Hay otras razones específicas en relación con la necesidad de un canon del Nuevo Testamento.

Era preciso saber cuáles libros constituían la norma de fe y conducta porque algunas iglesias usaban libros apócrifos en la lectura bíblica y en la enseñanza.

Otra necesidad urgente era la de contar con el verdadero canon del Nuevo Testamento para contrarrestar el efecto pernicioso de las enseñanzas de Marción, heresiarca que por el año 140 había formado su propio canon consistente sólo en un evangelio incompleto de Lucas y 10 epístolas de Pablo.

Como resultado de la expansión de la iglesia en países extranjeros, se vio también la necesidad de traducir las Escrituras a los idiomas de los pueblos evangelizados. Esto creó a su vez la necesidad de saber cuáles eran las Escrituras de los cristianos.

b. *Evidencias de la formación de un canon.* Un estudio cuidadoso del Nuevo Testamento nos mostrará que, al igual que con el canon del Antiguo Testamento, los libros canónicos fueron reconocidos a medida que se escribían, de tal modo que por el año 100 el canon del Nuevo Testamento ya estaba completo, si bien transcurrirían varios siglos antes que fuera oficialmente aceptado por la iglesia.

Entre las evidencias de un canon en formación se destacan las siguientes:

1) Desde una época relativamente temprana hubo una selección de los hechos y dichos de Jesús que serían consignados. Por lo que declara el apóstol Juan, Jesús hizo muchas cosas que no están escritas en su Evangelio; pero sin duda tampoco están en los otros (Juan 20:30; 21:25). Y que los evangelios no registran todos los dichos de Jesús es obvio por uno que cita Pablo en Hechos 20:35. Este proceso de selección se extendió asimismo a los muchos relatos que precedieron al de Lucas y a las cartas que recibieron las iglesias (Lucas 1:1). De aquéllos, sólo Mateo y Marcos fueron aceptados; de éstas, algunas fueron desechadas por apócrifas y otras por razones que desconocemos (2 Tesalonicenses 2:2; Hechos 15:23-29; 1 Corintios 5:9-11; Colosenses 4:16; 3 Juan 9).

2) Los apóstoles ordenaron que las iglesias leyeran sus cartas

(Colosenses 4:16; 1 Tesalonicenses 5:27; Apocalipsis 1:3). Como en las sinagogas se leían la ley y los profetas, esto indica que ya en ese tiempo los escritos apostólicos eran considerados al mismo nivel de las Escrituras del Antiguo Testamento (Hechos 13:15).

3) Las iglesias debían creer y obedecer las palabras escritas por los apóstoles, lo cual prueba que estos escritos estaban revestidos de autoridad y constituían la norma de fe y conducta de los creyentes (1 Corintios 14:37; 2 Tesalonicenses 2:15; 3:14; 1 Juan 2:1, 7, 8; 5:13; Apocalipsis 1:3; 22:18, 19).

4) Una vez leídos, los escritos apostólicos debían circular entre las iglesias mediante un sistema de canje, prueba de que la autoridad de estos escritos se extendía más allá de sus destinatarios locales (Colosenses 4:16).

5) Las iglesias debían conservar los escritos de los apóstoles para "tener memoria" de las cosas que les habían enseñado (2 Pedro 1:15; 3:1, 2; Judas 17).

6) Los escritos apostólicos no sólo fueron conservados sino también coleccionados, como lo da a entender el apóstol Pedro en su segunda carta al referirse a "todas" las epístolas que el apóstol Pablo había escrito hasta entonces y equipararlas con "las otras Escrituras" (2 Pedro 3:16). Además en la misma carta el apóstol indica que las iglesias ya tenían conocimiento de dos colecciones de escritos: 1) las palabras que antes habían sido dichas por los santos profetas o el Antiguo Testamento, y b) el mandamiento del Señor y Salvador dado por los apóstoles, o sea, el Nuevo Testamento en formación (2 Pedro 3:2).

7) Los apóstoles citaron de los escritos de otros apóstoles, dando a entender que éstos no sólo formaban parte del canon sino que también eran ya reconocidos como Escrituras. En efecto, Pablo cita así del evangelio de Lucas en 1 Timoteo 5:18 (Lucas 10:7). Y probablemente del mismo modo citó Judas de 2 Pedro 3:3 (Judas 17).

c. *Confirmación del canon*. Durante el siglo II prominentes escritores cristianos, como Policarpo, Justino Mártir, Ireneo y Clemente de Alejandría, citaron o aludieron a casi todos los libros del Nuevo Testamento, dando testimonio de su canonicidad.

Las primeras traducciones del Nuevo Testamento, la Antigua Versión siríaca y la Antigua Versión Latina, datan de mediados del siglo II y contienen también la mayoría de los libros canónicos.

El canon más antiguo del Nuevo Testamento descubierto hasta ahora se halla en el *Fragmento Muratoriano*. Este documento data del año 170 y menciona todos los libros del Nuevo Testamento, a excepción de Hebreos, Santiago y 1 y 2 Pedro.

Hubo ciertos libros del Nuevo Testamento de los cuales no se hizo mención ni se citó ningún pasaje. Varias razones se pueden dar para estas omisiones: 1) Algunos escritos, como Filemón, son muy breves para sacar de ellos una cita adecuada para un propósito determinado. 2) Otros, como 3 Juan, no habían circulado lo suficiente a causa de su naturaleza privada y eran desconocidos en muchas comunidades cristianas. 3) Había dudas en cuanto a la canonicidad de ciertos escritos, como 2 Pedro.

Se dice que fue Orígenes (185-254) el primero que en el siglo III reconoció los 27 libros del Nuevo Testamento, aun cuando tenía sus dudas con respecto a Santiago, 2 Pedro y 2 y 3 Juan.

A principios del siglo III apareció un importante documento llamado *Códice Baracoccio.* Este contiene el primer canon de toda la Biblia, con una lista del Antiguo Testamento, excepto Ester, y de todos los del Nuevo Testamento, salvo Apocalipsis.

El historiador cristiano Eusebio de Cesarea (264-340) realizó una acuciosa investigación en los escritos de los apóstoles. Como resultado de ella reconoció los 27 libros del Nuevo Testamento, pero los clasificó en dos grupos: 1) los aceptados por todos y 2) los "disputados", entre los cuales incluyó Santiago, 2 Pedro, 2 y 3 Juan y Judas. A esta lista de libros disputados hay que agregar Hebreos y Apocalipsis, cuya canonicidad también fue puesta en duda durante un tiempo.

Poco a poco, sin embargo, se fueron disipando las dudas que se habían originado en cuanto a la canonicidad de estos siete libros hasta que en 367 Atanasio de Alejandría formó el primer canon definitivo de los 27 libros del Nuevo Testamento.

En 393 el Concilio de Hipona ratificó la canonicidad de los libros reconocidos por Atanasio y cuatro años más tarde el Concilio de Cartago confirmaba el dictamen del de Hipona.

En esta apretada síntesis de la historia del canon del Nuevo Testamento podemos ver que los concilios no confirieron ninguna autoridad a los libros canónicos, sino que se limitaron a reconocer la que ya tenían desde que Dios los inspiró.

La dificultad que enfrentaron algunos libros para ser aceptados por toda la iglesia da testimonio del cuidadoso escrutinio a que eran sometidos los libros canónicos. En realidad, los dirigentes eclesiásticos de aquellos tiempos tenían más y mejores elementos de juicio que algunos "eruditos" de nuestros días para determinar si un libro era canónico o no, puesto que contaban con evidencias que las persecuciones y la acción del tiempo destruyeron posteriormente.

---

[1]Aun cuando aceptáramos la idea de que los escritos son posteriores a los profetas, el hecho mismo de que Josefo incluyera en los profetas algunos libros que ahora forman parte de los escritos es una prueba de que estos libros son más antiguos de lo que creen ciertos eruditos.

[2]Por lo que respecta al libro de Isaías, los escritores del Nuevo Testamento atribuyen la última parte al profeta homónimo (Mateo 12:17; Lucas 4:17; Juan 12:38; Hechos 8:30; Romanos 10:20). El rollo de Isaías hallado en Qumrán, y que data quizás del siglo II a.C., no tiene el menor indicio de ser una compilación.

[3]Norman L. Geisler y William E. Nix, *A General Introduction to the Bible*, página 155.

BOSQUEJO DEL CAPITULO

La elaboración de la lista de libros autorizados

1. El caso del Antiguo Pacto
   a. El lugar de los escritos aprobados comparado con los demás escritos
   b. Período cronológico de cada sección del canon
   c. Dos catálogos
   d. La posibilidad de un catálogo provisional
   e. La aprobación definitiva
   f. El apoyo del catálogo aprobado
2. El caso del Nuevo Pacto
   a. Condiciones especiales que aumentaron la motivación para formar un catálogo
   b. Pruebas del proceso
   c. El apoyo posterior

UN ENCUENTRO CON LAS VERDADES

¿Cierto o falso? Lea cada declaración con cuidado. Si lo que se afirma es cierto, ponga una **C** detrás del número que le corresponde; si es falso, ponga una **F**. Después enmiende la redacción de las declaraciones incorrectas para que queden correctas.

1. Tenemos abundante información acerca de la historia de la formación del canon hebreo. 1. ________
2. Los judíos siempre han tenido los libros canónicos a la par con el resto de su literatura. 2. ________
3. Se cree que Moisés vivió unos 1.500 años antes de Cristo. 3. ________
4. Los hebreos siempre han considerado los libros de Moisés como canónicos. 4. ________
5. Tenemos amplios datos para apoyar la idea de que el libro de Daniel fue incorporado en el canon por el año 200 a.C. 5. ________
6. El libro de Proverbios como lo conocemos ahora se completó siglos después de la muerte de Salomón. 6. ________
7. Descubrimientos arqueológicos de los últimos años proveen datos suficientes para desechar totalmente la posibilidad de que Esdras haya trabajado en la formación del canon hebreo. 7. ________
8. Cristo criticó varias veces a los escribas por lo

que habían agregado a los escritos canónicos. 8. ________

9. El Concilio de Jamnia tomó la decisión de admitir los libros de Ester y Eclesiastés en el canon. 9. ________
10. El crecimiento de la iglesia acentuó la necesidad de tener un canon de libros del Nuevo Testamento. 10. ________
11. Desde el siglo primero las iglesias tenían la costumbre de leer en sus reuniones las cartas recibidas de los apóstoles. 11. ________
12. Las iglesias del siglo primero conservaban las cartas recibidas de los apóstoles. 12. ________
13. Para el siglo II los escritores cristianos habían citado o aludido a casi todos los libros del Nuevo Testamento. 13. ________
14. El canon más antiguo del Nuevo Testamento que tenemos data del año 170. 14. ________
15. El canon más antiguo del Nuevo Testamento incluye todos los libros que actualmente tenemos en éste. 15. ________
16. El primer canon de toda la Biblia apareció a principios del siglo III. 16. ________
17. En el siglo IV dos concilios dieron el visto bueno a la canonicidad de los libros que actualmente tenemos en el Nuevo Testamento. 17. ________
18. Los libros del Nuevo Testamento fueron sometidos a repetidas pruebas para llegar a gozar de la aceptación de toda la iglesia. 18. ________

DE LA TEORIA A LA PRACTICA

1. En los siguientes casos, indique algo que Cristo pidió a los discípulos y que El mismo podría haber hecho por su poder divino:
   a. Lucas 5:4-8
   b. Juan 6:10-11
   c. Juan 11:44
2. ¿Qué importancia le ha dado Dios a la intervención humana en la formación del canon?
3. Según su opinión, ¿por qué no ha intervenido el Espíritu Santo en una forma más directa y explícita en la formación del canon?
4. ¿Qué importancia tiene para usted la formación del canon?

PROYECTOS PARA LA CLASE

1. Evaluar lo que hicieron los estudiantes en las secciones UN ENCUENTRO CON LAS VERDADES y DE LA TEORIA A LA PRACTICA.
2. Pedir a un estudiante que traiga un informe sobre los libros del Antiguo Testamento que los musulmanes aceptan como inspirados por Dios.
3. Hacer que un estudiante rinda un informe sobre la historia de la determinación de la canonicidad de la carta a los Hebreos.
4. Hacer que un grupo presente un cuadro dramatizado de los problemas que tuvo Martín Lutero para reconocer la canonicidad de la epístola de Santiago.

Capítulo 13

LOS LIBROS APÓCRIFOS

1. Definición

La palabra "apócrifo" significaba originalmente "secreto" o "difícil de entender". Se la usó para referirse a las enseñanzas esotéricas que las religiones de misterio impartían sólo a sus adeptos e iniciados. Pero los dirigentes de la iglesia primitiva llamaron apócrifos a los escritos apocalípticos[1] y más tarde a todos los libros espurios o heréticos. Desde los tiempos de la Reforma el término "apócrifo" se aplica generalmente a los libros apócrifos incluidos en la versión de los Setenta.*

No hay que confundir los libros apócrifos con los disputados, o sea los que algunos no querían aceptar como inspirados. Estos siempre fueron canónicos, aunque por un tiempo se puso en duda su canonicidad. Por el contrario, aquéllos jamás han sido del canon, no obstante haber sido aceptados algunos de ellos por una parte de las iglesias.

Según la actitud de las iglesias hacia los libros apócrifos, éstos se han clasificado en dos grupos: a) libros rechazados por todos y b) libros aceptados por algunos. A los primeros se los ha llamado también "seudoepígrafes" y a los segundos se les ha conservado el calificativo de apócrifos.

La clasificación más común de estos libros consiste en separarlos como libros apócrifos del Antiguo Testamento y libros apócrifos del Nuevo Testamento. En este caso hay que entender la palabra "apócrifo" en el sentido de "supuesto", pues estrictamente hablando, nunca estos libros han formado parte de ninguno de los dos testamentos.

2. Libros apócrifos del Antiguo Testamento

a. *Lista de estos libros.* Entre los años 200 a.C. y 100 d.C. apareció entre los judíos una profusión de libros religiosos, muchos de ellos escritos por autores anónimos. Algunos se hicieron pasar por antiguos escritores canónicos o héroes de la antigüedad. Si bien los judíos nunca aceptaron estos libros en su canon, es evidente que una secta de ellos los estimaba hasta el punto de conservarlos junto con los escritos sagrados. Por lo menos, esto es lo que podemos deducir de los manuscritos hallados en Qumrán.

Los libros apócrifos del Antiguo Testamento son más de 40; pero los principales son los que se indican a continuación:[2]

DIDACTICOS	HISTORICOS
♦ ★ ▪ • Sabiduría de Salomón	♦ Obra sadocita
★ ▪ • Eclesiástico	▪ • 1 Esdras
★ ▪ • Baruc	★ ▪ • 1 Macabeos
★ ▪ • Carta de Jeremías	★ ▪ • 2 Macabeos
✓ 3 Macabeos	**POETICOS**
✓ 4 Macabeos	Salmos de Salomón
MITICOS	♦ Salmo 151
♦ El libro de los jubileos	**APOCALIPTICOS**
El martirio de Isaías	♦ ▲ 1 Enoc
♦ ★ ▪ • Tobías	2 Enoc
★ ▪ • Judit	El testamento de los 12 patriarcas
★ ▪ • Adiciones a Ester	Los oráculos sibilinos
★ ▪ • Cántico de los tres jóvenes	▲ La asunción de Moisés
★ ▪ • Historia de Susana	▪ 2 Esdras[3]
★ ▪ • Historia de Bel y el dragón	
★ ▪ • Oración de Manasés	

• Incluido en la versión de los Setenta
▪ Incluido en la Vulgata
▲ Citado por Judas en el Nuevo Testamento
★ Incluido en las versiones católicas
♦ Hallado en los manuscritos del mar Muerto
✓ Incluido en algunas copias de la versión de los Setenta

b. *¿Dos cánones?* Catorce libros apócrifos se hallan en los manuscritos de la versión de los Setenta. Este hecho, junto con la presencia de algunos de estos mismos libros entre los manuscritos del mar Muerto, ha hecho pensar a ciertos eruditos en la existencia de dos cánones: uno hebreo y otro griego. El hebreo sería el aceptado por los judíos de Palestina; el griego, el aceptado por los judíos de Alejandría. Opinan que el último era más amplio que el primero, por cuanto contenía también los 14 libros apócrifos.

Tal suposición suscitaría de inmediato el interrogante de cuál canon es el verdadero. Lo cierto es que hasta ahora no se ha hallado ningún manuscrito griego de antes de Cristo que contenga estos libros, pues los más antiguos son todos del siglo IV de nuestra era. Y si acaso los incluían, no tenemos tampoco ningún testimonio histórico de que los judíos de Alejandría los consideraran canónicos.

Es posible, sin embargo, que algunos judíos cristianos helenistas[4] consideraran canónicos algunos libros apócrifos, especialmente el Eclesiástico, a juzgar por los debates del Concilio de Jamnia. En esta ocasión los rabinos rechazaron el Eclesiástico (o la Sabiduría de Jesús, hijo de Sirac), los Evangelios y otros libros que consideraron heréticos. Esta misma predisposición favorable a estos libros puede haber influido para incluirlos en la Antigua Versión Latina (siglo II d. C.). Jerónimo los incluyó también en la Vulgata; pero fue muy claro al expresar que no eran canónicos. Una actitud similar han adoptado diversas confesiones protestantes que han publicado Biblias con libros apócrifos.

c. *La gran controversia.* Desde hace cuatro siglos se mantiene una aguda controversia entre evangélicos y católicos por la inclusión de algunos libros apócrifos de parte de éstos en el canon del Antiguo Testamento. Mientras que las iglesias evangélicas aceptan los 39 libros recibidos del canon hebreo, la Iglesia Católica admite además como canónicos 11 de los 14 libros apócrifos incluidos en la versión de los Setenta. Pero en las versiones católicas de la Biblia estos 11 libros aparecen como siete porque la carta de Jeremías se añade al libro de Baruc y las adiciones a Ester y Daniel se incorporan en los respectivos libros canónicos. Los evangélicos sostenemos que nuestras Biblias son completas; pero los católicos afirman que son falsas porque, según ellos, les faltan algunos libros. Examinemos, pues, los argumentos de ambas partes.

1) El punto de vista católico. Las razones que aducen los eruditos católicos para admitir los libros apócrifos en el canon del Antiguo Testamento son las siguientes:

• El Nuevo Testamento refleja las ideas contenidas en los libros apócrifos por las alusiones a los hechos y enseñanzas de éstos (compárese Romanos 9:21 con Sabiduría 15:7, Hebreos 11:35 con 2 Macabeos 7:7 y Santiago 1:13 con Eclesiástico 15:11, 12).[5]

• La versión de los Setenta, de cuyo texto citaron las más de las veces los escritores del Nuevo Testamento, contiene los libros apócrifos.

• Muchos "padres" de la iglesia primitiva reconocieron como

canónicos los libros apócrifos, entre ellos Ireneo, Tertuliano y Clemente de Alejandría.

• Los libros apócrifos se hallan en otras versiones antiguas.

• Agustín y los concilios que presidió, de Hipona (393) y Cartago (397), aceptaron los libros apócrifos.

• El Concilio de Trento (1546) los declaró canónicos.

• Las Biblias protestantes contenían los libros apócrifos hasta el siglo XIX.

• Algunos libros apócrifos se han hallado junto a los libros canónicos entre los manuscritos del Mar Muerto.

2) Objeciones a los argumentos de los católicos. A estas razones podemos contestar con las siguientes objeciones:

• Aunque es muy probable que los escritores del Nuevo Testamento hicieran algunas alusiones a los libros apócrifos, lo notable es que no se refirieron a ellos como Escrituras. Y si la alusión o cita de un libro fuera razón suficiente para considerarlo canónico, no se explicaría entonces por qué los católicos no admiten el libro de Enoc, el cual se cita en Judas 14, 15.

• El hecho de que los manuscritos de la versión de los Setenta (todos ellos del siglo IV d.C.) contengan los libros apócrifos no constituye ninguna prueba de que los del siglo I los contenían también ni de que la iglesia apostólica los considerara canónicos. Si este argumento probara la canonicidad de estos libros, les sería difícil a los eruditos católicos explicar por qué admitieron solamente 11 y no los 14 que contiene la versión de los Setenta.

• Es muy natural que las versiones traducidas de la de los Setenta, como la Antigua Versión Latina y la Vulgata, tengan también los libros apócrifos; pero este hecho tampoco prueba que los antedichos libros fueran considerados canónicos. Por lo demás la Versión Siriaca, quizás la más antigua después de la griega, no contenía los libros apócrifos.

• Si bien es cierto que algunos dirigentes de la iglesia primitiva aceptaron como canónicos estos libros apócrifos, no lo es menos que hubo otros que por ningún motivo los aceptaron, entre los cuales podemos mencionar a Orígenes, Atanasio, Cirilo de Jerusalén y Jerónimo. Por lo demás, ¿por qué la Iglesia Católica rechaza algunos libros aceptados por los "padres" que cita, por ejemplo, la Oración de Manasés y 1 y 2 Esdras?

• Al aceptar los libros apócrifos, Agustín omitió Baruc y admitió 2 Esdras, mientras que la Iglesia Católica ha hecho todo lo contrario. Asimismo Agustín les atribuyó una "canonicidad secundaria" a los libros apócrifos, en contraste con la "canonicidad primaria" de las Escrituras.

En cuanto a los concilios de Hipona y Cartago, podemos decir que eran locales y que el de Laodicea (363), de igual autoridad que los dos primeros, rechazó los libros apócrifos. Por lo demás, los concilios pueden errar en sus decisiones, a juzgar por los casos en que unos han contradicho los decretos de otros.

• El Concilio de Trento declaró canónicos los libros apócrifos más de 1500 años después de ser escritos y tan sólo por estrecha mayoría.[6] Su determinación no tuvo otro motivo que el de contradecir el protestantismo. Y al anatematizar a todos los que rechazan los libros apócrifos, ¡condenó también a Jerónimo, el traductor de la Vulgata!

• Algunas versiones evangélicas de la Biblia incluían los libros apócrifos desde antes del Concilio de Trento; pero éstos estaban separados de los libros canónicos porque no se los consideraba de igual autoridad que los últimos. Por ejemplo, Lutero los rechazó, pero a la vez los incluyó al final de su versión de la Biblia, publicada en 1543. ¡Y una distinción similar hizo el Cardenal Jiménez de Cisneros en su *Políglota Complutense* poco antes de la Reforma!

• La presencia de libros apócrifos entre los canónicos en las cuevas de Qumrán no constituye prueba de que los esenios los consideraban de igual autoridad, puesto que junto con los manuscritos bíblicos había también comentarios, himnarios y otros libros. Todos ellos formaban parte de la biblioteca de esta secta. Además, entre los libros apócrifos hay algunos que ni los dirigentes de la iglesia primitiva ni los católicos han aceptado, por ejemplo, el libro de Enoc y el Salmo 151.

3) El punto de vista evangélico. Los argumentos esgrimidos por los evangélicos se basan generalmente en los cinco principios que guiaron a los dirigentes de la iglesia primitiva para reconocer la canonicidad de un libro determinado.

• Hay una notoria ausencia de autoridad en los libros apócrifos. Ninguno de sus autores afirma escribir por inspiración divina. Compárese, por ejemplo, la carta apócrifa atribuida a Jeremías con la canónica registrada en Jeremías 29 y las adiciones a Daniel con el respectivo libro canónico.

• Los libros apócrifos no son proféticos porque fueron escritos en el período en que no había profetas en Israel. Josefo da testimonio de que no hubo profetas después de Artajerjes, y el *Talmud*, de que después de Malaquías el Espíritu Santo se apartó de Israel. Los mismos libros apócrifos afirman o dan a entender que en su tiempo no había profetas (1 Macabeos 4:46; 9:27; 14:41). Por lo tanto, ninguno de estos escritos puede ser inspirado por Dios.

• Las afirmaciones de los libros apócrifos no concuerdan con las enseñanzas de la Biblia. En efecto, abundan en ellos las fábulas y errores históricos y doctrinales. Por ejemplo:

a) Tobías. Tobías 5:9-12 habla de un ángel mentiroso, quien se descubre en 12:15. Compárese esto con lo que dice Apocalipsis 21:8, 27; 22:15 sobre los mentirosos.

El mismo libro en 12:9 enseña una salvación por obras diciendo: "Pues la limosna libra de la muerte y limpia de todo pecado." Esto es una contradicción de lo que afirma Génesis 15:6; Romanos 4:5; Gálatas 3:11; Efesios 2:8, 9.

b) Judit. Repetidas veces el libro de Judit afirma que Nabucodonosor reinó sobre Nínive y los asirios (1:1, 11; 2:1; 12:13). Compárese con lo que dice 2 Reyes 24:11; Jeremías 25:9; Daniel 1:1, lo mismo que la historia universal. Esto queda confirmado por la arqueología.

Asimismo Judit 9:10, 13; 10:12, 13; 11:5-19; 16:7, 8 enseñan ¡que Dios ayudó a Judit a engañar a Holofernes!

c) 2 Macabeos. Promueve 2 Macabeos 12:45, 46 la oración por los muertos. Al contrario, los libros canónicos desaprueban tal práctica (2 Samuel 12:16, 22, 23; Lucas 16:25, 26; Hebreos 9:27).

d) Cántico de los tres jóvenes. Esta poesía se añadió al capítulo 3 de Daniel. El versículo 38 (numeración de la versión católica de Nácar-Colunga) afirma que en su tiempo no había profetas, lo cual contradice al mismo libro canónico de Daniel, al testimonio de Jesús con respecto a Daniel y al hecho de que había otros dos profetas: Jeremías y Ezequiel.

• No hay poder transformador en los libros apócrifos y las verdades que contienen son tan sólo repeticiones de los libros canónicos.

• Los libros apócrifos jamás han sido aceptados como canónicos por todo el pueblo de Dios. En contra de su aceptación tenemos los siguientes testimonios:

a) Filón. Este filósofo judío de Alejandría consideraba la versión de los Setenta tan inspirada como las Escrituras hebreas. Citó abundantemente de ella, pero nunca de los libros apócrifos.

b) Jesús y los escritores neotestamentarios. Estas autoridades citaron casi 300 veces del Antiguo Testamento; pero jamás citaron de los libros apócrifos como Escrituras.

c) Josefo. Este historiador judío escribió que el canon del Antiguo Testamento se componía de 22 libros, excluyendo de este modo los libros apócrifos.

d) El concilio judío celebrado en la ciudad de Jamnia. Rechazó los libros apócrifos.

e) Los primeros concilios eclesiásticos. Durante los cuatro primeros siglos de nuestra era ningún canon incluyó los libros apócrifos ni ningún concilio eclesiástico los reconoció.

f) Cirilo de Jerusalén, Orígenes y Atanasio. Estos hombres respetados rechazaron los libros apócrifos.

g) Jerónimo. Este erudito, que tradujo la Vulgata, reconoció como canónicos sólo los 39 libros del Antiguo Testamento. Y aunque tradujo parte de los libros apócrifos, declaró que éstos no pertenecen al canon.

h) El Papa Gregorio I, Tomás de Aquino, el Cardenal Jiménez de Cisneros, el Cardenal Cayetano y muchos otros eruditos católicos no aceptaron los libros apócrifos.

i) Los reformadores. Los piadosos paladines de la Reforma tampoco aceptaron los libros apócrifos.

j) El concilio de Trento. La aceptación de los libros apócrifos por parte del concilio de Trento no se justifica porque no incluyó todos los que estaban en la Vulgata. En efecto, para refutar a Lutero incluyó 2 Macabeos, que enseña el orar por los muertos; pero excluyó 2 Esdras, que es contrario a esta práctica.

d. *Una nueva actitud*. El hecho de que los libros apócrifos no sean inspirados no significa que carezcan de valor. En realidad estos libros constituyen un puente entre los dos testamentos, además de proporcionarnos importantes y abundantes datos sobre la historia y folklore del pueblo judío, especialmente sobre sus esperanzas mesiánicas, durante este período. Es evidente, sin embargo, que a través de los siglos la iglesia les ha dado más importancia a los libros apócrifos que fueron incluidos en la versión de los Setenta, hasta el punto de incluirlos también en las traducciones que se derivaron de ella. No obstante, la insistencia de la Iglesia Católica en considerarlos canónicos motivó a la mayoría de las iglesias evangélicas a publicar la Biblia sólo con los libros que siempre debió tener: los reconocidos como Sagrada Escritura.

El interés que muchos católicos han demostrado en este último tiempo por el estudio de las Escrituras y su renuencia a leer una Biblia que consideran incompleta — las versiones evangélicas — han vuelto a poner los libros apócrifos en un plano de actualidad. En algunos círculos protestantes hay quienes estiman necesaria una versión "ecuménica" de la Biblia, es decir, una que sea aceptable tanto a los católicos como a los protestantes. Esta versión incluiría los libros apócrifos aceptados por los católicos, variando sólo en el enfoque que unos y otros les darían.

Las razones que se invocan para volver a incluir los libros apócrifos en la Biblia son las siguientes: 1) Estos siempre estuvieron en la versión de los Setenta; 2) ellos fueron incorporados en las diversas versiones antiguas; 3) también fueron incluidos en las versiones protestantes hasta el siglo XIX, y 4) llenan un vacío histórico entre los dos testamentos.

Pero a estas razones podemos oponer estas otras: 1) No está probado que los libros apócrifos estaban *originalmente* en la versión de los Setenta; 2) la inclusión de estos libros en las versiones antiguas allanó el camino para su posterior reconocimiento como canónicos; 3) su subsiguiente exclusión de las versiones protestantes da testimonio de la inconveniencia de volverlos a incluir, y 4) la Biblia no es un libro de historia sagrada, aunque una parte considerable de ella sí contenga historia sagrada. Pero igual razón habría para incluir en la Biblia algunos libros que llenan un vacío entre el Nuevo Testamento y la literatura patrística.

Una versión que incluyera todos los libros apócrifos de la Vulgata pondría a los católicos en un problema similar al que tienen los evangélicos con las versiones católicas, puesto que aquéllos no aceptan como canónicos tres libros apócrifos de la Vulgata. Una versión verdaderamente ecuménica, pues, tendría que incluir sólo los libros apócrifos *aprobados por el Concilio de Trento*, lo que sería obviamente inaceptable para los evangélicos.

Si hubiera de publicarse una Biblia con libros apócrifos, éstos deberían ser no solamente los 15 de la Vulgata sino también el de Enoc y algunos del Nuevo Testamento que fueron temporalmente aceptados por varias iglesias de la antigüedad. Además, no deberían ponerse entre los dos testamentos, sino como un apéndice al final de la Biblia, tal como ocurre con la tabla de pesos y medidas, el glosario, los mapas y la concordancia.

3. Libros apócrifos del Nuevo Testamento

Desde mediados del siglo I d.C. comenzaron a circular por las iglesias numerosos libros cuyos autores escribían en nombre de los apóstoles con el fin de que sus escritos fueran aceptados (2 Tesalonicenses 2:2). Por lo general estos libros carecen de valor histórico o religioso. En el primer caso contienen fábulas que pretenden llenar lagunas históricas de los libros canónicos, por ejemplo la infancia de Jesús y las vidas de los apóstoles. En lo religioso promueven herejías, como la adoración de María. Por estas razones fueron rechazados por casi todos los dirigentes de la iglesia primitiva.

Los libros apócrifos del Nuevo Testamento son tan numerosos

como los del Antiguo Testamento, pero los principales son los siguientes:[7]

RELATOS SOBRE MARIA (siglos II-VI)

Protoevangelio de Santiago
La Asunción de María
La Natividad de María

EVANGELIOS (siglos I-VII)

El Evangelio de Tomás
El Evangelio según los Hebreos ★
El Evangelio de los Egipcios
El Evangelio de Marción
El Evangelio de los Ebionitas
El Evangelio de Pedro
El Evangelio del seudo Mateo
El Evangelio de Nicodemo
El Evangelio de José el Carpintero
Evangelio árabe de la niñez

HECHOS (siglo II)

Los Hechos de Pablo
Los Hechos de Pedro
Los Hechos de Andrés
Los Hechos de Tomás
Los Hechos de Juan

EPISTOLAS (siglos I-IV)

La Carta de Jesús a Abgaro
La Epístola perdida de Pablo a los Corintios
La Epístola de Pablo a los Laodicenses √
La Epístola de Pablo a Séneca
La Epístola de Pedro a Santiago

APOCALIPSIS (siglo II)

El Apocalipsis de Pedro☆

★ Mencionado en el Fragmento Muratoriano
√ Incluido en Biblias latinas del siglo VI
☆ Citado por diversos dirigentes postapostólicos

Hay otros libros que algunos eruditos han incluido también entre los apócrifos, pero otros los clasifican como escritos patrísticos o de los dirigentes postapostólicos. Estos escritos, a diferencia de los primeros, no pretenden ser apostólicos; al contrario, sus autores se presentaron como lo que realmente eran: hombres cristianos que escribían para la edificación de sus contemporáneos. No obstante, estos libros fueron muy estimados por algunos sectores de la iglesia primitiva, hasta el punto de ser leídos públicamente y en algunos casos ser considerados Escrituras. Ellos son los siguientes:

a. Epístola del seudo Bernabé (70-79)
b. La Doctrina o Enseñanza de los Doce (80-120)
c. Epístola de Clemente a los Corintios (96)
d. La Epístola de Policarpo a los Filipenses (108)

e. Las Siete Epístolas de Ignacio (110)
f. El Pastor de Hermas (115-140)
g. Segunda Epístola de Clemente a los Corintios (120-140)

---

[1]Escritos enigmáticos que contienen visiones al estilo de Ezequiel, Zacarías y Apocalipsis.
[2]Un resumen de algunos de estos libros puede hallarse en el *Compendio Manual de la Biblia*, de Henry H. Halley.
[3]Según F. F. Bruce, este libro nunca fue incluido en la versión de los Setenta.
[4]Judíos que asimilaron la cultura griega.
[5]Las referencias son de la Versión de Nácar-Colunga.
[6]Es el único caso en que un concilio *determinó* que ciertos libros fueran canónicos.
[7]Más detalles sobre estos libros se pueden hallar en la obra ya citada de H. Halley, *Compendio Manual de la Biblia*.

BOSQUEJO DEL CAPITULO

Los escritos supuestamente inspirados

1. Definición del término "apócrifo"
2. Los escritos supuestamente inspirados del Antiguo Pacto
   a. Su identificación
   b. La teoría de dos catálogos de libros inspirados
   c. La áspera polémica acerca de la canonicidad de once libros
   d. Su importancia
3. Los escritos supuestamente inspirados del Nuevo Pacto
   a. Evaluación de ellos
   b. Identificación de algunos

UN ENCUENTRO CON LAS VERDADES

Respuesta alterna. Subraye la palabra o frase que complete mejor cada expresión. Ejemplo: Los discípulos le pidieron al Señor que les enseñase a (orar, pecar).

1. El vocablo "apócrifo" originalmente quería decir (no auténtico, secreto).
2. La canonicidad de los llamados libros apócrifos fue reconocida en un período de la historia por (todas, una parte de) las iglesias.
3. Algunos judíos consideraban como (canónicos, de importancia) muchos de los libros de temas religiosos que fueron escritos por hebreos entre el 200 a.C. y 100 d.C.
4. Los libros 1 y 2 Macabeos figuraron en (la versión Septuaginta, el grupo de rollos descubiertos cerca del mar Muerto).
5. Jerónimo, traductor de la Vulgata, expresó que los libros apócrifos que él incluyó en su traducción (eran, no eran) canónicos.
6. Los libros apócrifos fueron declarados (indeseables, canónicos) por el concilio de Trento en 1546.
7. En su carta, Judas citó uno de los libros (de Pablo, apócrifos).
8. Los católicos aceptan como canónicos (sólo una parte de, todos) los libros apócrifos que contiene la Septuaginta.
9. Agustín consideró que la inspiración de los libros apócrifos era (del mismo nivel de, de un nivel más bajo que) los demás libros de la Biblia.
10. Una de las razones por las cuales los evangélicos han rechazado la canonicidad de los libros apócrifos es que (no concuerdan con las enseñanzas de la Biblia, no tienen valor religioso).
11. Los católicos (aceptan, no aceptan) la canonicidad de los libros apócrifos del Nuevo Testamento.

DE LA TEORIA A LA PRACTICA

1. ¿Cuáles de los libros apócrifos ha leído usted?
2. Haga una evaluación de uno de los libros apócrifos basada en los puntos siguientes:
   a. su valor histórico
   b. su poder para inspirar al lector y acercarlo a Dios
   c. su valor doctrinal
   d. la verdad más importante que enseña
3. ¿Debe un obrero evangélico estar familiarizado con el contenido de los libros apócrifos? ¿Por qué?
4. ¿Hasta qué punto debe un evangélico discutir acerca de la canonicidad de los libros apócrifos?
5. Para que un evangélico gane la confianza de un católico, ¿sobre cuál de los siguientes temas debe poner énfasis?
   a. El acuerdo que hay sobre la canonicidad de la mayoría de los libros de la Biblia.
   b. El concepto equivocado de los católicos acerca de la inspiración de los libros apócrifos.
6. ¿Cuáles datos de este capítulo saben los creyentes de su iglesia?
7. ¿Cuáles datos de este capítulo deben saber los creyentes de su iglesia?
8. ¿Qué ha aprendido usted en el estudio de este capítulo que le va a servir de provecho?

PROYECTOS PARA LA CLASE

1. Evaluar lo que los estudiantes hicieron en las secciones UN ENCUENTRO CON LAS VERDADES y DE LA TEORIA A LA PRACTICA.
2. Presentar un cuadro dramatizado de un evangélico que conversa con un católico acerca del canon oficial de su iglesia.
3. Pedir a un alumno que traiga un sumario de la historia narrada en los libros 1 y 2 Macabeos. Puede leer dos o tres pasajes inspiradores y dar una evaluación personal de los libros.
4. Hacer que un estudiante traiga un resumen de tres de los libros apócrifos del Nuevo Testamento y su evaluación de ellos.

---

*La terminología católica difiere de la evangélica. La Iglesia Católica llama "protocanónicos" (del primer canon) a los canónicos; "deuterocanónicos" (del segundo canon) a los apócrifos admitidos en su Biblia y "apócrifos" a los "pseudoepígrafes", los que no figuran en la Biblia evangélica ni tampoco en la católica. (Nota del Editor.)

QUINTA PARTE

La transmisión de la Biblia

Capítulo 14

LOS MEDIOS DE TRANSMISIÓN

No solamente fueron necesarias la inspiración, conservación y colección de los libros de la Biblia, sino que hacía falta también copiarlos y traducirlos con objeto de que también otros pueblos y las generaciones siguientes tuvieran acceso a las verdades que Dios había revelado. A este proceso de copiar y traducir las Escrituras se le llama transmisión de la Biblia.

Para transmitir las verdades divinas los hombres de Dios se valieron de tres medios, que son: las lenguas, la escritura y los materiales e instrumentos de escribir.

I. Las lenguas

a. *La importancia del lenguaje.* El lenguaje es el medio que más utilizan los hombres para comunicarse entre sí. Aunque no es perfecto, nadie ha inventado otro mejor. No es de extrañar, pues, que en su sabiduría Dios haya utilizado este mismo medio para comunicarse con los hombres. Lo demuestra el hecho de que desde el principio les habló y sigue haciéndolo mediante la profecía y las lenguas (Génesis 2:16, 17; 3:8-19; 1 Corintios 12:10, 11).

No obstante, está de moda en algunos círculos protestantes creer que Dios se comunica existencialmente con el hombre, prescindiendo del lenguaje por lo imperfecto que es éste como medio de comunicación. ¿De qué habrían servido en tal caso las apariciones divinas, las visitas angélicas, los milagros, los sueños, las visiones y hasta la sublime manifestación de Dios en la carne si no hubieran sido acompañados por sus correspondientes mensajes? Faraón quedó perplejo con los sueños que tuvo hasta que José se los interpretó (Génesis 41:1-8). La zarza que ardía sin consumirse simplemente despertó la curiosidad de Moisés hasta que Dios le habló (Exodo 3:2, 3). Y Jesús no sólo se presentó en el mundo e hizo maravillas, sino que también predicó y enseñó, comunicando así las verdades divinas (Mateo 4:23).

El lenguaje fue también el medio que utilizaron los profetas y apóstoles para transmitir a sus semejantes las verdades que Dios les comunicaba. Fue asimismo el medio de que se valieron los copistas y traductores para transmitir a otros pueblos y generaciones lo que habían dicho los primeros.

b. *Las lenguas de la Biblia.* El lenguaje humano, que originalmente estaba constituido por "una sola lengua y unas mismas palabras" se ha fragmentado a través de milenios hasta comprender hoy más de 3.000 idiomas y dialectos (Génesis 11:1). De estas muchas lenguas Dios escogió tres en los días antiguos para que en ellas se consignaran sus palabras, a saber: el hebreo, el arameo y el griego.

El hebreo, junto con los dialectos ugarítico, fenicio y moabita, se hablaba en la región noroeste del Medio Oriente antiguo. En 2 Reyes 18:26, 28 se lo llama la "lengua de Judá" y en Isaías 19:18, "lengua de Canaán". Desde la cautividad babilónica el hebreo cayó en desuso entre el pueblo común; pero las clases cultas lo siguieron cultivando. Casi todo el Antiguo Testamento fue escrito en hebreo. En el Nuevo Testamento, sin embargo, se utilizan sólo unas pocas palabras de este idioma, como *hosanna, amén, rabí, Mesías* y *aleluya* (Mateo 21:19; 28:20; Juan 1:38, 41; Apocalipsis 19:1). Durante su larga y accidentada historia, esta lengua ha pasado por varias etapas conocidas como hebreo bíblico, rabínico, medieval y moderno. Este último es ahora la lengua oficial del Estado de Israel.

El arameo se hablaba en la región nordeste del Medio Oriente. Fue la lengua de los sirios. Pero desde el siglo VIII a.C. empezó a cobrar importancia como lengua diplomática de los asirios, babilonios y persas en su trato y correspondencia con las naciones tributarias. Así llegó a constituirse en un idioma internacional. Los judíos lo adoptaron como suyo desde la cautividad babilónica y dejaron de hablar el hebreo. El arameo se extendió después por toda la Palestina y fue sin duda la lengua que hablaron Jesús y sus discípulos. En el Antiguo Testamento se lo usa en las tres secciones en que se divide la Biblia hebrea: 1) Génesis 10:22; 31:47; 2) 2 Reyes 18:26; Isaías 36:11; Jeremías 10:11; 3) Esdras 4:7 — 6:18; 7:12-26; Daniel 2:4b — 7:28. En el Nuevo Testamento se lo emplea en unas cuantas palabras como *Abba, efata, Cefas* y frases como *talita cumi, Eloi, Eloi, lama sabactani* y *Maranata* (Marcos 13:36; Romanos 8:15; Marcos 7:34; Juan 1:42; Marcos 5:41; 15:34; 1 Corintios 16:22).

La lengua griega se hablaba en la península de los Balcanes; pero con las conquistas de Alejandro Magno en el siglo IV a.C. se extendió por todo el Medio Oriente. En el apogeo del Imperio Romano, el latín era el idioma oficial; pero el griego, el internacional, desempeñando así un papel similar al que había tenido el arameo en los imperios orientales.

El griego, así como el hebreo, ha experimentado grandes cambios en el transcurso de los siglos. Comenzó con el griego clásico y siguió con el *koiné* y bizantino para terminar con el moderno. Fue en el dialecto *koiné* que los apóstoles y sus discípulos escribieron el Nuevo Testamento. A diferencia del griego clásico, que era literario, el *koiné* era un dialecto popular.

¿Por qué escogió Dios estas lenguas y no otras para transmitir su mensaje a los hombres? En primer lugar, porque éstas eran las lenguas principales que hablaban los destinatarios de ese mensaje en sus respectivas épocas. Mientras la revelación divina estaba limitada a Israel, se usaron consecutivamente el hebreo y el arameo; pero cuando el mensaje divino debió llevarse a todas las naciones fue necesario emplear el griego (Mateo 28:19; Marcos 16:15; Hechos 1:8).

En segundo lugar, Dios escogió estas lenguas porque ellas, especialmente el hebreo y el griego, poseen características que las hacían idóneas para la transmisión de su mensaje. En efecto, el hebreo fue por su enorme riqueza expresiva la lengua apropiada para narrar vívidamente la historia de los tratos de Dios con su pueblo escogido. En cambio, el griego fue por su precisión la lengua adecuada para interpretar la historia de Israel y explicar así las verdades divinas.

2. La escritura

a. *El desarrollo de la escritura.* La escritura fue el segundo medio que emplearon los hombres de Dios para transmitir las verdades que El les había revelado, como lo demuestra la existencia de numerosos manuscritos bíblicos antiguos. Nada sabemos en cuanto al origen de la escritura; pero sí sabemos algo sobre su desarrollo, el cual comprendió tres etapas principales, a saber: la escritura pictográfica, la ideográfica y la fonética.

La escritura *pictográfica* no era escritura en el sentido estricto de la palabra. Más bien consistía en un conjunto de pictogramas o toscos dibujos de objetos que describían un suceso o narraban una historia. Si, por ejemplo, se quería expresar que un hombre había matado a un león, simplemente se dibujaba la escena correspondiente. Dibujos de esta clase se han hallado en rocas y cavernas en diversas partes del mundo.

Un cambio significativo ocurrió cuando los pictogramas dejaron de ser reproducciones gráficas de los objetos para convertirse en símbolos de éstos. Así, por ejemplo, cada vez que se quería representar un toro bastaba con dibujarle la cabeza. Tiempo después se trazaban sólo los rasgos principales de ésta. En algunos casos el signo perdió toda semejanza con el objeto, hasta el punto de que al hombre se lo simbolizaba por una raya horizontal. Fue el comienzo de la escritura *ideográfica*, en que los signos, llamados ideogramas, representan ideas en vez de objetos. Con el transcurso del tiempo fue necesario representar las ideas abstractas, para lo cual se emplearon símbolos de objetos con los que tenían afinidad. Así el signo de "todo" podía significar también "fuerza" y el de "sol", "calor". Este sistema de escritura fue el que emplearon los egipcios, heteos y cretenses, y es el que han usado los chinos hasta ahora.

En sus esfuerzos por hacer coincidir la escritura con el lenguaje oral, los antiguos notaron que ciertas palabras difíciles de representar con dibujos se pronunciaban igual que los nombres de algunos objetos. Esto los motivó a representar dichas palabras por los dibujos o símbolos de esos objetos, iniciándose así la escritura *fonética*. En ésta, los signos, llamados fonogramas, representan sonidos en vez de objetos o ideas. Por ejemplo, la idea de "dado" en el sentido de "donado" se puede representar por el dibujo o símbolo de un dado. Y con el mismo signo podríamos representar las desinencias de las palabras "candado" y "soldado", como se hace en los juegos de los jeroglíficos.

Las escrituras fonéticas pueden ser silábicas o alfabéticas, según que los fonogramas representen sílabas o letras. Los sumerios, cuya lengua consistía principalmente en monosílabos, fueron el primer pueblo que usó la escritura *silábica*. Esta consistía en signos en forma de cuña, por lo que también se la ha llamado escritura cuneiforme.

La escritura *alfabética* se derivó probablemente de la egipcia, cuyos jeroglíficos se componían de ideogramas y fonogramas silábicos. Por lo que sabemos hasta ahora, los primeros que usaron un alfabeto fueron los pueblos semíticos de la región noroeste del Medio Oriente. Entre éstos se cuentan los fenicios, a quienes se atribuye la invención del alefato o alfabeto de 22 letras. Este se componía sólo de consonantes y es el mismo que usaron los hebreos. Posteriormente los griegos adoptaron el alfabeto fenicio, pero le agregaron las vocales. Del alfabeto griego se deriva el latino o romano, del que a su vez se derivan los que usan los pueblos del occidente en la actualidad.

Una característica común a los sistemas de escritura antiguos era la ausencia de espacios entre palabras. Génesis 1:1, por ejemplo, se asemejaría a esto:

ENELPRINCIPIOCREODIOSLOSCIELOSYLATIERRA

En cuanto a la dirección de la escritura, la mayoría de los pueblos antiguos escribía horizontalmente y de izquierda a derecha; pero los pueblos semitas lo hacían de derecha a izquierda, como es la costumbre todavía de los judíos, árabes y samaritanos.

b. *Antigüedad de la escritura.* Durante los siglos XVII y XVIII los críticos creían que la escritura databa a lo más del siglo VI a.C. Por consiguiente, negaban la existencia de toda persona de la que se dijera que vivió antes de esa fecha. Tal cosa sucedió con Homero, el poeta griego que según Heródoto vivió en el siglo IX a.C., y con la mayoría de los escritores del Antiguo Testamento. Pero en 1868 se halló en Dibón de Moab un monumento que ha sido llamado la Piedra Moabita. Esta contiene una inscripción alfabética que data de 860 a.C. Si bien ahora se acepta la historicidad de Homero, desde el siglo pasado persiste en ciertos círculos protestantes la idea de que los israelitas no conocían la escritura antes del siglo IX a.C. Esta teoría excluye la posibilidad de que Moisés supiera escribir. Descubrimientos posteriores al de la Piedra Moabita han venido a probar que la escritura es mucho más antigua todavía.

Hasta ahora la escritura más antigua que se conoce es la de los sumerios, pueblo de Mesopotamia que vivió hace unos 5.000 años. En las ruinas de Ur de los caldeos y en Nipur se han hallado inscripciones cuneiformes que datan de 2100 a.C., y en Uruk y Kis se han descubierto otras de 3500 a.C. Aunque la Biblia no lo dice, no es improbable a la luz de estos descubrimientos que Abraham, que salió de Ur, supiera escribir en signos cuneiformes. Y hasta es posible que los documentos del Génesis se hayan escrito así.[1]

No tan antigua como la sumeria es la escritura egipcia, de la cual se han descubierto jeroglíficos que, sin embargo, datan de hasta 3100 a.C. Hay también otros escritos egipcios más recientes; pero todos ellos son anteriores al tiempo de Moisés, y aún al de José y Abraham. Estos hechos son sumamente importantes no sólo en relación con la antigüedad de la escritura, sino también con la de las Sagradas Escrituras. En efecto, Abraham, José y Moisés vivieron por un tiempo en Egipto, y sin duda estaban familiarizados con las artes gráficas de este pueblo. Puesto que una princesa egipcia adoptó a Moisés, probablemente le dio educación de príncipe. Esteban declara en Hechos 7:22 que Moisés fue enseñado "en toda la sabiduría de los egipcios", la cual indudablemente incluía la escritura.

Menos antiguas aún son las escrituras alfabéticas sirias y palestinas, las cuales datan de 1800 a 1300 a.C. a juzgar por las inscripciones halladas en Ugarit, Laquis, Gezer, Siquem y Sinaí.

Todo lo anterior nos viene a demostrar que en el Medio Oriente antiguo la escritura, aun en su forma más desarrollada como es la alfabética, se había difundido desde mucho antes de Moisés. No es improbable, pues, que el caudillo de Israel hubiera escrito los primeros libros de la Biblia en los caracteres que ya eran comunes en esta región.

Hay otras escrituras muy antiguas también como son la china, hetea y cretense; pero éstas no tienen relación con la Biblia como las anteriores.

Aparte del testimonio de la arqueología con respecto a la antigüedad de la escritura, la Biblia misma se refiere muchas veces a ésta como un hecho corriente antes del siglo IX a.C. En efecto, la Biblia declara expresamente que Moisés escribió y que Josué también lo hizo como asimismo Samuel, David y Salomón (Exodo 24:4; Números 33:2; Deuteronomio 31:9, 22, 24; Josué 8:30, 32; 24:26; 1 Samuel 10:25; 2 Samuel 11:14; Eclesiastés 1:1; 12:10).

c. *La necesidad de la escritura.* Habiendo considerado el desarrollo y la antigüedad de la escritura, cabe preguntarnos por qué empleó Dios este medio para transmitir su mensaje. Al menos tres razones son notorias:

1) La preservación del mensaje. Aunque Dios mandó que sus palabras fueran repetidas oralmente, también ordenó que se escribieran (Deuteronomio 6:6, 7; 11:19; 6:8, 9; 11:18, 20). Es obvio que la escritura es un medio mucho mejor que la memoria para preservar las palabras. Nada sabríamos de muchos pueblos antiguos si no fuera por las inscripciones que dejaron. Y tampoco sabríamos que Dios habló a los hombres si los profetas y los apóstoles no hubieran escrito sus libros.

2) La propagación del mensaje. Es evidente que la palabra escrita tiene la facilidad de llegar adonde no llega la palabra oral. A Jeremías se le prohibió entrar en la casa de Jehová, pero pudo enviar el mensaje de Dios al pueblo por medio de un escrito (Jeremías 36:5-21). Asimismo, se pueden hacer más copias de una fuente escrita, que de una fuente oral.

3) La fidelidad en la transmisión. Por lo general la copia de un escrito es más fiel que la recitación de una tradición, puesto que hay más probabilidades de alterar lo que se ha oído que lo que se ha copiado. Para comprobar esto último basta observar cómo se altera rápidamente un simple relato que circula entre un grupo de amigos. Si las verdades divinas se hubieran transmitido solamente por tradición, se habrían tergiversado tal como en una ocasión lo fueron las palabras de Jesús (Juan 21:20-23).

3. Los materiales e instrumentos utilizados para escribir

Tan antiguos como la escritura misma son los materiales e instrumentos de escribir, sin los cuales aquélla no habría sido posible.

a. *Materiales empleados en las inscripciones.* A diferencia de los pueblos modernos, los de la antigüedad emplearon los más variados materiales para escribir, algunos de los cuales son mencionados por los escritores sagrados.

El más antiguo y usado de estos materiales fue la *arcilla*. Se la empleaba en la manufactura de tablillas, especie de ladrillos delgados sobre los cuales se escribía cuando aún estaban blandos. Miles de estas tablillas se han hallado en Mesopotamia, Egipto y Asia Menor, aunque no tantas en Palestina. Pero sin duda las usaron también los hebreos, a juzgar por las referencias de Jeremías 17:13 y Ezequiel 4:1. También se usaba la arcilla en la fabricación de vasijas, en cuyos tiestos escribían aparentemente los pobres. Tres de éstos, con inscripciones alfabéticas primitivas, se hallaron en Palestina y más de mil con inscripciones griegas se han descubierto en otras partes, entre ellos unos 20 con palabras de los evangelios.

Otro importante material de escribir fueron las *piedras*. Se utilizaron principalmente en Mesopotamia, Egipto y Palestina. Las más famosas son el Código de Hamurabi, la Roca de Behistún, la piedra Rosetta y la Piedra Moabita. La Roca de Behistún permitió descifrar la escritura cuneiforme de los sumerios, y la Piedra Rosetta, los jeroglíficos egipcios. Los Diez Mandamientos fueron escritos en tablas de piedra, mientras que toda la ley lo fue en un altar de piedras revocadas con cal (Exodo 31:18; 34:1, 27, 28; Deuteronomio 27:2-6; Josué 8:31, 32).

Las tablillas enceradas se usaron como cuadernos de borradores, porque se podía borrar lo escrito en la cera y volver a escribir sobre ella. Generalmente consistían en trozos rectangulares de madera, ahuecados y rellenos con cera. A estas tablillas parecen referirse Isaías 8:1; 30:8; Habacuc 2:2; Lucas 1:63.

Además de los materiales antedichos, los antiguos emplearon también el *oro*, la *plata* y las *piedras preciosas* para sus inscripciones (Exodo 28:9-21, 36; 39:6-14, 30; Mateo 22:19, 20[2]). Los egipcos, griegos y etruscos emplearon también el *lino*, mientras que los chinos usaron la *madera* y la *seda*.

b. *Materiales empleados en las Escrituras.* No sabemos en qué materiales fueron escritos los originales de las Escrituras, porque ninguno de ellos se ha conservado. Es posible que los libros de Moisés fueran escritos originalmente en tablillas de arcilla y copiados posteriormente en otros materiales. El estilo fragmentario de éstos[3] y sus constantes repeticiones en ciertos lugares[4] parecen ser evidencias de que se trata de copias o compilaciones de documentos que en sí mismos son completos. Además, la palabra hebrea que se ha traducido "escribir" significa realmente "hender" o "hundir", refiriéndose indudablemente a la primitiva manera de escribir sobre arcilla y piedra.

Un material muy antiguo usado por los copistas de las Escrituras fue el *papiro*, el cual se hacía de la médula de la planta homónima que crece en las riberas del Nilo. Para ello se cortaban tiras que luego se disponían paralelamente unas junto a otras. A esta capa se le sobreponían otras, alternándolas en sentido longitudinal y transversal. En seguida se pegaban y prensaban formando una hoja generalmente rectangular. Las hojas se unían en largas tiras que se enrollaban alrededor de un palo. En el rollo así formado se podía escribir por uno o por ambos lados.

Los egipcios comenzaron a usar el papiro por lo menos desde 2700 a.C. Lo exportaban además a Biblos, importante centro literario de Fenicia. De Egipto y Biblos el uso del papiro se extendió a otros lugares hasta la Edad Media. Es posible también que Moisés y algunos profetas hayan escrito sus libros en papiro. Quizás Ezequiel, Zacarías y Juan se refieran a un rollo de este material (Ezequiel 2:9, 10; Zacarías 5:3; Apocalipsis 5:1).[5] Pero es más probable que los apóstoles escribieron en papiro, como lo confirma la práctica de Juan (2 Juan 12).[6] En Qumrán se hallaron varios papiros del Antiguo Testamento, entre ellos uno que data del siglo VII u VIII a.C. Asimismo durante los primeros siglos de nuestra era el papiro fue muy usado en las copias del Nuevo Testamento, como lo demuestran los más de 60 que se han hallado hasta la fecha.

El uso del *cuero* entre los egipcios data de tiempos tan remotos como el del papiro. Aunque no se lo menciona en el Antiguo Testamento, algunos eruditos creen que Moisés y los profetas escribieron sus libros en este material por ser más duradero que el papiro. El cuero se preparaba cuidadosamente, depilándolo y curtiéndolo. Luego se lo cortaba en trozos rectangulares. Estos se cosían unos con otros hasta formar una tira en cuyos extremos se ponían sendos palos para enrollarla alrededor de ellos. Probablemente era de cuero el rollo mencionado en Jeremías 36:23, puesto que el rey Joacim tuvo que cortarlo con un cuchillo. Otro rollo se menciona en Salmo 40:7, pero sin especificarse de qué material era. Un hecho notable es que la mayoría de los manuscritos hallados en Qumrán consiste en rollos de cuero.

El *pergamino* era una clase especial de cuero, muy bien curtido y especialmente preparado para ser escrito por ambos lados, a diferencia del cuero común que lo era por uno solo. Generalmente era de badana o cabritilla. Un pergamino más fino, la *vitela,* era de las mejores pieles de ternero, antílope o cordero. Antes del siglo II a.C. el pergamino era desconocido; pero en los tiempos de los apóstoles ya se lo usaba profusamente, incluso en copias de las Escrituras (2 Timoteo 4:13). Con el transcurso del tiempo el pergamino fue desplazando al papiro hasta que en el siglo IV se lo reconocía como el mejor material de escribir. Desde entonces y hasta la invención de la imprenta los más importantes manuscritos de la Biblia fueron de vitela.

Entre los materiales de escribir, el *papel* es de origen relativamente reciente. Fue inventado por los chinos en el siglo II de nuestra era; pero no se lo conoció en Europa hasta el siglo VIII. Al principio su uso estuvo limitado a los borradores, cartas y apuntes, mientras que el pergamino se seguía empleando en los documentos importantes. Desde la invención de la imprenta en el siglo XV, el papel sustituyó al pergamino y se lo ha usado hasta nuestros días. Desde entonces también el papel ha sido el material en que se han impreso las Sagradas Escrituras.

4. Los libros

La mayoría de los materiales de escribir se empleó en los libros. La forma más antigua de éstos fueron las *tablillas,* de las cuales se han excavado bibliotecas enteras en los países del Medio Oriente. Con el uso del papiro y el cuero se iniciaron los *rollos* o *volúmenes,* siendo ésta sin duda la forma que tuvieron los libros escritos por los profetas. Hasta ahora los judíos han conservado los libros sagrados en forma de rollos, como lo demuestran las copias de las sinagogas y los hallazgos de Qumrán.

Un nuevo cambio en la forma de los libros fue introducido por los cristianos en el siglo II d.C. Se trata del *códice,* conjunto de hojas de papiro o pergamino dobladas y encuadernadas en forma similar a la de un libro moderno. Los rollos, sin embargo, prevalecieron hasta el siglo IV, cuando fueron sustituidos por los códices. A partir de entonces los manuscritos de la Biblia se hicieron conforme a la nueva modalidad. Durante la Edad Media los códices fueron profusamente adornados con dibujos a todo color, conociéndoselos desde entonces también con el nombre de *miniaturas.*

La forma actual de los libros se inició con la invención de la imprenta. A la Biblia le cupo el honor de ser el primer libro *impreso,* pues hasta entonces todos eran *manuscritos*. Los primeros libros impresos, conocidos como *incunables*, fueron simples imitaciones de las miniaturas; pero a contar del siglo XVI comenzaron a aparecer con las características con que los conocemos hoy.

5. Los instrumentos utilizados para escribir

De los diversos instrumentos de escribir que utilizaron los antiguos, los escritores sagrados mencionaron los siguientes:

a. *El estilo*. Consistía en un punzón especial para escribir sobre la arcilla o la cera. En Jeremías 17:1 se lo llama "cincel".

b. *El cincel*. Llamado "hierro" en Josué 8:31, se lo usaba para grabar inscripciones en piedra (Job 19:24).

c. *La pluma*. Las primeras plumas consistían en un trozo de caña de cálamo (planta que crece junto a los ríos) recortada especialmente en uno de sus extremos para escribir sobre papiro, cuero o pergamino. Después se usó con el mismo fin la pluma de ganso (3 Juan 13).

d. *El plomo*. Se lo usaba derretido para rellenar las inscripciones en piedra. Algunos creen que también se empleaba un martillo de plomo para golpear sobre el cincel (Job 19:24).

e. *El cuchillo*. Llamado "cuchillo de escriba" en Jeremías 36:23, se lo usaba para aguzar la pluma que se había gastado.

f. *La tinta*. Se la menciona en Jeremías 36:18 y era de color negro, como lo indica su nombre en griego (2 Corintios 3:3; 2 Juan 12; 3 Juan 13). Se hacía a base de carbón, goma y agua.

g. *El tintero*. Lógicamente era una vasija para contener la tinta y se lo menciona en Ezequiel 9:2, 3, 11).

---

[1]La frase "el libro de las generaciones" y "las generaciones" se repiten varias veces en este libro (Génesis 5:1; 6:9; 10:1). Probablemente sean títulos de documentos primitivos escritos por los patriarcas que antecedieron a Moisés.

[2]El denario era de plata.

[3]Nótese, por ejemplo, cómo el "libro de las generaciones de Adán" se compone de dos unidades completas en sí mismas, que bien pudieron caber en dos tablillas (Génesis 5:1-32 y Génesis 6:1-8). Un caso similar ocurre en "las generaciones de los hijos de Noé" con Génesis 10:1-32 y Génesis 11:1-9.

[4]Levítico 1:1; 4:1; 5:14.

[5]La presunción se basa en el hecho de que los rollos estaban escritos por ambos lados, lo que en el Antiguo Testamento se hacía sólo con los papiros.

[6]La palabra griega se ha traducido "papel" en nuestras Biblias; pero este material era desconocido en el Imperio Romano en el tiempo de los apóstoles.

BOSQUEJO DEL CAPITULO

Vehículos para pasar la Biblia a otras personas

1. Los idiomas
   a. El valor de la comunicación a través de sonidos articulados
   b. Los idiomas que se utilizaron para escribir la Biblia
2. La representación de palabras con signos
   a. Pasos en la evolución de diferentes sistemas
   b. Fecha del inicio del arte gráfico
   c. Lo imprescindible del arte gráfico
3. Las sustancias empleadas para formar las palabras escritas
   a. Los elementos empleados en la antigüedad
   b. Los elementos empleados para los documentos de la Biblia
4. Los conjuntos de escritos
5. Los útiles empleados para escribir las palabras

UN ENCUENTRO CON LAS VERDADES

Asociación de ideas. Asocie las palabras de la columna izquierda con las de la derecha. Vaya escribiendo delante de las palabras o frases de la columna derecha el número correspondiente a la asociada a ellas en la columna izquierda. Notará que las dos columnas no son de igual tamaño, por lo que quedarán algunas ideas sin asociar. Ninguna de las palabras o frases de una de las columnas deberá ser asociada con más de una en la otra columna.

1. Ur
2. Hosanna
3. Arameo
4. Griego
5. Hebreo
6. Ideograma
7. Maranata
8. Koiné
9. Pictogramas
10. Cuneiforme
11. Tablilla encerada
12. Papiro
13. Pergamino
14. Incunables
15. Papel
16. Códice
17. Qumrán

_________ A. El mejor material de escribir en el siglo IV.

_________ B. Palabra del idioma que los asirios usaron en sus relaciones diplomáticas.

_________ C. Dibujos toscos que cuentan una historia.

_________ D. Dios le dijo a Habacuc que escribiera en este material.

_________ E. Tiene una riqueza expresiva en la comunicación de conceptos.

_________ F. Material para escribir que comenzaron a usar los egipcios.

_________ G. Material para escribir que comenzaron a usar los chinos.

_________ H. Idioma que se presta para una expresión precisa de conceptos.

__________ I. Palabra del idioma hablado antiguamente en la región noroeste del Medio Oriente.

__________ J. Sistema de signos que represéntan sílabas y que usaron los sumerios.

__________ K. El idioma que Jesús habló en casa.

__________ L. Dialecto popular que usaron los apóstoles para escribir sus cartas a las iglesias nuevas.

__________ M. Signo que emplean los chinos para representar un concepto.

__________ N. Lugar donde se han hallado inscripciones cuneiformes que datan de unos tres mil años antes de Cristo.

DE LA TEORIA A LA PRACTICA

1. ¿Qué importancia tiene el castellano para comunicar con eficacia la revelación de Dios a los del mundo hispano?
2. ¿Hasta qué punto será imprescindible dominar y manejar bien el castellano para servir bien a Dios?
3. ¿Qué énfasis se da en su iglesia a la necesidad de emplear bien el castellano?
4. ¿Qué se está haciendo en su iglesia para desarrollar el ministerio de escritores?
5. ¿Qué idiomas aparte del castellano se hablan en su país?
6. ¿Qué énfasis se da a la composición de himnos y a la redacción de materiales de estudio bíblico en los idiomas que usted mencionó en su respuesta a la pregunta número 5?
7. ¿Cuánto valdría el material usado para escribir el libro de Isaías en los tiempos de Jesús? Calcúlelo en el dinero de su país.
8. ¿Por qué tenemos hoy la posibilidad de conseguir copias de las Escrituras a un precio módico cuando los creyentes durante milenios no tenían la más mínima esperanza de poseer tal tesoro para su uso personal?
9. ¿Qué debemos hacer por aquellos que no pueden adquirir ningún libro de la Biblia para su uso personal en la actualidad?
10. ¿Qué decisiones va a tomar usted como resultado del estudio de este capítulo?

PROYECTOS PARA LA CLASE

1. Evaluar lo que hicieron los estudiantes en las secciones UN ENCUENTRO CON LAS VERDADES y DE LA TEORIA A LA PRACTICA.
2. Preparar un periódico mural que abarque los temas de la quinta parte de este libro (capítulos 14 — 17). Se sugiere este proyecto ahora para dar tiempo suficiente para preparar la exhibición antes de que la clase comience el estudio de la nueva parte.
3. Pedir que un estudiante traiga a la clase fotografías, o libros que las contengan, de diferentes formas de escritura.
4. Celebrar una mesa redonda considerando la importancia de un programa de alfabetización en la región de su iglesia.
5. Orar fervientemente por aquellos que no tienen ningún ejemplar de las Escrituras, ni lo pueden conseguir. Sería bueno especificar regiones y países donde existe este problema.

Capítulo 15

Los manuscritos bíblicos

Antes de la invención de la imprenta todos los libros y documentos, incluso los de la Biblia, eran escritos a mano. Los documentos relativamente breves y grabados en piedra, arcilla o metal reciben el nombre de *inscripciones*. Los que están escritos en papiro, cuero o pergamino se llaman *manuscritos*. Un grupo especial de estos últimos lo constituyen los *manuscritos bíblicos*, lo cual será el tema del presente capítulo.

I. Clasificación de los manuscritos bíblicos

Los manuscritos bíblicos son ejemplares o fragmentos de la Biblia escritos en las lenguas originales de ésta. Constituyen valiosos testimonios de la transcripción de las Escrituras.[1]

a. *Originales y copias*. Según su procedencia, los manuscritos bíblicos pueden ser originales o copias. Se llaman *originales* o *autógrafos* las obras escritas directamente por su autor (Gálatas 6:11). También reciben este nombre las obras de un amanuense que escribía al dictado del autor (Jeremías 36:4; Romanos 16:22). A veces una obra podía tener más de un original (Jeremías 36:4, 32).

Se llama *copia* a toda reproducción de un escrito original, reproducción que antiguamente estaba a cargo de expertos llamados copistas. En Israel los copistas encargados de transcribir los manuscritos bíblicos se llamaban *escribas*. La transcripción de las Escrituras parece haberse iniciado en una época muy antigua de la historia de Israel. En efecto, Moisés ordenó que las palabras de la Ley fueran copiadas (Deuteronomio 17:18; 27:3). Y la Ley escrita por Josué en piedras revocadas con cal es la primera copia de las Escrituras que se registra en la Biblia misma (Josué 8:32).

Actualmente no existe ningún manuscrito original de las Escrituras, pero tenemos muchísimas y excelentes copias de ellas.

b. *Manuscritos del Antiguo Testamento y del Nuevo*. La principal clasificación de los manuscritos bíblicos los divide en dos, a saber: los del Antiguo Testamento y los del Nuevo. Los primeros se clasifican a su vez en oficiales y privados. Los manuscritos *oficiales* eran para el uso de la sinagoga. Tenían siempre la forma de rollo y su preparación estaba sujeta a normas muy estrictas en cuanto a la calidad de los materiales, el formato, el color de la tinta y otros detalles.

Los manuscritos *privados* eran para el uso particular de quien los adquiría. No estaban sujetos a las normas que regían para la preparación de los manuscritos oficiales, pero igualmente se los preparaba con mucho esmero. Podían tener forma de rollo o códice, llevar adornos e incluir notas marginales.

Asimismo los manuscritos del Nuevo Testamento se subdividen en dos grupos: unciales y minúsculos. Los manuscritos *unciales* están escritos en letras mayúsculas, las cuales se usaron hasta más o menos el siglo X de nuestra era.

Los manuscritos *minúsculos* son los que están escritos solamente en letras minúsculas. Se llaman también *cursivos*, porque las letras están ligadas entre sí. Generalmente son menos antiguos que los manuscritos unciales.

c. *Clasificaciones por material y presentación*. Según el material que los constituye, los manuscritos se clasifican en papiros, pergaminos y vitelas; según su presentación, en rollos, códices y fragmentos.

A ciertos manuscritos se los clasifica como *palimpsestos*. La palabra "palimpsesto" significa "borrado" y se aplica a los manuscritos que conservan huellas de una escritura anterior que fue borrada artificialmente.

2. Autoridad de los manuscritos bíblicos

La autoridad de un manuscrito consiste en el crédito que se le da en razón de sus méritos. En el caso de los manuscritos bíblicos, estos méritos son la antigüedad y la calidad. Así un manuscrito tiene más autoridad cuanto más antiguo es. ¿Por qué? Porque dado que los manuscritos más recientes son copias de otros más antiguos es más probable que los últimos tengan la versión original en caso de discrepancias en el texto. Esto es similar al hecho tan común de un comentario que ha circulado entre varias personas. Generalmente las primeras que lo oyeron tienen una mejor versión que las últimas.

Otras veces un manuscrito puede ser relativamente reciente y, sin embargo, tener mucha autoridad si se trata de una buena copia, es decir, si su texto no difiere mayormente de los manuscritos más antiguos y de reconocida autoridad.

Por lo general la autoridad de los manuscritos del Nuevo Testamento depende de su antigüedad; pero la de los manuscritos del Antiguo Testamento depende más bien de su calidad. En efecto, hay muchísimos manuscritos del Nuevo Testamento, pero pocos son buenos; en cambio, los manuscritos del Antiguo Testamento son menos pero mejores.

3. Descripción de los manuscritos bíblicos

a. *Los del Antiguo Testamento.* La relativa escasez de manuscritos del Antiguo Testamento[2] se debe a tres factores, a saber: la naturaleza perecedera de los materiales usados, las numerosas persecuciones que sufrieron los judíos junto con sus escritos sagrados y la costumbre que tenían los escribas de destruir todo manuscrito deteriorado o que contuviera errores de transcripción. En efecto, ellos creían que una copia fiel era tan valiosa como cualquier otra más antigua. Si, pues, todas las copias eran exactas, no importaba su antigüedad y, por lo tanto, desechaban y destruían las antiguas para que no corrieran el riesgo de deteriorarse o sufrir mutilaciones.

Los diversos manuscritos del Antiguo Testamento que se han descubierto están respresentados por cinco especímenes, que son: el texto masorético, el Pentateuco samaritano, el papiro de Nash, el manuscrito de Malabar y los rollos del mar Muerto.

1) El texto masorético. Durante los siglos V al X de nuestra era, la transcripción del Antiguo Testamento fue la obra de los *masoretas*. Estos fueron los escribas que primeramente fijaron el texto del Antiguo Testamento, llamado por esto *texto masorético*. Luego lo copiaron con sumo cuidado. Los masoretas inventaron también un sistema de puntos para indicar las vocales en el texto del Antiguo Testamento, ya que el alfabeto hebreo carece de ellas. El texto masorético tiene gran importancia porque ha sido la base del Antiguo Testamento en nuestras Biblias. Entre los manuscritos que lo contienen los principales son:

• Los fragmentos de El Cairo (siglos VI al X), que son hasta ahora los más antiguos manuscritos masoréticos que se conocen. Fueron descubiertos en 1890 durante la reconstrucción de la sinagoga de El Cairo. Se hallaban en una *geniza*, nombre que los escribas daban a la sala donde por un tiempo se guardaban los manuscritos en desuso antes de enterrarlos. De entre los miles de fragmentos descubiertos, se han identificado más de 120 manuscritos del Antiguo Testamento junto con otros documentos.

• El Códice de El Cairo de los Profetas (895 d.C.), que sigue en antigüedad a los fragmentos de la geniza. Fue hecho por Moisés ben

Aser en Tiberias y contiene solamente la sección de los Profetas (Anteriores y Posteriores).

• El Códice de Leningrado de los Profetas (916 d.C.). Contiene solamente los Profetas Posteriores. Escrito en vitela, es éste el manuscrito fechado de más antigüedad.

• El Códice de Alepo (930 d.C.), que contenía todo el Antiguo Testamento. Pero en 1948, durante la guerra que estalló entre los árabes y los israelíes, se incendió la sinagoga en que se hallaba guardado el manuscrito y sólo se salvó una parte de él.

• El Códice del Museo Británico (950 d.C.), que contiene solamente el Pentateuco, si bien incompleto.

• El Códice de Leningrado, que es el único manuscrito completo del Antiguo Testamento. El códice es de vitela y está fechado en 1008 d.C. Este manuscrito ha sido la fuente principal de la Biblia hebrea.

2) El Pentateuco Samaritano. Esta obra contiene solamente los cinco libros de Moisés. Está escrita en caracteres hebreos antiguos, como los que usaban los judíos antes del cautiverio babilónico. Aunque en el siglo IV ya la conocían algunos dirigentes de la iglesia como Eusebio y Jerónimo, no fue sino hasta el siglo XVII que los eruditos de occidente supieron de ella. En efecto, en 1616 algunos cristianos le compraron un manuscrito a la comunidad samaritana de Damasco y lo llevaron a París. Desde entonces se han descubierto otros varios manuscritos samaritanos, el más antiguo de los cuales data probablemente del siglo X.

El texto del Pentateuco Samaritano ha seguido un curso independiente del texto masorético. En efecto, difiere del último en unos 6.000 lugares, pero la mayoría de estas diferencias son de carácter ortográfico y más bien insignificantes. Por la importancia que tiene este hecho, especialmente para la crítica textual, conviene que consideremos el origen del pueblo samaritano así como el de la obra que lleva su nombre.

Cuando los asirios invadieron Israel, el reino del norte, deportaron una gran parte de la población. En su reemplazo trajeron pueblos de otras tierras (2 Reyes 17:23, 24). De los matrimonios mixtos entre estos pueblos gentiles y el remanente israelita que quedó en la tierra se originó el pueblo samaritano (2 Crónicas 30:6-11). Años después los babilonios invadieron Judá, el reino del sur, y también deportaron una parte de la población.

Cuando durante el reinado de los persas regresó una parte de los deportados para reconstruir el templo de Jerusalén, los samaritanos se ofrecieron para cooperar con ellos; pero los judíos rechazaron su oferta (Esdras 4:1-3). Como resultado de este rechazo, los samaritanos molestaron a los judíos, calumniándolos y estorbando la reconstrucción del templo. Por último construyeron su propio templo en el monte Gerizim. Desde entonces han formado un pueblo separado de los judíos. En nuestros días subsisten dos pequeñas comunidades samaritanas en Palestina.

No sabemos con certeza cómo los samaritanos llegaron a poseer un manuscrito de los libros de Moisés, los únicos que ellos aceptan como canónicos. Posiblemente el sacerdote que les enseñó la ley de Dios tenía una copia de ella, o bien Tobías el amonita sustrajo una del templo (2 Reyes 17:27, 28; Nehemías 13:4-8). Hasta puede que el hijo del sacerdote Joiada se haya llevado una consigo cuando fue expulsado por Nehemías (Nehemías 13:28).

3) El papiro de Nash. Este manuscrito consiste en un fragmento de papiro escrito probablemente entre 150 a.C. y 100 d.C. Contiene una parte de los Diez Mandamientos y Deuteronomio 6:4-9. Hasta mediados de nuestro siglo era el manuscrito bíblico hebreo más antiguo que se conocía.

4) El manuscrito de Malabar.[3] Este rollo de cuero contiene todo el Antiguo Testamento, con excepción de Levítico y parte de Deuteronomio. Fue descubierto a principios del siglo pasado entre los judíos negros de Malabar, región del sudoeste de la India. El texto de este manuscrito difiere muy poco del texto masorético, apenas en unos 40 lugares.

5) Los rollos del mar Muerto. Hasta ahora estos rollos (en muchos casos no son más que fragmentos de cuero y de papiro) son los manuscritos bíblicos de más antigüedad que se conocen. Luego de diligentes estudios se ha podido comprobar que son mil años más antiguos que los masoréticos. Muchos de ellos datan de antes de la era cristiana.

El hallazgo de los rollos del mar Muerto constituye lo que un erudito ha calificado como el más grande descubrimiento de manuscritos de los tiempos modernos. En realidad, fue una bendita casualidad. Un joven pastor árabe, que buscaba una cabra que se le había perdido, se encontró con una caverna en cuyo interior había varios cántaros que contenían rollos de cuero manuscritos. Esto ocurrió en marzo de 1947. Posteriormente se descubrieron nuevas cavernas en 1949, 1952 y 1956.

El texto de estos rollos difiere muy poco, no más de un 5% y en detalles sin importancia, de los manuscritos masoréticos, lo cual no hace más que confirmar la asombrosa fidelidad de estos últmos. Este hecho es muy significativo, sobre todo cuando consideramos que algunos esperaban que estos manuscritos provocarían poco menos que el derrumbamiento de la fe cristiana. En realidad, ha sucedido todo lo contrario: las variantes[4] de los manuscritos no han afectado a ninguna doctrina fundamental del cristianismo y tanto éste como la Biblia han salido incólumes de los ataques de sus detractores.

Según el lugar de su descubrimiento, los rollos del mar Muerto se dividen en dos grupos bien definidos. El primero lo constituyen los manuscritos descubiertos en Qumrán; el segundo, los descubiertos en Murabba'at.

Los manuscritos de Qumrán, localidad situada al sur de Jericó y a poco más de un kilómetro del mar Muerto, consisten en unos 5.000 fragmentos que constituyen como 400 libros. Se cree que estos manuscritos pertenecían a la biblioteca de los esenios, secta judía de costumbres austeras que se separó de los demás judíos y formó una comunidad monástica que existió entre los años 100 a.C. y 100 d.C. Entre los manuscritos reconstituidos de los fragmentos se hallan todos los libros del Antiguo Testamento, excepto Ester. Uno de los dos más importantes es el rollo de Isaías, que es actualmente la copia más antigua de un libro completo de la Biblia (siglo II a.C.). El otro es el fragmento de Samuel, que se cree que es el manuscrito bíblico más antiguo que se conoce (probablemente del siglo IV a.C.).

Los manuscritos descubiertos en las cavernas de Murabba'at, valle situado al sudoeste de Belén y a sólo unos cuantos kilómetros del Mar Muerto, son más recientes que los de Qumrán. Esto se ha podido comprobar luego de un minucioso examen de su escritura. Por lo general están fechados, correspondiendo las fechas a los años de la segunda revuelta de los judíos contra los romanos (132-135 d.C.). El más importante de los manuscritos de Murabba'at es un rollo que contiene parte de los Profetas Menores.

b. *Los del Nuevo Testamento.* Antes del descubrimiento de los rollos del mar Muerto, los manuscritos del Nuevo Testamento eran generalmente más antiguos y numerosos que los del Antiguo Testamento. Se pueden clasificar en dos grupos principales según el material en que fueron escritos: papiros, y pergaminos y vitelas.

1) Papiros. Aunque el apóstol Pablo menciona los pergaminos, parece que fue más bien el papiro el material que usaron los apóstoles para escribir sus epístolas (2 Timoteo 4:13; 2 Juan 12). De los manuscritos del Nuevo Testamento los más antiguos que se han descubierto hasta ahora son todos de papiro. Hay más de 60 de estos manuscritos; pero los principales son los tres siguientes:

• El fragmento de la Biblioteca John Rylands, de Manchester, Inglaterra, que contiene algunos versículos del cuarto evangelio (Juan 18:31-33, 37, 38). Es hasta el presente el más antiguo manuscrito del

Nuevo Testamento. Se cree que data de la primera mitad del siglo II de nuestra era (117-138). Es también un valioso testimonio que confirma la antigüedad del evangelio de Juan, escrito según la tradición cristiana a fines del siglo I.[5]

• La colección de la Biblioteca Bodmer de la Literatura Mundial de Culagny, localidad situada cerca de Ginebra. El manuscrito consiste en tres conjuntos de papiros que datan de los siglos II y III d.C. El primero contiene porciones del evangelio de Juan. El segundo es la copia más antigua de las epístolas de Pedro y Judas, conteniendo además algunos salmos y escritos apócrifos. El tercero contiene los evangelios de Lucas y Juan, siendo el manuscrito más antiguo del primero.

• La colección del Museo Chester Beatty, ubicado cerca de Dublín, Irlanda. Es el más importante de los manuscritos en papiro. Consiste en tres códices que datan del año 250 d.C., aproximadamente, y contiene la mayor parte del Nuevo Testamento. Una parte de este manuscrito se halla también ahora en la Biblioteca de la Universidad de Michigan.

2) Pergaminos y vitelas. Los manuscritos más numerosos del Nuevo Testamento son los de pergamino y vitela; pero los más importantes de ellos son los unciales. Estos datan de los siglos I al IX, mientras que los minúsculos — mucho más abundantes que los unciales — son de fechas más recientes. Los principales manuscritos unciales son los siguientes:

• El Códice Vaticano, quizás el más antiguo manuscrito en vitela del Nuevo Testamento. Data probablemente de los años 325 al 350 d.C. Contiene casi todo el Nuevo Testamento y la versión griega de la mayor parte del Antiguo Testamento y de los libros apócrifos. El Códice Vaticano pertenece a la Iglesia Católica Romana y se halla en la biblioteca del Vaticano.

• El Códice Sinaítico, muy importante y famoso. Fue descubierto en el siglo pasado por el erudito alemán Constantino Tischendorf en el monasterio ortodoxo Santa Catalina, situado al pie del Monte Sinaí. El profesor Tischendorf visitó tres veces este monasterio en busca de manuscritos bíblicos. En su primera visita, realizada en 1844, vio varios pergaminos en un cesto de desechos que iban a ser quemados. Resultaron ser parte del ahora famoso códice, el que Tischendorf intentó comprárselo a los monjes; pero éstos le vendieron solamente 43 hojas que contienen parte del Antiguo Testamento en la versión de los Setenta. Estas hojas se encuentran ahora en la biblioteca de la Universidad de Leipzig, Alemania.

En 1853 el profesor Tischendorf realizó infructuosamente una segunda visita al monasterio en busca de las demás hojas del manuscrito; pero en 1859, al término de su tercera visita y cuando parecía que ésta también había sido un fracaso, el mayordomo del monasterio lo llevó a su cuarto y le mostró un manuscrito que resultó ser el resto del ansiado códice. Actualmente éste se halla en el Museo Británico.

El Códice Sinaítico es probablemente tan antiguo como el Vaticano, pues se cree que data del año 340 d.C. Contiene todo el Nuevo Testamento, con la excepción de Marcos 16:9-20 y Juan 7:53 — 8:11. También contiene más de la mitad del Antiguo Testamento y todos los libros apócrifos además de la *Epístola de Bernabé* y *El Pastor de Hermas*.

El origen de este códice es desconocido; pero Tischendorf creía que se trataba de una de las 50 copias de la Biblia que el emperador Constantino mandó hacer en el año 331 para el uso de las iglesias de Constantinopla y que el emperador Justiniano envió posteriormente al monasterio Santa Catalina, del cual fue su fundador.

• El Códice Alejandrino (450 d.C.), el tercero en importancia después de los códices Sinaítico y Vaticano. Fue escrito probablemente en Alejandría, Egipto. En 1621 el patriarca de Alejandría se lo llevó a Constantinopla por haber sido trasladado allá, y en 1624 lo presentó al embajador de Inglaterra en Turquía como un obsequio para el rey. Actualmente el códice se halla también en el Museo Británico. Contiene la mayor parte del Nuevo Testamento y casi todo el Antiguo Testamento así como las epístolas *1 y 2 de Clemente* y los *Salmos de Salomón*. El Códice Alejandrino fue el primer manuscrito uncial usado por los críticos bíblicos.

• El Códice de Efraín, escrito probablemente también en Alejandría alrededor del 450 d.C. Este códice debe su nombre al hecho de que es un palimpsesto cuya primera escritura fue borrada y luego reemplazada por los sermones de Efraín, uno de los dirigentes de la iglesia siria (299-378 d.C.). Por el año 1500 el códice fue llevado a Italia y en 1553 lo adquirió Catalina de Médicis mujer italiana que vino a ser madre de tres reyes franceses. A la muerte de Catalina el manuscrito fue depositado en la Biblioteca Nacional de París, lugar donde se halla todavía. Este códice contiene gran parte del Nuevo Testamento, pero sólo unos pocos libros del Antiguo Testamento. Incluye además dos de los libros apócrifos: *Sabiduría de Salomón* y *Eclesiástico*. Con todo, no fue posible saber esto hasta 1845, cuando el profesor Tischendorf descifró la escritura original del palimpsesto luego que fuera revelada mediante agentes químicos.

• El Códice de Beza (siglo VI), llamado así en honor del célebre reformador y teólogo Teodoro Beza. Este lo descubrió en 1562 en el monasterio S. Ireneo, situado en Lyon, Francia. En 1581 lo regaló a la Universidad de Cambridge, Inglaterra, en cuya biblioteca se encuentra actualmente. El códice es un manuscrito bilingüe, el más antiguo de su clase hasta ahora. Contiene los cuatro evangelios, los Hechos y algunos versículos de 3 Juan y la versión latina de éstos.

• El Códice Claromontano (siglo VI), escrito en griego y latín como el Códice de Beza y complemento de éste. Fue descubierto también en el monasterio de Clermont, Francia, por Teodoro Beza, al cual el manuscrito debe su nombre. A la muerte de Beza, el códice pasó a manos de diferentes dueños hasta que en 1656 el rey Luis XIV lo compró para la Biblioteca Nacional de París, donde se halla actualmente. El manuscrito contiene las epístolas de Pablo y Hebreos.

---

[1] La palabra "manuscrito" se usa en este capítulo en un sentido técnico, ya que una versión es también un manuscrito si está escrita a mano.

[2] Se conocen casi 2.000 manuscritos masoréticos en contraste con más de 4.000 manuscritos del Nuevo Testamento.

[3] Descrito por René Pache en *The Inspiration and Authority of Scripture* (La inspiración y autoridad de la Escritura), página 188.

[4] Se llama variante a la versión diferente que se halla en el texto de un manuscrito al compararlo con otro.

[5] En realidad es ya insostenible la teoría modernista de que el cuarto evangelio fue escrito por un anónimo escritor del siglo II.

BOSQUEJO DEL CAPITULO

Las copias de las Sagradas Escrituras

1. Categorías
   a. Según su procedencia
   b. Según el pacto
   c. Según otras características
2. Establecimiento del crédito y fe de una copia por su edad y excelencia
3. Reseña de las copias más conocidas
   a. Del Antiguo Pacto
   b. Del Nuevo Pacto

UN ENCUENTRO CON LAS VERDADES

Selección de opciones. Lea la primera parte de la frase y las cinco diferentes terminaciones. Escoja la que mejor complete la idea. En algunos casos podrían servir más de una, pero debe seleccionar la **mejor**, aunque ninguna de las cinco opciones le satisfaga totalmente. Subráyela y escriba la letra correspondiente en el espacio que hay a la izquierda del número.

________ 1. La primera indicación que tenemos de la necesidad de hacer copias de las Escrituras es. . .

A. la enseñanza de Esdras.
B. la referencia que Josefo hace en una de sus obras de historia.
C. lo que Moisés dijo al respecto.
D. el hecho de que se echaban a perder los manuscritos con el paso del tiempo.
E. la ley que Josué escribió en piedras revocadas con cal.

________ 2. Se le decía "manuscrito oficial" a. . .

A. uno que llevaba el visto bueno del rey como el ejemplo del rey Santiago.
B. uno que tuviera la forma de un rollo.
C. uno preparado para el uso de una sinagoga.
D. aquél que gozaba del apoyo de un concilio eclesiástico.
E. uno que tenía la forma de códice.

________ 3. El manuscrito uncial es aquel que. . .

A. goza de la inspiración del Espíritu Santo.
B. tiene por lo menos un milenio de hecho.

C. está escrito en letras mayúsculas.
D. está hecho en papiro.
E. data del siglo II.

_________ 4. Los manuscritos bíblicos que llamamos autógrafos son. . .
A. aquellos que llevan una dedicatoria escrita por el mismo autor.
B. los originales.
C. los que son escritos en hebreo o griego.
D. los que un secretario escribía mientras dictaba el autor.
E. inscripciones antiguas preservadas milagrosamente.

_________ 5. ¿Cuántos manuscritos originales de libros de la Biblia tenemos en existencia en la actualidad?
A. Ninguno.
B. Tres.
C. Muchos.
D. Solamente un fragmento del evangelio de Juan.
E. Casi toda la profecía de Isaías.

_________ 6. ¿Qué es un palimpsesto?
A. Un manuscrito hecho en cuero.
B. El nombre con que la Biblia católica designa los libros 1º y 2º de Crónicas.
C. Un recipiente para los manuscritos que se echaron a perder.
D. Un manuscrito de mucha autoridad.
E. Un manuscrito hecho en un pergamino en que se borró lo que originalmente se había escrito en él.

_________ 7. La importancia que tenga un manuscrito depende de. . .
A. su antigüedad.
B. la condición espiritual de los destinatarios.
C. los dibujos ilustrativos que tenga.
D. su concordancia con las versiones más antiguas.
E. el lugar en que se descubrió.

_________ 8. De los manuscritos existentes, tenemos. . .
A. más del Antiguo Testamento que del Nuevo Testamento.
B. más del Nuevo Testamento que del Antiguo Testamento.
C. igual número de ambos testamentos.

D. casi ninguno del Antiguo Testamento.
E. casi ninguno del Nuevo Testamento.

_________ 9. Por "texto masorético" se quiere decir. . .
A. el puro texto de la Biblia sin comentario alguno.
B. el texto en su totalidad.
C. el texto escrito en un material martillado.
D. el texto que contiene muchos elementos espurios y que ha traído como resultado el surgmiento de sectas falsas.
E. el texto del Antiguo Testamento que fijó un grupo de judíos.

_________ 10. El hebreo escrito. . .
A. carece de letras vocales.
B. tiene las mismas vocales que el griego.
C. fue clasificado por los filólogos como el idioma más expresivo.
D. es el primer idioma que se escribió.
E. tiene la peculiaridad de que el nombre "Jehová" se escribe con letras vocales.

_________ 11. El único manuscrito completo del Antiguo Testamento que tenemos es. . .
A. el Códice de Alepo.
B. el Códice del Museo Británico.
C. el Códice Sinaítico.
D. los rollos del mar Muerto.
E. el Códice de Leningrado.

_________ 12. ¿Cuáles son los manuscritos bíblicos de más antigüedad que se conocen?
A. La colección del Museo Chester Beatty.
B. La colección de las Sociedades Bíblicas Unidas.
C. El Códice de Beza junto con el de Claromontano.
D. Algunos de los rollos del mar Muerto.
E. Los papiros.

_________ 13. Los manuscritos más antiguos del Nuevo Testamento que tenemos son de un material llamado. . .
A. papiro.
B. papel.
C. pergamino.
D. vitela.
E. cuero.

_________ 14. Los manuscritos unciales. . .
A. son más numerosos que los minúsculos.

B. son de más importancia que los minúsculos.
C. tienen poca autoridad debido a que son tan antiguos.
D. son más nuevos que los minúsculos.
E. son tan numerosos como los minúsculos.

________ 15. De los manuscritos unciales, el más antiguo parece ser el Códice. . .
A. Sinaítico.
B. Vaticano.
C. Alejandrino.
D. Claromontano.
E. de Efraín.

DE LA TEORIA A LA PRACTICA

1. ¿Por qué es de tanta importancia para nosotros que los eruditos comparen con mucho cuidado los diferentes manuscritos?
2. ¿Por qué debe un traductor de una nueva versión de la Biblia estar al tanto de los últimos descubrimientos de manuscritos y de los estudios realizados por expertos en la materia?
3. ¿Qué evidencia de la autenticidad de la Biblia provee la existencia de tantos manuscritos antiguos?
4. ¿Qué ha aprendido usted de este capítulo que le va a servir para el fortalecimiento de su fe?
5. ¿Qué importancia tendrá la información de este capítulo para los creyentes de una iglesia local?

PROYECTOS PARA LA CLASE

1. Evaluar lo que hicieron los estudiantes en las secciones UN ENCUENTRO CON LAS VERDADES y DE LA TEORIA A LA PRACTICA.
2. Visitar un museo para observar los escritos antiguos exhibidos. Comparar su valor histórico con el valor de los manuscritos más antiguos de la Biblia.
3. Traer un estudiante un informe sobre los rollos del mar Muerto.
4. Preparar una comisión un estudio para un campamento de jóvenes sobre los manuscritos de la Biblia, incluyendo ilustraciones objetivas. Toda la clase debe llevar a cabo una evaluación del trabajo.

Capítulo 16

LAS VERSIONES

Durante siglos la transcripción de manuscritos fue la única manera de transmitir las Escrituras. Pero cuando el Dios verdadero vino a ser conocido y adorado por pueblos que no entendían los idiomas originales de los escritos sagrados, fue necesario también traducir éstos a otras lenguas. Así se originaron las versiones, nombre con que se conocen las traducciones de la Escritura.

I. Definiciones relativas a las versiones

Antes de avanzar en nuestro estudio de las versiones nos conviene conocer algunas definiciones que tienen relación con ellas.

a. *Transliteración.* Es la transcripción de palabras de una lengua con los signos alfabéticos de otra. Así, por ejemplo, la transliteración de la palabra hebrea אָמֵן es ἀμήν en caracteres griegos y *amen* en latinos. En la práctica, la transliteración implica la *introducción de vocablos extranjeros* en una lengua determinada y es muy pertinente cuando esos vocablos son intraducibles. Tal cosa ha sucedido con cierto número de voces griegas y hebreas como consecuencia de la traducción de las Escrituras. Algunos de ellos son "bato", "leviatán", "querubín", "estatero".

Generalmente los vocablos extranjeros toman la forma peculiar de la lengua a la cual son transliterados. Pero a veces la transliteración ha sido superflua, pues esos vocablos extranjeros se habrían podido traducir. Por ejemplo, las voces griegas transliteradas como *angelos, baptizein, euangelion, ekklesia* y *Christos* se han castellanizado como "ángel", "bautizar", "evangelio", "iglesia" y "Cristo". Su respectiva traducción es "mensajero", "sumergir", "buenas noticias", "asamblea" y "Ungido".

b. *Traducción literal.* Es la que transmite hasta donde sea posible el significado exacto de las palabras originales. Sigue el texto original palabra por palabra y por lo tanto refleja los giros propios de la lengua de éste y no los de su propio idioma.

Nótese, por ejemplo, la traducción literal de las siguientes expresiones inglesas: *Good morning, how do you do?* "Buena mañana, ¿cómo haces?" *I'm hungry.* "Estoy hambriento." *How old are you?* "¿Cuán viejo es usted?" Estos giros son extraños al genio de nuestra lengua, ¿verdad?

Pero no menos extraños, y hasta chocantes a veces, son algunos hebraísmos y helenismos (giros propios de las lenguas hebrea y griega) que hallamos en nuestras versiones castellanas de la Biblia. Veamos algunos ejemplos: "lleno de días" (Génesis 25:8), "carne y sangre" (Gálatas 1:16; Efesios 6:12; Hebreos 2:14), "hijos de desobediencia" (Efesios 2:2), "hebreo de hebreos" (Filipenses 3:5), "meante a la pared" (1 Samuel 25:22, 34), "téngolo por estiércol" (Filipenses 3:8). De los giros citados, los dos últimos subsisten en la versión de Casiodoro de Reina, revisión de 1909.

c. *Expresión equivalente.* Es el giro que siendo propio de un idioma corresponde exactamente al de otro. En cierto sentido es la contraparte de la traducción literal. Así la expresión inglesa *excuse me,* usada al pasar enfrente de una persona, significa literalmente "discúlpeme"; pero su equivalente castellano es "permiso". Y algunos de nuestros modismos, como "meter la mano" o "meter la pata", sólo tendrán significado en un idioma extranjero si se los traduce por sus respectivas expresiones equivalentes.

Sólo en tiempos recientes se le ha dado importancia a las expresiones equivalentes en las traducciones de la Biblia; pero aún subsisten en ellas muchos hebraísmos y helenismos. Uno de éstos es "echar (o traer) la sangre" (Hechos 5:28). La expresión equivalente en castellano es "echar la culpa (o culpar) de la muerte".

d. *Interpretación.* Es la explicación del sentido de una palabra o frase. En otras palabras, la interpretación tiene que ver no con lo que el autor dice, sino con lo que quiere decir. Por lo que respecta a las versiones, la interpretación es muy necesaria cuando la traducción es literal, ya que los hebraísmos y helenismos que ésta contiene son frecuentemente incomprensibles para el lector común. Génesis 8:4 bien puede ilustrarnos esto. En efecto, es imposible concebir que el arca de Noé reposara en varios montes, a menos que interpretemos "los montes" de Ararat como *uno* solo de ellos.

e. *Adaptación.* Es la sustitución de ciertas ilustraciones de una obra original por otras más comprensibles a los lectores de una traducción de esa obra. Por ejemplo, un escritor norteamericano se refiere generalmente al golf o al béisbol en sus ilustraciones deportivas. Si su obra se traduce a las lenguas de las naciones latinoamericanas, sin embargo, será mejor sustituir esas ilustraciones por las que se refieren al fútbol, ya que este deporte es más conocido que los otros en la mayoría de las antedichas naciones.

Los escritores sagrados se valieron de excelentes ilustraciones para comunicar las verdades divinas a sus contemporáneos. Muchas veces, sin embargo, estas ilustraciones son oscuras para los lectores de una versión algo literal de la Biblia. ¡Se hace necesario entonces "ilustrarlas" a su vez para hacerlas inteligibles! Sin duda Isaías no se habría referido a la "grana" ni a la "nieve" si hubiera escrito para un pueblo, como algunos de la actualidad, que no conocen ni una ni otra (Isaías 1:18). Y si Miqueas hubiera profetizado en nuestros días de la futura paz mundial, habría dicho que las naciones "convertirán sus tanques en tractores" (Miqueas 4:3). Así también los traductores de la Biblia han tenido que recurrir a múltiples adaptaciones para expresar con claridad las verdades divinas en las lenguas y dialectos de los pueblos primitivos.

f. *Traducción libre.* Es la que transmite el sentido general del texto original en vez de cada una de sus palabras. Es por lo tanto la antítesis de la traducción literal. La traducción libre incluye expresiones equivalentes, interpretaciones y adaptaciones.

2. Imperfección de las versiones

Debido a diversos factores, algunos de los cuales acabamos de considerar, las traducciones son generalmente imperfectas. Uno de estos factores, si acaso no el principal, es la dificultad de hallar expresiones equivalentes entre las lenguas de pueblos que son culturalmente diferentes entre sí. Y esta dificultad se acrecienta en el caso de las versiones. ¿Cómo traducir, por ejemplo, Mateo 26:27 a la lengua de un pueblo para el que escupir en el rostro es una bendición y no un insulto? En ciertos casos, como en los juegos de palabras, es simplemente imposible.[1]

Conviene destacar, sin embargo, que en general la imperfección de las versiones no afecta a ninguna doctrina importante de la Biblia, sino más bien a detalles. Por lo mismo los creyentes deben evitar las posiciones extremas en sus críticas a determinadas versiones. En caso de discrepancias con una versión, lo mejor es asegurarse del sentido del pasaje en discusión en las lenguas originales de la Escritura.

3. Clasificación de las versiones

a. *Versiones parafraseadas o paráfrasis.* Son las que contienen una traducción libre y frecuentemente amplificada del texto original con el fin de hacerla más inteligible. Un ejemplo bien conocido de versión parafraseada es *La Biblia al Día, paráfrasis* (La Biblia Viviente).

b. *Versiones revisadas o revisiones*. Se les da este nombre a las versiones que luego de una cuidadosa revisión han sido corregidas, por lo cual debieran llamarse más bien versiones corregidas. La revisión de Cipriano de Valera y las que le han seguido, incluso la de 1960, son ejemplos de revisiones de la versión de Casiodoro de Reina.

Las revisiones y subsecuentes correcciones que se han hecho a las versiones tienen su razón de ser principalmente en la imperfección de éstas. Pero hay también otras dos causas que las han hecho sumamente necesarias: 1) el descubrimiento de manuscritos más antiguos y mejores, lo cual ha contribuido a contar con un texto mucho más semejante al original y 2) los cambios experimentados por los idiomas a raíz de palabras y acepciones que han caído en desuso.

c. *Versiones críticas*. Se llaman así las traducciones del texto crítico de las Escrituras, texto que resulta del estudio comparativo de los manuscritos bíblicos. Estas versiones son más bien traducciones literales, aptas para el estudio crítico de la Biblia. Por lo general incluyen variantes y notas explicativas. Hasta cierto punto, la Versión Moderna es un ejemplo de versión crítica.

d. *Versiones populares*. A diferencia de las versiones críticas, las versiones populares son traducciones libres de la Escritura. Su lenguaje es sencillo y claro con el fin de que todo lector pueda entender el mensaje de Dios. Un ejemplo de este tipo de versión es el Nuevo Testamento *Dios llega al hombre*. (La Biblia completa en esta versión salió en 1979 con el título *Dios habla hoy*.)

Las versiones populares han tenido un gran auge desde que se descubrió que el *koiné*, la lengua en que fue escrito el Nuevo Testamento, era un griego popular y no literario.

e. *Versiones directas*. Son aquellas cuyo texto ha sido traducido directamente de sus lenguas originales, como la versión de Casiodoro de Reina y la Moderna.

f. *Versiones indirectas*. Son traducciones de otra traducción. De esta clase son muchas de las versiones católicas romanas, pues están basadas en la Vulgata (una de las versiones latinas) en vez de los manuscritos hebreos y griegos.

g. *Versiones antiguas*. Se conocen con este nombre todas las versiones que antecedieron a la invención de la imprenta (siglo XV). Es preciso aclarar que la versión de Casiodoro de Reina no es una versión antigua en este sentido del vocablo, si bien lleva este calificativo en nuestras Biblias.

h. *Versiones modernas*. Son todas las traducciones de la Biblia hechas desde la invención de la imprenta hasta nuestros días.

i. *Versiones parciales.* Se llaman versiones parciales las traducciones de una parte de la Biblia.

j. *Versiones completas.* Son las traducciones de toda la Escritura.

4. Calidad de las versiones

Puesto que actualmente contamos con una variedad de versiones, cabe hacernos la siguiente pregunta: ¿Cuál o cuáles son las mejores? La respuesta depende del criterio con que las juzguemos. Si lo que buscamos es una versión más bien fiel al texto original, es mejor una versión crítica; pero si además queremos una versión clara, es mejor una versión popular. Y si preferimos una versión bella, no hay como las versiones tradicionales. Algunas de éstas son obras clásicas en sus idiomas.

Pero desde un punto de vista general, con las versiones sucede lo contrario de lo que ocurre con los manuscritos. Porque mientras los mejores de éstos son casi siempre los más antiguos, *las mejores versiones son generalmente las más modernas.* ¿Por qué? En primer lugar, porque su texto está basado en mejores manuscritos, los cuales eran desconocidos para los traductores de la Reforma. En segundo lugar, porque su lenguaje es moderno, en contraste con el lenguaje de cuatro siglos atrás.

Algunas de las versiones más antiguas, sin embargo, son también muy buenas y valiosas, sobre todo para corroborar el texto original de la Escritura. Su bondad y valor se deben a que generalmente son traducciones literales y directas de manuscritos antiguos, a que coexistieron con ellos y a que en algunos casos los antecedieron.

5. Versiones antiguas

a. *Versiones arameas.* El origen de estas versiones, llamadas también tárgumes, parece remontarse a los tiempos de Esdras, cuando los levitas leyeron e interpretaron las palabras de la Ley al pueblo (Nehemías 8:1-8). Es probable que en aquel entonces los judíos que habían regresado del cautiverio no entendieran el hebreo arcaico de la Ley, pues hablaban casi exclusivamente el arameo.[2] Con el transcurso del tiempo, la práctica de acompañar la lectura de la Ley con una interpretación o tárgum en arameo se extendió a casi todos los libros del Antiguo Testamento.

Durante siglos los tárgumes se habían transmitido oralmente; pero a principios de la era cristiana, y probablemente antes, se pusieron por escrito. En efecto, entre los manuscritos de Qumrán se hallaron fragmentos de un tárgum de Job y de otro de Levítico.

Los tárgumes son versiones de sólo una parte del Antiguo Testamento. Algunos son traducciones casi literales del texto hebreo. Otros son meras paráfrasis que en algunos casos incluyen extensos comentarios. Actualmente se conocen unos diez; pero los más importantes son el de *Onkelos*, que contiene la Ley, y el de *Jonatán ben Uziel*, que contiene los Profetas.

b. *Versiones griegas*. La versión de los Setenta, conocida también como la *Septuaginta*, es la más importante de las versiones griegas. Es la más antigua de todas las versiones escritas. Tuvo su origen en Alejandría, Egipto, probablemente durante el reinado de Tolomeo Filadelfo (285-246 a.C.). Debe su nombre al hecho de que, según una tradición, 72 eruditos israelitas tradujeron en 72 días la ley de Moisés al griego.[3] La misma tradición señala que esta versión fue hecha para complacer al rey Tolomeo, quien deseaba tener un ejemplar de la Ley en la biblioteca de Alejandría. Es mucho más probable, sin embargo, que fuera hecha para el uso de la colonia judía residente en Alejandría. Había una necesidad de una traducción al griego porque así como los judíos de Palestina habían sustituido su lengua vernácula por el arameo, los de Alejandría la habían dejado por el griego.

La versión de los Setenta (a veces se escribe "la LXX") no es cualitativamente uniforme; pero en general es fiel al texto hebreo. En efecto, mientras que en la Ley es una traducción sumamente literal, en los Escritos es más bien una traducción libre.

La importancia de esta versión se pone de manifiesto en los siguientes hechos: 1) propagó las verdades divinas en la lengua universal de aquel entonces, 2) allanó el camino para la escritura y circulación del Nuevo Testamento en la misma lengua y 3) fue la Biblia que usaron los primeros cristianos, especialmente los escritores neotestamentarios.[4]

Los más antiguos manuscritos que contienen la versión de los Setenta son los grandes códices del siglo IV: el Vaticano y el Sinaítico. Sin embargo, un fragmento de papiro que contiene Deuteronomio 25 — 28 en griego es quizás el más antiguo conocido hasta ahora.

Los judíos, que antes de la era cristiana aprobaban la versión de los Setenta, la rechazaron abiertamente cuando los cristianos la adoptaron como suya. Ello dio como resultado la aparición en el siglo II d.C. de las versiones de Aquila, Teodoción y Símaco.

A mediados del siglo III, Orígenes, eminente erudito cristiano de Alejandría, hizo una revisión crítica de la versión de los Setenta y la incorporó junto con las otras tres en su obra conocida como la *Hexapla*. Esta constaba de seis columnas paralelas, dos de las cuales contenían el texto hebreo y su transliteración al griego y las otras cuatro las respectivas versiones. Desgraciadamente, esta obra no ha sobrevivido a la acción del tiempo; sólo se conserva la revisión de Orígenes.

c. *Versiones siriacas.* El siriaco, o sirio, fue la lengua de las comunidades cristianas establecidas en Siria y las regiones situadas al este del Eufrates. No obstante ser sólo un dialecto del arameo, el siriaco fue una importante lengua literaria de la antigüedad. Así lo demuestran las varias versiones siriacas de la Biblia, siendo la primera de ellas la más antigua después de la versión de los Setenta y de los tárgumes.

1) La *Peshito.* Con este nombre, que significa "sencillo", se conoce a la más importante de las versiones siriacas. Es posible que se la llamara así para indicar que era la versión sencilla o popular de su tiempo entre las iglesias sirias.

Aunque en su forma actual la *Peshito* data del siglo V d.C., demuestra, sin embargo, ser una revisión de versiones más antiguas. Por ejemplo, hay indicios de que el Antiguo Testamento fue traducido directamente del hebreo y revisado posteriormente para acomodarlo a la versión de los Setenta. En todo caso, el texto del Antiguo Testamento data a más tardar de la segunda mitad del siglo II d.C. Esto hace que la *Peshito* sea la más antigua de las versiones siriacas. En cuanto al texto del Nuevo Testamento, éste parece ser una revisión de versiones siriacas anteriores, revisión que probablemente se llevó a efecto en la primera mitad del siglo V.

Un detalle interesante de la *Peshito* es que en el Antiguo Testamento excluye los libros apócrifos y en el Nuevo Testamento omite 2 Pedro, 2 y 3 Juan, Judas y Apocalipsis.

2) La versión Siriaca Antigua. Esta es la más antigua de las versiones del Nuevo Testamento, pues su texto data de la segunda mitad del siglo II. Es probable que durante un tiempo, y antes de ser revisada, la Siriaca Antigua complementara al Antiguo Testamento de la *Peshito.* En la actualidad hay sólo dos manuscritos de los evangelios en esta versión, uno del siglo IV y el otro del V.

3) La versión Palestina. Esta versión es completamente independiente de las demás versiones siriacas. Fue hecha en el siglo V probablemente para los creyentes de raza judía; pero actualmente sólo existen unos cuantos fragmentos de ella.

Otras versiones siriacas merecen consideración, pero todas ellas son posteriores a las que acabamos de estudiar. La primera es una versión del Nuevo Testamento hecha en el año 508, la cual incluye los libros omitidos en la *Peshito.* La segunda es una revisión de la anterior, la cual data del 616. En ese mismo año apareció la tercera, una versión del Antiguo Testamento para complementar la revisión del Nuevo Testamento. Pero esta versión fue traducida de la quinta columna de la *Hexapla*, esto es, de la versión de los Setenta revisada por Orígenes.

d. *Versiones latinas.* La más antigua de las dos versiones latinas es la versión Latina Antigua. Fue hecha, como las primeras versiones siriacas, en la segunda mitad del siglo II, si bien se cree que es posterior a éstas.

El carácter y destino de la versión Latina Antigua no ha sido el mismo en ambos Testamentos. En efecto, el Antiguo Testamento, que además incluía los libros apócrifos, era una versión indirecta, pues fue traducido de la versión de los Setenta y no del texto hebreo. Al contrario, el Nuevo Testamento fue traducido directamente del texto griego y ha sobrevivido en más de 40 manuscritos de los siglos IV al XIII.

Por causas que desconocemos, el texto de esta versión fue objeto de muchas modificaciones en las distintas regiones en que se lo usó. Con el transcurso del tiempo estas modificaciones dieron origen a un sinnúmero de diferentes textos latinos de la Biblia, hasta que en el siglo IV la situación llegó a ser sumamente confusa.

La Vulgata es la más famosa de las versiones. Durante siglos ha sido la versión oficial de la Iglesia Católica Romana.[5] Fue hecha por Jerónimo, gran erudito cristiano del siglo IV, a petición de Dámaso, obispo de Roma. Este tenía mucho interés en un texto unificado de las Escrituras, en una edición de la Biblia que terminara con la multitud de textos latinos y versiones griegas.

Jerónimo emprendió su obra en el 382 y la terminó al cabo de 23 años. Al principio tanto él como su versión fueron objeto de acerbas críticas por parte de quienes estaban acostumbrados a la versión Latina Antigua. Pero poco a poco, debido principalmente a su excelencia, la versión de Jerónimo se fue imponiendo hasta que finalmente desplazó a las demás. Fue entonces cuando se la llamó Vulgata, nombre que significa "común" o "aceptada por todos".

La Vulgata comparte con la versión Latina Antigua la diferencia de carácter de sus dos partes principales. En efecto, el Nuevo Testamento es simplemente una revisión de la versión Latina Antigua. Por el contrario, el Antiguo Testamento es una nueva versión hecha directamente del texto hebreo, salvo los Salmos, que lo son de la revisión de Orígenes. Mención aparte merecen los libros apócrifos, los cuales, en su mayor parte los mismos de la versión Latina Antigua, fueron incluidos en la Vulgata sólo después de la muerte de Jerónimo.

Cabe aquí recalcar que a la Vulgata le cupo el honor de ser el primer libro que se imprimió a poco de haberse inventado la imprenta.

e. *Otras versiones antiguas*. Las versiones que hemos estudiado hasta ahora han sido en su mayor parte versiones directas de las lenguas originales de la Biblia. Pero a partir del siglo IV proliferaron las versiones indirectas, derivadas de versiones griegas, siriacas o latinas. Así es como en el siglo IV vieron la luz las versiones cópticas (para los egipcios), la etiópica y la gótica (esta última para los godos, una de las principales tribus germánicas). En el siglo V aparecieron la armenia y la georgiana (para los pueblos homónimos situados al norte de Siria y de Iraq). En el siglo VIII, se hicieron traducciones al anglosajón, una forma primitiva del inglés, de porciones de los Salmos así como de los evangelios. La versión arábiga salió también en el siglo VIII, pero mucho después de la muerte de Mahoma. Para los pueblos del nordeste de Europa fue preparada la eslava en el siglo IX.

Párrafo aparte merece el hecho de que Mahoma no haya conocido las Escrituras, sino sólo una tradición oral y distorsionada de ellas. ¡Qué distinto habría sido el mundo hoy si la versión arábiga hubiera existido en los días de este poderoso conquistador!

6. Versiones modernas

a. *Versiones europeas*. La traducción de las Escrituras a las lenguas modernas de Europa se vio notablemente incrementada por dos grandes sucesos que revolucionaron este continente: la invención de la imprenta en 1440 y la Reforma en 1517. La primera contribuyó a una más rápida y amplia circulación de la Biblia; la segunda promovió una mayor demanda de ella por parte de gente ávida de leerla en su propio idioma.

La primera versión que apareció a los pocos años de haberse inventado la imprenta fue la castellana de Martín A. Lucena en 1450. La siguieron la italiana de Nicolo, en 1471; la francesa de Juan de Rely, en 1489; la alemana de Martín Lutero, en 1522; la inglesa de Guillermo Tyndale, en 1525; la holandesa de Jacobo Van Liesveldt, en 1526; la sueca de Laurencio y Olaus Petrie, en 1541, y la portuguesa de Juan Ferreira d'Almeida, en 1693.

Muchas de estas versiones eran parciales. Asimismo algunas eran indirectas. Pero por lo general las versiones de la Reforma fueron traducidas directamente de las lenguas originales.

b. *Versiones misioneras*. El movimiento misionero moderno iniciado a partir del siglo XVIII ha sido otro factor preponderante en la traducción de las Sagradas Escrituras. Así es como durante los últimos 250 años la Biblia o parte de ella han sido traducidas a las principales lenguas de Asia, Africa y las islas del Océano Pacífico. Una labor similar se sigue haciendo con las lenguas de los pueblos aborígenes de América.

La mayoría de estas versiones, que ya sobrepasan el millar, han sido hechas por misioneros después de estudiar pacientemente durante años las lenguas de los pueblos a los cuales han ministrado. Por esto se las conoce con el nombre de versiones misioneras. Entre sus méritos se destaca el de haber dado forma escrita a lenguas que carecían de escritura.

---

[1]En Hebreos 9:15-20 el escritor hace un juego de palabras con la voz *diathéké*, que significa "pacto" y también "testamento".

[2]Para mayor información, vuélvase al capítulo 14, bajo el rubro "Las lenguas de la Biblia".

[3]Es evidente que el nombre versión de los Setenta se aplicó al principio solamente al Pentateuco. Posteriormente el nombre se extendió al resto del Antiguo Testamento, el que fue sin duda traducido por otras personas.

[4]La mayoría de las citas del Antiguo Testamento hechas por los escritores neotestamentarios concuerdan más con el texto de la versión de los Setenta que con el hebreo.

[5]La Vulgata ha sido hasta tiempos recientes la base de las versiones católicas modernas.

BOSQUEJO DEL CAPITULO

Las traducciones de la Biblia

1. Estilos de traducir
   a. Pasar los vocablos directamente de un idioma a otro
   b. Pasar el significado exacto, vocablo por vocablo
   c. Emplear pensamiento de igual significado
   d. Aclarar el significado
   e. Hacer arreglos necesarios debido a los problemas interculturales
   f. Emplear conceptos paralelos
2. Limitaciones inherentes al proceso de traducir
3. Categorías de traducciones
   a. Las que incorporan palabras o frases adicionales con el fin de proporcionar mayor comprensión
   b. Traducciones corregidas
   c. Traducciones literales basadas en comparaciones de diferentes manuscritos
   d. Traducciones libres que emplean el vocabulario de las masas y un estilo claro
   e. Traducciones realizadas de los idiomas en que originalmente se escribió el libro
   f. Traducciones de otra traducción
   g. Traducciones realizadas antes del siglo XV
   h. Traducciones realizadas del siglo XV en adelante
   i. Traducciones de porciones
   j. Traducciones de la Biblia completa
4. El valor de una traducción
   a. Depende de las pretensiones del lector
   b. Ventajas de las traducciones contemporáneas
   c. Ventajas de las traducciones antiguas
5. Descripción de traducciones antiguas
   a. Los tárgumes en arameo
   b. Las griegas
   c. Las siriacas
   d. Las latinas
   e. Las indirectas
6. Algunas traducciones modernas
   a. Europeas de los siglos XV-XVI
   b. Misioneras de los últimos 250 años

UN ENCUENTRO CON LAS VERDADES

¿Cierto o falso? Lea cada declaración con cuidado. Si lo que se afirma es cierto, ponga una **C** detrás del número que le corresponde; si es falso, ponga una **F**. Después enmiende la redacción de las declaraciones incorrectas para que queden correctas.

1. La versión de Reina-Valera contiene algunos ejemplos de transliteración. 1. ________
2. El título "Cristo" tiene un vocablo equivalente en castellano. 2. ________
3. Se entiende perfectamente una traducción literal del hebreo al castellano. 3. ________
4. Una expresión equivalente es la que incorpora la idea literal de los vocablos como aparecen en el original. 4. ________
5. Una interpretación pretende expresar lo que quería decir el escritor aunque se empleen otras palabras. 5. ________
6. Para lograr una mayor comprensión de una traducción se hace necesario hacer adaptaciones de expresiones en un idioma para que encajen éstas con la cultura y experiencias del lector. 6. ________
7. La traducción libre es la que se mantiene libre de cualquier influencia de la cultura del lector. 7. ________
8. La versión de Reina-Valera tiene muy pocas imperfecciones. 8. ________
9. El constante cambio de un idioma hace necesario realizar periódicamente nuevas revisiones de una versión. 9. ________
10. Los autores del Nuevo Testamento escribieron sus obras en un griego literario. 10. ________
11. El estudiante serio de la Biblia se verá con la necesidad de usar más de una versión. 11. ________
12. Se había traducido el Antiguo Testamento antes del nacimiento de Jesucristo. 12. ________
13. La Septuaginta es una traducción del Antiguo Testamento al latín. 13. ________
14. La Septuaginta fue desconocida por los escritores del Nuevo Testamento. 14. ________
15. La versión más antigua del Nuevo Testamento es la Latina Antigua. 15. ________

16. La Vulgata fue la versión oficial de la Iglesia Católica Romana. 16. ________
17. Jerónimo tradujo toda la Vulgata de los idiomas originales. 17. ________
18. En la época de la Reforma, los traductores de la Biblia trabajaron con las lenguas originales. 18. ________
19. Mahoma leía asiduamente el Antiguo Testamento. 19. ________
20. Se aumentaron las versiones en los idiomas modernos de Europa con el empuje de la invención de la imprenta. 20. ________

DE LA TEORIA A LA PRACTICA

1. ¿Cuántas veces al mes se presenta en su iglesia una petición de oración por aquellos que trabajan en la traducción de las Escrituras para los pueblos que todavía no tienen la Biblia en su propio idioma?
2. ¿Qué frases, expresiones o palabras de la versión de la Biblia que usted lee no entendería un joven en la actualidad?
3. ¿Cómo explica usted el hecho de que hoy día muchos pueblos tienen la Biblia en su propio idioma pero otros no?
4. ¿Cómo se sentiría usted si la Biblia todavía no se hubiera traducido al castellano?
5. ¿Cuántas personas ha aportado la iglesia en su país para trabajar en la traducción de la Biblia a las lenguas en que todavía no hay ninguna porción traducida?
6. ¿Qué puede hacer usted para dar un empuje a la tarea de traducir la Biblia a otros idiomas?
7. ¿Qué aprendió usted de este capítulo?
8. ¿Cuáles puntos de información de este capítulo deben saber los hermanos de la iglesia suya?

PROYECTOS PARA LA CLASE

1. Evaluar lo que hicieron los estudiantes en las secciones UN ENCUENTRO CON LAS VERDADES y DE LA TEORIA A LA PRACTICA.
2. Hacer que un estudiante informe sobre la resistencia que ha habido en la historia contra los esfuerzos de traductores de revisar o traducir la Biblia para el gran público. Puede averiguar los casos de oposición a las primeras versiones en inglés, o casos en los países latinos en que el clero se oponía a que el pueblo leyera la Biblia.

3. Invitar a uno que trabaja con el Instituto Lingüístico de Verano u otra organización dedicada a la traducción de la Biblia a otras lenguas a que dé una conferencia sobre este trabajo. Sería interesante si hiciera una demostración de cómo se trabaja para aprender un idioma sin diccionario y sin conocer ni una palabra.

Capítulo 17

La Biblia en castellano

Este libro, que con reverencia sostenemos en nuestras manos y amorosamente solemos leer, ha hecho un largo viaje en el espacio y el tiempo desde sus lenguas originales hasta nuestro idioma vernáculo. Por lo importante que es saber cómo llegó la Palabra de Dios hasta nosotros, dedicaremos este capítulo al estudio de los principales aspectos de este viaje.

1. La lengua castellana

a. *Su origen.* Para indagar en el origen de la lengua castellana tenemos que remontarnos a la época en que el Imperio Romano dominaba la cuenca del mar Mediterráneo. Dicho imperio era, por decirlo así, un mosaico lingüístico en el que cada pueblo conquistado conservaba su lengua vernácula. Como medio de comunicación entre estos pueblos figuraban, sin embargo, dos idiomas comunes: el griego y el latín. El griego era la lengua literaria y prevaleció sobre todo en el Oriente. El latín era más bien el idioma militar y comercial. Su dominio fue más notorio en el Occidente.

La invasión de las tribus bárbaras provocó el colapso de las lenguas comunes del imperio. El griego quedó confinado al territorio de Grecia. El latín, desplazando en muchos casos a las lenguas vernáculas, adoptó formas dialectales diferentes según la región en que se lo hablaba. Con el transcurso del tiempo estos dialectos fueron adquiriendo fisonomía propia, convirtiéndose finalmente en las lenguas romances o neolatinas. Estas son nueve, a saber: el italiano, el rumano, el francés, el castellano, el portugués, el catalán, el provenzal, el romanche y el sardo. Salvo las cuatro últimas, todas son lenguas nacionales.

El latín llegó a la península ibérica con las conquistas romanas del siglo II a.C. Desde entonces fue desplazando paulatinamente a las lenguas peninsulares, las que a fines del siglo I d.C. habían desaparecido por completo. Sólo el vascuence, que permanece hasta hoy, resistió el avance de la lengua romana. Pero al arraigarse en la península, el latín adoptó, una forma dialectal conocida como latín hispánico, a la vez que incorporaba algunas voces ibéricas. Con el desmoronamiento del Imperio Romano y la invasión de los visigodos en el siglo V, el latín hispánico dejó de existir como dialecto para convertirse en una lengua con características propias. Posteriormente se fragmentó a su vez en varios dialectos.

En el siglo X la península ibérica se había convertido también en un mosaico lingüístico. Fue en este mosaico que hizo su aparición el dialecto castellano o de Castilla, región situada entonces en el centro de la península. Junto al castellano estaban el leonés y el aragonés, con el gallego al oeste y el catalán al este. Mientras en el sur, dominado por los musulmanes, el dialecto predominante era el mozárabe.

b. *Su desarrollo.* Desde sus comienzos en el siglo X, del que data el primer documento castellano, esta lengua se fue extendiendo hasta que en el siglo XIII absorbió los dialectos vecinos leonés y aragonés. Con el descubrimiento de América en 1492 fue llevada a este continente, adquiriendo así categoría de lengua internacional. El castellano es hoy la lengua nacional de España y por eso se lo conoce también como español. El catalán, el gallego y el vascuence subsisten sólo como lenguas regionales.

Como toda lengua viva, el castellano no ha permanecido estático. Ya en el siglo XIII, desaparecido el mozárabe, se enriqueció asimilando cientos de voces arábigas. Durante la colonización de América incorporó a su acervo innumerables vocablos amerindios. En la edad contemporánea ha tomado muchas voces francesas e inglesas. Asimismo se ha despojado de las características medievales, las cuales se pueden ver en las obras literarias antiguas.

c. *Su importancia.* El castellano tiene un lugar destacado en el mosaico lingüístico de las naciones. Por su número de hablantes, más de doscientos millones, ocupa el tercer lugar entre las lenguas del mundo y el primero entre las romances.

En relación con las Sagradas Escrituras, el castellano ha sido un gran vehículo para la transmisión de éstas, al punto que rivaliza con el inglés en el número de versiones.

2. Las versiones españolas

En relación con la traducción de la Biblia a la lengua española podemos distinguir tres períodos que para nuestra conveniencia podemos llamar medieval, de la Reforma, y moderno.

a. *Período medieval*. Hay indicios de versiones castellanas en España a fines del siglo XII y principios del XIII; pero desgraciadamente no se ha conservado ninguna.

Las versiones de este período son todas parciales y generalmente manuscritas. Las principales son las siguientes:

1) *La Biblia Alfonsina*, la primera versión castellana de que tenemos noticia. Contiene todo el Antiguo Testamento, el cual fue traducido de la Vulgata. Fue hecha en 1260 por orden del rey Alfonso X el Sabio, gran promotor de las letras y literato él mismo.

2) *La Biblia de Alba*, otra versión castellana del Antiguo Testamento. Fue hecha en 1430 por el rabino Moisés Arragel y se la ha considerado una excelente versión por la pureza de su lenguaje. Un ejemplar de ella se halla hoy en la biblioteca de los duques de Alba, de los que ha tomado su nombre.

3) *Evangelios y Epístolas*, nombre de una versión hecha en 1450 por Martin A. Lucena.

4) Versiones de los Evangelios. En 1490 apareció *Los Evangelios Litúrgicos*, versión de los cuatro evangelios por Juan López. Dos años después apareció otra, *Los Cuatro Evangelios*, por el benedictino Juan de Robles. Se cree que esta versión fue hecha para evangelizar a los musulmanes.

5) *El Pentateuco*. Esta es una versión de los libros de Moisés hecha en 1497 por los judíos, quienes por orden de la Inquisición fueron desterrados de España y Portugal.[1]

b. *Período de la Reforma*. Este período, aunque breve, es el más fecundo en lo que a versiones de la Biblia se refiere. Con todo, la mayoría de éstas son todavía versiones parciales. Coincidiendo en gran parte con el Siglo de Oro de las letras españolas, el período de la Reforma es también el de las grandes traducciones de la Biblia al castellano. Estas son verdaderas obras clásicas que desgraciadamente aún no han sido reconocidas como tales por críticos literarios españoles.

De las muchas versiones españolas de este período, las principales son las que detallamos a continuación:

1) Versiones católicas. En 1527 el cardenal Quiroga tradujo el Antiguo Testamento de la Vulgata, por lo cual a su versión se la llamó *Biblia de Quiroga*. Tres años después apareció una versión de los cuatro evangelios, *Vita Cristo Cartujano*, basada también en la Vulgata.

2) *Los Salmos, los Evangelios y las Epístolas*. Este es el nombre de una versión que apareció en 1534 y que se distingue por la hermosura de su castellano. Fue hecha por Juan de Valdés, a quien se considera el primer reformista español que tradujo las Escrituras.

3) *El Nuevo Testamento de Enzinas.* Esta es probablemente la primera versión castellana del Nuevo Testamento traducida directamente del texto griego. Fue hecha en 1543 por el reformista Francisco de Enzinas.

Por publicar su Nuevo Testamento, Enzinas fue encarcelado por orden de la Inquisición. Felizmente logró escapar al cabo de dos años; pero muchos ejemplares de su versión fueron destruidos.

4) *La Biblia de Ferrara.* Otro grupo de judíos expulsados de España y Portugal por orden de la Inquisición se estableció en Ferrara, Italia. Allí publicaron en 1553 una versión castellana del Antiguo Testamento conocida como *Biblia de Ferrara.* Por ser una traducción literal, la *Biblia de Ferrara* está plagada de hebraísmos que hacen difícil su estilo en castellano.

5) *El Nuevo Testamento de Pérez.* Basándose en las versiones de Juan de Valdés y Francisco de Enzinas, Juan Pérez, otro de los reformadores, hizo una versión corregida del Nuevo Testamento y los Salmos, la que se publicó en Ginebra en 1556.

No era fácil que en la España de entonces circularan las Escrituras en lengua vulgar. Esto quedó demostrado cuando los agentes de la Inquisición descubrieron algunos ejemplares del *Nuevo Testamento de Pérez* y arrestaron a centenares de personas acusándolas de herejía. Más de treinta de ellas fueron quemadas vivas en dos "Autos de Fe" celebrados en Sevilla. Por no hallarse entonces en España, Juan Pérez fue quemado "en efigie".

6) Tres versiones parciales. El año 1557 fue fecundo en versiones, si bien éstas, como todas las anteriores, eran sólo versiones parciales. Ellas fueron: *1 Samuel hasta 2 Reyes,* por Samuel Guerea; *Job y Lamentaciones,* por el conde Bernardino de Rebolledo, y *Evangelios y Epístolas,* por Luis de Granada.

7) *La Biblia del Oso.* Esta fue la primera versión completa de la Biblia en el idioma castellano, pues todas las que se habían hecho hasta entonces eran sólo versiones parciales. Fue traducida directamente de las lenguas originales por Casiodoro de Reina y publicada en Basilea, Suiza, el 28 de septiembre de 1569. El nombre de *Biblia del Oso* que tradicionalmente ha recibido, se debe al hecho de que en su portada aparece un oso que con deleite come de la miel de una colmena: fiel emblema del creyente y la Palabra.

La Biblia del Oso consta de tres partes que son: una introducción, llamada Amonestación al Lector, el Antiguo Testamento (con los libros apócrifos) y el Nuevo Testamento. Además incluye al principio de cada capítulo un resumen y bosquejo de éste, y al margen, referencias y variantes.

Hecha en la época cumbre de la literatura española, la versión de Casiodoro de Reina tiene méritos indiscutibles por la excelencia de su lenguaje. Tanto es así que el eminente académico Marcelino Menéndez y Pelayo, no obstante tener una predisposición hostil a los reformadores españoles, se expresa en los términos más elogiosos de la *Biblia del Oso*. Y no podía ser de otro modo, porque la versión de Casiodoro de Reina fue la precursora de las grandes obras de Lope de Vega y de Cervantes.

Nació Casiodoro de Reina en Sevilla en 1519 ó 1520. Años después ingresó en el convento de San Isidro, Sevilla, donde se dedicó asiduamente al estudio de las Escrituras. Al poco tiempo éstas lo indujeron a abrazar la causa de la Reforma, por lo cual se hizo sospechoso de herejía y tuvo que huir de España. En 1557 se estableció en Ginebra, a la sazón el refugio de los exiliados evangélicos. De allí se dirigió a Francfort, Alemania, donde se afilió a una iglesia de habla francesa. En 1560 estuvo en Londres pastoreando una iglesia de refugiados españoles. De Londres se fue a Amberes, de donde tuvo que huir a Basilea. Aquí terminó, tras 12 años de arduo trabajo, su imperecedera versión de la Biblia. Tiempo después regresó a Francfort, ciudad donde falleció en 1594 después de fecunda labor como pastor de una iglesia.

La primera edición de la *Biblia del Oso* fue de 2.600 ejemplares; pero de éstos son muy contados los que se conservan hoy en bibliotecas públicas y particulares. La gran mayoría fue a parar a las llamas por orden de la Inquisición.

8) *La Biblia de Valera*. Con este nombre se conoció durante muchos años a la versión que Cipriano de Valera publicó en Amsterdam, Holanda, en 1602. En realidad, ésta es más bien una revisión o edición corregida de la versión de Casiodoro de Reina, pues Cipriano de Valera, luego de comparar diligentemente la versión con los textos hebreo y griego, sólo le introdujo algunos cambios. Uno de éstos fue el sacar los libros apócrifos de entre los libros canónicos del Antiguo Testamento y ponerlos en una sección aparte.[2] Con justicia, hoy día se la conoce como *Versión de Casiodoro de Reina, revisada por Cipriano de Valera*.

Esta versión, luego de otras revisiones, ha alcanzado un éxito extraordinario, tanto que su circulación en España y América Latina se calcula en miles de millones de Biblias, Nuevos Testamentos y porciones. En efecto, es la versión favorita del pueblo evangélico de habla castellana.

Cipriano de Valera fue un eximio escritor y gran amigo de Juan Pérez y Casiodoro de Reina. Como ellos, también tuvo que huir de

España en 1557. Luego de estar un tiempo en Ginebra, se estableció en Inglaterra, país donde pasó la mayor parte de su vida. Desde allí se dedicó a difundir en España el conocimiento del Evangelio por medio de sus escritos. De éstos, su obra cumbre fue la revisión que lleva su nombre, trabajo en el cual tardó 20 años.

c. *Período moderno.* Este período se caracteriza por el extraordinario interés que han demostrado evangélicos y católicos por verter al castellano las Sagradas Escrituras. En cuanto a estos últimos, su cometido fue facilitado por la derogación del estatuto eclesiástico que prohibía la lectura e impresión de las Escrituras en lengua vulgar.[3]

Por la coincidencia de que estas versiones han aparecido cronológicamente en series católicas y evangélicas, las clasificaremos en varios grupos para nuestro estudio y conveniencia.

1) Versiones católicas. Estas fueron las primeras versiones completas cuya publicación en castellano fue autorizada por los jerarcas de la Iglesia Católica. Desde luego, todas están basadas en la Vulgata y no logran superar la excelencia de las de Casiodoro de Reina y Cipriano de Valera. Fueron publicadas en España. Son la de Felipe Scío de San Miguel, en 1793, y la de Félix Torres Amat, en 1825. La tercera fue publicada también en México, por lo que tiene un mérito especial.

En 1903 se publicó en Buenos Aires, Argentina, una versión del Nuevo Testamento hecha por Juan de la Torre.

2) Versiones evangélicas. A continuación de las versiones católicas siguen cuatro versiones evangélicas, todas ellas traducidas directamente de las lenguas originales. La primera es *Escrituras del Nuevo Pacto,* versión del Nuevo Testamento hecha por Guillermo Norton y publicada en 1858. Las otras tres han sido el resultado del descubrimiento de manuscritos más antiguos que los que conocieron Casiodoro de Reina y Cipriano de Valera y del deseo de traducir en castellano moderno el texto de éstos. Ellas son las siguientes: 1) la *Versión Moderna,* versión completa de la Biblia hecha por H. B. Pratt con la cooperación de destacados dirigentes evangélicos de Estados Unidos y la América española. Fue publicada por la Sociedad Bíblica Americana en 1893. b) *El Nuevo Testamento Hispanoamericano,* publicado por las Sociedades Bíblicas Unidas en 1916. c) Una versión crítica del Nuevo Testamento editada por Pablo Besson en 1919.

3) Otras versiones católicas. En 1943 se inicia una nueva época en la esfera de las versiones católicas. Por primera vez se abandona la Vulgata como base de las versiones en lengua vulgar y se da comienzo a las versiones directas de las lenguas originales. Como resultado de este nuevo enfoque bíblico, se produce una abundancia de versiones. Las principales son las siguientes: a) la Biblia en las

versiones de Nácar-Colunga, de Bover-Cantera así como del obispo Straubinger. Las dos primeras se publicaron en España en 1944 y 1947, respectivamente. La última se editó en Argentina en 1952. b) El Nuevo Testamento, editado en México en 1962. c) La Biblia en dos versiones publicadas en España en 1964: una literaria por Ediciones Paulinas y otra popular, la *Edición Popular de las Sagradas Escrituras,* por la Editorial Herder. d) Dos versiones del Nuevo Testamento, una hecha por la Asociación para el fomento de los estudios bíblicos en España, editada en Madrid en 1954, y *Palabra de Dios,* versión de Felipe Fuenterrabía, publicada por la Editorial Verbo Divino en 1964. e) La *Biblia de Jerusalén,* versión de grandes méritos publicada en 1967. f) El Nuevo Testamento en dos versiones: una preparada por una comisión de eruditos católicos y evangélicos, publicada en España en 1967, y una popular, *La Nueva Alianza,* editada en Argentina en 1968. g) La revista, *La Biblia en América Latina* (Edición chilena: octubre-diciembre de 1978, enero-marzo de 1979), da testimonio de dos nuevas versiones de la Biblia: *Biblia para Latinoamérica,* publicada en 1971, y *Nueva Biblia Española,* por Luis A. Schokel y Juan Mateos, edición latinoamericana publicada en 1976.

4) Otras versiones evangélicas. Después de casi medio siglo de inactividad por parte de los traductores bíblicos evangélicos, aparecen dos versiones del Nuevo Testamento: la versión popular *Dios llega al hombre,* publicada en 1966, y la paráfrasis *El Nuevo Testamento Viviente* (ahora *Una paráfrasis del Nuevo Testamento*), editada en 1972. Ambas versiones son traducciones libres y usan un castellano moderno y sencillo. En 1970 se hace una revisión de la versión *Dios llega al hombre,* versión que en 1979 se completa con la aparición de la Biblia bajo el título *Dios habla hoy.* En el mismo año aparece también una paráfrasis de la Biblia entera, *La Biblia al día* (La Biblia Viviente). En 1977 la editorial CLIE publica una nueva revisión de la versión de Reina-Valera.

5) Una versión herética. En 1963 la secta herética autodenominada Testigos de Jehová publicó una versión del Nuevo Testamento intitulada *Traducción del Nuevo Mundo de las Escrituras Griegas Cristianas.* Posteriormente editaron una versión completa de la Biblia, la *Traducción del Nuevo Mundo de las Sagradas Escrituras.* Ambas son versiones indirectas, pues se basan en las correspondientes versiones en inglés de la secta antes citada. Estas versiones se caracterizan por sostener las interpretaciones y doctrinas de los Testigos de Jehová. Por ejemplo, la última parte de Juan 1:1 dice textualmente ". . . y la palabra era un dios." Además, por ser traducciones literales, su castellano está plagado de hebraísmos y helenismos.

3. Una transmisión mejor

Con el fin de transmitir lo más fielmente posible las Sagradas Escrituras, se usan hoy de preferencia las versiones revisadas y populares.

a. *Las versiones revisadas.*

1) Un hecho insoslayable. Nos guste o no, las revisiones o versiones revisadas son un hecho que no podemos pasar por alto, ya que ellas han existido casi desde el inicio de las versiones. Entre las versiones antiguas, por ejemplo, la versión griega de Teodoción no es otra cosa que una revisión de la versión de los Setenta o de la de Aquila; la de Símaco, de la de Aquila, y la de Orígenes, de la de los Setenta. Todo ello sin contar otras revisiones de la versión de los Setenta posteriores a la de Orígenes. Asismismo la versión siriaca *Peshito* es una revisión de otras versiones más antiguas. La Vulgata latina es en el Nuevo Testamento y parte de los libros apócrifos sólo una revisión de la versión Latina Antigua.

Otro tanto sucede con las versiones modernas. En efecto, la *Biblia de Ferrara*, editada por primera vez en 1553, fue revisada en 1630 y 1661. *El Nuevo Testamento de Enzinas* fue una revisión de las obras de Juan de Valdés y Juan Pérez. La *Versión de Cipriano de Valera* fue tan sólo una revisión de la *Biblia del Oso. La Versión Moderna* de 1929 fue una revisión de la de 1893. No nos debe extrañar pues, que la *Versión de Cipriano de Valera* haya sido revisada muchas veces, siendo las principales las de 1862, 1909 y 1960. Y la Editorial CLIE publicó una nueva revisión en 1977.

En el capítulo anterior ya se consideraron las razones que hacen necesarias las revisiones cada cierto tiempo. Ahora nos resta citar algunos casos que ilustran elocuentemente esta necesidad. Por ejemplo, Mateo 1:18 en la versión de Casiodoro de Reina (*Biblia del Oso*) dice textualmente: "Y el nacimiento de IESVS el Christo fue ansi: Que siêdo Maria su madre desposada con Ioseph, antes q̃ se juntassen fue hallada estar preñada del Espiritu Sãcto."[4] No hay duda que el lenguaje y la grafía eran los usuales en el siglo XVI; pero ellos serían muy extraños en nuestra época.

2) Una necesidad urgente. ¿Por qué salió otra revisión de la Reina-Valera en el año 1960? Entre las razones que hubo para actualizar el lenguaje y la ortografía de la revisión de 1909, las principales son las siguientes:

• Algunas palabras y locuciones cayeron en desuso y son hoy desconocidas o anticuadas. Tal es el caso de los vocablos "priesa" y "apriesa" de Lucas 19:5, 6. Estos vocablos se han cambiado en la revisión de 1960 por "prisa" y "aprisa". Asimismo la voz "gazofilacio" de Lucas 21:1 se ha reemplazado por la frase "arca de las ofrendas". Locuciones como "acordarte has" y palabras enclíticas como "libróme" han sido sustituidas por "acuérdate" y "me libró", respectivamente (Exodo 20:8; Salmo 34:4).

• Ciertas palabras dejaron de usarse en una de sus acepciones, ocasionando confusión, y hasta contradicción a veces, al entendérselas hoy en otra. Por ejemplo, ¿era posible que las mujeres ganaran a sus maridos con una *conversación sin palabras* (1 Pedro 3:1)? La revisión de 1909, la que algunos llaman equivocadamente "versión antigua", reza así: ". . .para que también los que no creen á la palabra, sean ganados sin palabra por la conversación de sus mujeres." El problema es que el vocablo "conversación" se usa hoy día en el sentido de "plática"; pero antiguamente significaba también "conducta".

Veamos otro ejemplo. ¿Era posible que no hubiera caridad en el hecho de *entregar todos los bienes para dar de comer a los pobres* (1 Corintios 13:3)? Dice la revisión de 1909 textualmente: "Y si repartiese toda mi hacienda para dar de comer a pobres y no tengo caridad, de nada me sirve." Resulta que la voz "caridad" se emplea hoy en el sentido de "limosna"; pero a principios del siglo significaba "amor".

Citaré un ejemplo más. ¿Sería el primer hombre un *bebé criado* por Dios (Génesis 1:27)? La revisión de 1909 declara: "Y crió Dios al hombre a su imagen. . ." Mientras que hoy el sentido de "criar" es "cuidar y alimentar", antiguamente quería decir también "crear". Todos estos problemas se han solucionado en la nueva revisión de 1960.

• Otras veces una palabra fue restringida en su significado por el uso popular. Tal cosa ha sucedido con la voz "parir", que actualmente se aplica, sobre todo en la América española, solamente a las hembras de las bestias. Por tal razón se la sustituyó por la frase "dar a luz" en la revisión de 1960.

• Ciertas palabras, entre ellas algunos nombres propios, tenían una ortografía anticuada. Por eso los vocablos "Ephraim", "Rachel", "Haggeo", "Jerusalem", "Bethlehem", "á", "fué" y otros se escriben "Efraín", "Raquel", "Hageo", "Jerusalén", "Belén", "a" y "fue" en la nueva revisión.

Pero es evidente que la revisión de 1960 necesita a su vez una revisión, pues subsisten en ella palabras y locuciones en acepciones que hoy ya no se usan y que por lo mismo son ininteligibles al lector común. Por ejemplo, el vocablo "conocer" debiera cambiarse por la frase "tener relaciones con" u otra de uso actual (Génesis 4:1; Mateo

1:25). La frase "tomaré a mí mismo" se debería sustituir por "llevaré conmigo" (Juan 14:3). Asimismo la locución "he aquí" debiera reemplazarse por otras más usuales según el lugar que ocupa en el texto. ¿Y por qué no publicar una edición hispanoamericana que sustituya el pronombre "vosotros" por "ustedes" junto con el correspondiente cambio de formas verbales? Una revisión de esta clase haría un gran favor a miles de lectores que son forzados a leer formas verbales que nunca usan ni escuchan en su vida diaria.

3) Objeciones infundadas. No todos, a pesar de las razones citadas, han aprobado la revisión de 1960. En efecto, ha suscitado a veces tantas críticas como las que la versión de los Setenta y la Vulgata suscitaron en su tiempo. La razón principal es que los revisores no se limitaron a actualizar el lenguaje, sino que en ciertos casos hicieron una revisión crítica del texto.

Entre varias acusaciones contra la revisión de 1960, será suficiente en nuestro estudio considerar las dos que parecen más graves. Si comprobamos que éstas carecen de fundamento, no será necesario considerar las demás.

• La primera acusación trata de una supuesta mutilación de la Biblia en el libro de Job. Quienes la presentan afirman que en Job 39 faltan los tres primeros versículos, los cuales sí están en la revisión de 1909. Pero la verdad es que la mutilación existe sólo en las mentes de los acusadores, porque los tres versículos que aparentemente faltan al principio del capítulo 39 están ahora al final del capítulo 38. ¡Cualquier lector atento puede notar esto!

• La segunda acusación tiene que ver con una impureza ritual atribuida a Jesús en el evangelio de Lucas. Para una mejor explicación de este caso necesitamos remitirnos a Levítico 12:2-8, donde se nos dice que toda madre era inmunda por cierto tiempo después del parto. Cumplido este tiempo debía presentarse al sacerdote para que éste la declarara ritualmente limpia. Ahora bien, en la revisión de 1960 Lucas 2:22 se refiere a la purificación de "ellos", dando a entender que Jesús estuvo inmundo juntamente con su madre. Por el contrario, el mismo versículo en la revisión de 1909 alude a la purificación de "ella", lo cual concuerda con la enseñanza de Levítico 12. Con todo, el cambio hecho por los revisores no ha sido arbitrario; porque *los manuscritos de más autoridad* dicen "ellos" y no "ella". Es evidente, sin embargo, que el controvertido versículo no debe interpretarse aisladamente, sino a la luz de lo que enseña Levítico 12; esto es, que sólo la madre necesitaba purificarse. Mirado desde esta perspectiva, el pronombre "ellos" bien puede ser un típico hebraísmo que en este caso signifique "uno de ellos". En el capítulo anterior consideramos un hebraísmo similar, la frase "los montes de Ararat", en que también se emplea el plural por el singular.

El problema anterior se debe principalmente a la falta de un criterio uniforme en la revisión crítica. Porque si bien en Lucas 2:22, Génesis 8:4 y otros lugares se ha traducido literalmente, en Jueces 12:7 se ha preferido interpretar el texto original: en vez de "las ciudades de Galaad" tenemos "una de las ciudades de Galaad". No hay duda que la interpretación aclara el sentido del pasaje; pero lo mismo sucede con la interpretación "ella" en Lucas 2:22. Y otros problemas por los cuales es rechazada la revisión de 1960 se resolverían si en una nueva revisión se indicaran las variantes al pie de la página en vez de hacer cambios en el texto sin ninguna explicación.

b. *Las versiones populares.* Como lo indicáramos en el capítulo anterior, las versiones populares tienen su razón de ser en el dialecto *koiné* del Nuevo Testamento. Este dialecto era el lenguaje popular del siglo I, por lo que evidentemente los escritores neotestamentarios no escribieron para el hombre culto de su tiempo, sino para el hombre común.

La versión que tiene como título *Dios habla hoy* es una versión popular castellana. En 1966 salió el Nuevo Testamento con el título *Dios llega al hombre,* el cual fue revisado en 1970. La Biblia completa salió en 1979 con una nueva revisión del Nuevo Testamento en este caso.

Entre los diversos méritos de la versión popular castellana, podemos mencionar los siguientes: 1) Un lenguaje popular que hace inteligible el mensaje divino a todo lector. 2) Una traducción más bien libre, eliminando así muchos hebraísmos y helenismos que aún se conservan en la revisión de 1960 de la versión de Reina-Valera. 3) El uso del pronombre "ustedes" y las formas verbales que le corresponden, tan familiares a los pueblos hispanoamericanos. 4) Una construcción gramatical moderna de oraciones cortas, fáciles de entender.[5] 5) Una composición común, sin espacios entre versículos, salvo para indicar cambio de párrafo.

Las críticas que ha suscitado la eliminación del vocablo "sangre" en algunas partes de la versión popular no tienen fundamento en los casos en que este vocablo forma parte de algunos hebraísmos ajenos al genio de nuestra lengua. En el capítulo anterior ya consideramos uno de ellos: "echar la sangre". Pero hay otros más. Por ejemplo, "carne y sangre", que significa "ser humano" o "naturaleza humana" (Mateo 16:17; 1 Corintios 15:50; Gálatas 1:16; Efesios 6:12; Hebreos 2:14). En algunos casos se usa "sangre" a secas con el mismo significado (Juan 1:13; Hechos 17:26). "Entregar [la] sangre" quiere decir "entregar a alguien a la muerte" (Mateo 27:4). "Ser la sangre de alguien sobre [la cabeza de] una persona" corresponde a "ser responsable o culpable de la muerte de alguien" (Mateo 27:25; Hechos 18:6). Asimismo la palabra "sangre" significa "muerte" en locuciones como "ser inocente [limpio] de la sangre", "resistir hasta la sangre" y "vengar la sangre" (Mateo 27:24; Hechos 20:26; Hebreos 12:4; Apocalipsis 6:10; 19:2). En estos casos, como en otros, los traductores de la versión popular han buscado expresiones castellanas equivalentes a estos hebraísmos, lo cual es una gran facilidad para el lector común.

El principal defecto de la versión popular, y el que ha concitado más criticas, es la traducción del vocablo *haima* (sangre) por "muerte" en algunos pasajes que se refieren a la obra expiatoria de Jesús. La primera edición (*Dios llega al hombre*) hizo así en los siguientes pasajes: Romanos 3:25; 5:9; Efesios 1:7; 2:13; Colosenses 1:14, 20. Pero en la revisión de 1979 (*Dios habla hoy*) se cambiaron varios de estos casos, y se volvió a emplear la idea de la expiación con la sangre de Cristo. Desgraciadamente aún persiste en ella un caso en que se emplea "muerte" por "sangre": Romanos 5:9. En Colosenses 1:14 se omite el vocablo "muerte", pero se hace lo mismo con "sangre".[6] De veras hay dos razones por las que esta traducción no parece ser la más acertada:

1) "Muerte" no es un vocablo más claro que "sangre" en los versículos citados, porque el primero no comunica al lector de hoy la misma idea que con el segundo quisieron comunicar los escritores del Nuevo Testamento a sus contemporáneos. No hay duda que los escritores neotestamentarios sabían que era la sangre de la víctima, y no su mera muerte, la que expiaba los pecados (Levítico 17:11; Hebreos 9:22). Entendían perfectamente bien que fue la sangre de los corderos, y no su sola muerte, la que libró de la muerte a los primogénitos israelitas (Exodo 11:12, 13). Y puesto que consideraban a Jesús el verdadero sacrificio por los pecados y el verdadero cordero pascual, es muy natural que pusieran el énfasis donde corresponde: en su sangre y no en su muerte (Juan 1:29; Hebreos 9:28; 1 Pedro 2:24; 1 Corintios 5:7). Por el contrario, el vocablo "muerte" no involucra necesariamente las ideas de derramamiento de sangre ni de sacrificio, ideas ambas íntimamente ligadas a la muerte del Señor Jesús.

2) No se ha usado un criterio uniforme para traducir el vocablo *haima* cuando éste se refiere a la sangre de Jesús. Porque si los traductores de la versión popular estimaron que fue con su *sangre* que Jesús nos compró, pagó el precio de nuestra salvación y nos lavó, que es su *sangre* lo que nos limpia de todo pecado, que es en su *sangre* que

hemos lavado y blanqueado nuestras ropas y que es por su *sangre* que hemos vencido a Satanás, ¿por qué no pudieron estimar también que es la sangre de Jesús lo que nos puso en la debida relación con Dios y nos salvó (Hechos 20:28; Apocalipsis 5:9; 1 Pedro 1:18, 19; Apocalipsis 1:5; 1 Juan 1:7; Apocalipsis 7:14;[7] 12:11; Romanos 5:9; Colosenses 1:14)? La falta de un criterio uniforme en la traducción de *haima* se pone de manifiesto también en la frase "precio de sangre" que aparece en la edición *Dios llega al hombre* (Mateo 27:6). Tal frase en aras de la claridad sí se hubiera podido sustituir por "el precio pagado por la muerte de un hombre", pues en este caso el vocablo "muerte" no tiene implicaciones teológicas. En la revisión *Dios habla hoy*, sin embargo, se insiste en el vocablo "sangre" con la frase "dinero manchado de sangre".

Otra dificultad con esta versión popular es el hecho de que no ha resultado muy acertada tampoco la sustitución del vocablo "arrepentimiento" por la frase "cambio de actitud" en la primera edición. Esta frase fue cambiada en la revisión de 1979 por "volverse a Dios". Ninguna de estas frases presenta toda la idea bíblica de "arrepentirse" por las razones siguientes: 1) si bien puede ser cierto que el vocablo no implica la idea de cambio radical en el uso popular, no lo es menos que las frases no implican la idea de pesar por haber hecho algo malo. 2) Los vocablos "fe" y "pecado" también han perdido parte de su significado en el uso popular y no fueron sustituidos por otras expresiones. En efecto, "fe" se entiende corrientemente como un mero asentimiento intelectual a las verdades divinas, y "pecado", el vocablo que más se evita en el uso popular, como "prostitución". Habría sido mejor si se hubiera conservado el vocablo "arrepentimiento" con una explicación detallada en el vocabulario o glosario.

Por último, parece extraño que el glosario de la versión popular explique la palabra "circuncisión", desconocida para el lector común, empleando otra no menos desconocida: "prepucio". Como esta última no aparece en el glosario, si bien figura en el vocabulario del Antiguo Testamento, el lector entenderá sólo vagamente lo que significa "circuncisión".

Por todas estas razones es evidente que la versión popular, no obstante sus excelencias en otros aspectos, necesita otra revisión.

---

[1]La Inquisición fue una especie de policía y tribunal religioso fundado por la Iglesia Católica Romana con objeto de defender su fe de lo que llamaba herejía. En España comenzó a operar en 1480.

[2]Desde el siglo pasado las Sociedades Bíblicas han publicado las Biblias sin los libros apócrifos por estimar que éstos no pertenecen a las Sagradas Escrituras.

[3]Este estatuto fue promulgado en el Concilio de Trento, el cual fue celebrado entre los años 1545 y 1563.

[4]En la *Biblia del Oso* se usa además la letra ſ, signo empleado para representar la ese que no era final de palabra y que para facilitar la lectura se ha sustituido en la cita por la letra s.

[5]Efesios 1:3-10 es en las revisiones de 1909 y 1960 un ejemplo de oración larga y compleja, de la cual se han hecho seis en la versión popular.

[6]Colosenses 1:14 pudo haberse traducido como Efesios 1:7, que tiene una fraseología similar.

[7]Nótese que en este caso se tradujo la expresión literalmente, aun cuando la idea de lavar y blanquear en sangre es extraña, por no decir paradójica, si se la entiende en su sentido literal.

BOSQUEJO DEL CAPITULO

La llegada de las Sagradas Escrituras al pueblo de habla hispana

1. El idioma de Castilla
   a. Sus principios
   b. Su evolución
   c. Su prominencia
2. Traducciones de las Escrituras al castellano
   a. De los siglos XII — XV
   b. De los siglos XVI — XVII
   c. De los siglos XVIII — XX
3. La superación de las versiones
   a. Las traducciones corregidas
   b. Las traducciones populares

UN ENCUENTRO CON LAS VERDADES

Respuesta alterna. Subraye la palabra o frase que complete mejor cada expresión. Ejemplo: Los discípulos le pidieron al Señor que les enseñase a (orar, pecar).

1. En el Imperio Romano cada pueblo conquistado (perdía, conservaba) su lengua vernácula.
2. El castellano (se hablaba, no existía) en los tiempos en que Cristo anduvo en la tierra.
3. En la península ibérica del siglo X se hablaba(n) (sólo el castellano, varios idiomas).
4. El castellano ocupa el (primer, tercer) lugar entre las lenguas del mundo.
5. La primera versión de la Biblia que se hizo en castellano fue la (Alfonsina, de Reina).
6. El período de la Reforma coincide con el (Siglo de Oro, comienzo del castellano).
7. La primera versión castellana del Nuevo Testamento traducida directamente del griego fue la de (Enzinas, Reina).
8. En la España del siglo XVI hubo mucha (facilidad para, oposición en contra de) la traducción de la Biblia a la lengua vernácula.
9. La primera versión completa de la Biblia en castellano fue traducida por (Juan Pérez, Casiodoro de Reina).
10. (Juan Pérez, Francisco de Enzinas) fue encarcelado por haber hecho una versión del Nuevo Testamento en castellano.
11. La *Versión de Casiodoro de Reina* ha alcanzado (eminente aclamación, escaso reconocimiento) por su calidad literaria.

12. Casiodoro de Reina fue un monje católico que se hizo protestante como resultado de (su estudio de las Escrituras, la predicación de Juan Calvino).
13. Casiodoro de Reina trabajó (12, 2) años en el exilio como pastor a la vez que traducía la Biblia al castellano.
14. La *Versión de Cipriano de Valera* es una (traducción, revisión) de la Biblia.
15. Además de trabajar en la versión que lleva su nombre, Valera se esforzó arduamente como (escritor, profesor).
16. La versión de Torres Amat fue traducida de (la Vulgata, las lenguas originales).
17. Tanto la versión de Nácar-Colunga como la de Bover-Cantera fueron sacadas de (la Vulgata, las lenguas originales).
18. Casi (todas, ninguna de) las versiones de las Escrituras ha(n) tenido que pasar por revisiones.
19. (Ninguna, algunas) expresión(es) de la Revisión del '60 necesita(n) urgentemente ser cambiada(s) por ser ininteligible(s) al lector.
20. Hace 100 años la voz "conversación" podía significar (restauración, conducta).

DE LA TEORIA A LA PRACTICA

1. ¿Qué conocimiento tienen los creyentes de su iglesia de la vida de Casiodoro de Reina y de Cipriano de Valera?
2. ¿Hasta qué punto se sienten los hermanos endeudados con Reina y Valera?
3. ¿Cuántas veces ha usado usted incidentes de la vida de los antiguos traductores de la Biblia al castellano como ilustraciones en su predicación o enseñanza?
4. Haga una lista de todas las buenas versiones de la Biblia que un estudiante de habla hispana que desea escudriñar en serio las Escrituras debe tener en su biblioteca.
5. ¿Cuál es la mejor versión de la Biblia para la juventud de su iglesia? ¿Por qué?
6. ¿Qué versión les recomendaría usted a los padres de familia para que la usen en sus devociones familiares? ¿Por qué?

PROYECTOS PARA LA CLASE

1. Evaluar lo que hicieron los estudiantes en las secciones UN ENCUENTRO CON LAS VERDADES y DE LA TEORIA A LA PRACTICA.

2. Dividir la clase en grupos. Asignar a cada grupo el estudio de algún pasaje en la nueva Revisión del 77 (sacada por la Editorial CLIE). Informar cada grupo a la clase acerca de las conclusiones a que llegaron con respecto a los méritos de esta nueva revisión de la versión de Reina-Valera.
3. Hacer que toda la clase realice una evaluación de esta materia, su valor práctico, las maneras en que se podría superar.
4. Hacer una carta al autor de este libro.

Bibliografía

Obras consultadas en inglés

Libros

Bruce, F. F. *The Books and the Parchments*, edición corregida. Westwood, New Jersey: Fleming H. Revell, Co., 1963.

Burton, Ernest DeWill y Edgar Johnson Goodspeed. *A Harmony of the Synoptic Gospels*. New York: Charles Scribner's Sons, 1917.

Earle, Ralph. *How We Got Our Bible*. Grand Rapids: Baker Book House, 1971.

Geisler, Norman L. y William E. Nix. *A General Introduction to the Bible*. Chicago: Moody Press, 1968.

Greenlee, J. Harold. *Introduction to New Testament Textual Criticism*. Grand Rapids: William B. Eerdmans Publishing Co., 1964.

Lindsell, Harold. *The Battle for the Bible*. Grand Rapids: Zondervan Publishing House, 1976.

Pache, René. *The Inspiration and Authority of Scripture*. Chicago: Moody Press, 1969.

Wenger, J. C. *God's Word Written*. Scottsdale, Pennsylvania: Herald Press, 1966.

The Bible, the Living Word of Revelation. Grand Rapids: Zondervan Publishing House, 1968.

Diccionarios y enciclopedias

Schaff, Philip. *A Religious Encyclopedia: or Dictionary of Biblical, Historical, Doctrinal, and Practical Theology*. New York: Funk & Wagnalls, Publishers.

The World Book Encyclopedia. Chicago: Field Enterprises Educational Corporation, 1968.

Comentarios

Clarke, Adam. *The Holy Bible Containing the Old and New Testaments with a Commentary and Critical Notes*. New York: Abingdon-Cokesbury Press, S/F.

Revistas y diarios

Christianity Today (varios números).

Folletos

Proposed Assemblies of God Statement on the Inerrancy of Scripture.

Obras consultadas en castellano

Libros

Best, Nolan Ryan. *La inspiración*. Buenos Aires: Imprenta Metodista, 1928.

Boyd, Frank M. *La Biblia a su alcance*. Miami: Editorial Vida, 1972.

Brajnovic, Luka. *El lenguaje de las ciencias*. Pamplona, España: Salvat S.A. de Ediciones, 1965.

Castex C., Bernardo. *Diferencias entre la Versión Reina-Valera y los originales griegos del Nuevo Testamento*. Santiago de Chile.

Flores, José. *¿Qué es la Biblia?*

Goodspeed, Edgar J. *Introducción al Nuevo Testamento*. México, D.F.: Casa Unida de Publicaciones.

Halley, Henry H. *Compendio manual de la Biblia*. Miami: Editorial Caribe, S/F.

Hurlbut, Jesse L., J. Roswell Flower y Miguel Narro. *La historia de la iglesia cristiana*. Springfield, Missouri: Casa de Publicaciones Evangélicas, 1952.

Jauncey, J.H. *La ciencia retorna a Dios*. El Paso: Casa Bautista de Publicaciones.

Lerin, Alfredo. *500 ilustraciones*. El Paso: Casa Bautista de Publicaciones.

Luce, Alice E. *Estudios en la introducción bíblica*. Miami: Editorial Vida, 1973.

McDowell, Josh. *Evidencia que exige un veredicto*. Cuernavaca: Cruzada Estudiantil y Profesional para Cristo, 1975.

Miles, A.R. *Introducción popular al estudio de las Sagradas Escrituras*. San José, Costa Rica: Editorial Caribe, 1957.

Morris, Enrique. *La Biblia y la ciencia moderna*. Chicago: Editorial Moody.

Pearlman, Myer. *Teología bíblica y sistemática*. Springfield, Missouri: Editorial Vida, 1958.

Pearlman, Myer. *A través de la Biblia libro por libro*. Springfield: Editorial Vida, 1952.

Ponti, Valery. *Historia de las comunicaciones*. Pamplona, España: Salvat S. A. de Ediciones, 1965.

Varios, *Curso bíblico elemental*. Miami: Editorial Vida, 1974.

Walker, Williston. *Historia de la iglesia cristiana*. Kansas City, Missouri: Casa Nazarena de Publicaciones, 1957.

Diccionarios y enciclopedias

Rand, W.W. *El diccionario de la Santa Biblia.* San José, Costa Rica: Editorial Caribe, S/F.

Vila, Samuel. *Enciclopedia de anécdotas e ilustraciones.* Editorial CLIE.

Enciclopedia Salvat MONITOR. Pamplona, España: Salvat/S.A. de Ediciones, 1965.

Enciclopedia universal ilustrada. Madrid, España: Espasa-Calpe.

Comentarios

Hovey, Alvah. *Comentario sobre el Evangelio de Juan.* El Paso, Texas: Casa Bautista de Publicaciones, 1937.

Jamieson, Robert, A.R. Fausset y David Brown. *Comentario exegético y explicativo de la Biblia.* El Paso: Casa Bautista de Publicaciones.

Revistas y Diarios

Báez-Camargo, Gonzalo. *Breve historia del texto bíblico,* 1975.

Hague, Dyson. *El milagro del libro.* Alemania, 1972.

Lindsay, Gordon. *20 razones por las cuales la Biblia es la Palabra de Dios.* Dallas, Texas: Cruzada de Literatura de Cristo para las Naciones.

Chile Evangélico. Centro Audio-visual Evangélico de Chile, septiembre de 1969.

Los manuscritos del mar Muerto. Sociedad Bíblica Chilena.

Noticiero Bíblico Latinoamericano. México, D.F.: Centro de Servicio Bíblico, agosto de 1974.

Nos agradaría recibir noticias suyas.
Por favor, envíe sus comentarios sobre este libro
a la dirección que aparece a continuación.
Muchas gracias.

Vida@zondervan.com
www.editorialvida.com